Werner Mägdefrau

Vom Thüringer Königreich bis zum Ende der Sächsischen Kaiserzeit 531 - 1024

Thüringen im frühen Mittelalter

Verlag Rockstuhl

Impressum

Umschlaggestaltung: Harald Rockstuhl, Bad Langensalza

Titelbild: König Heinrich I. kämpft gegen die Ungarn 933.
Sächsische Weltchronik, um 1270. Gotha,
Forschungsbibliothek/Universität Erfurt, Ms. Memb. I. 90, fol. 85 v. Aus:
Otto der Große, Magdeburg und Europa,
hg. von Matthias Puhle, Bd. 1, Mainz 2001, S. 201.

Buchrückseitenbild: Frieschronik-Miniatur Nr.1: Ermordung des Hl. Kilian und seiner Gefährten (fol. 9 r). Stadtarchiv Würzburg.

Bisherige Auflagen:
1. Auflage 2003 | 3. Auflage 2008 | 4. Auflage 2010 | 5. Auflage 2013

6. Auflage 2023
ISBN 978-3-936030-98-3

Satz und Layout: Harald Rockstuhl, Bad Langensalza

Druck und Bindearbeit: Digital Print Group Oliver Schimek GmbH, Nürnberg/Mittelfranken

Gedruckt auf alterungsbeständigem Papier nach ISO 9706

Die Deutsche Nationalbibliothek verzeichnet diese Publikation in der Deutschen Nationalbibliografie. Detaillierte bibliografische Daten sind im Internet über *http://dnb.d-nb.de* abrufbar.

Inhaber: Harald Rockstuhl
Mitglied des Börsenvereins des Deutschen Buchhandels e.V. Lange Brüdergasse 12 in D-99947 Bad Langensalza/Thüringen Telefon: 03603 / 81 22 46 Telefax: 03603 / 81 22 47
www.verlag-rockstuhl.de

Inhalt

Vorwort

Der Zeitraum vom 6. bis 11. Jahrhundert, der in dieser Publikation behandelt wird, ist von grundlegender Bedeutung für die mittelalterliche und neuere Geschichte Thüringens ebenso wie für das Landes- und Identitätsbewußtsein der Thüringer in der Gegenwart.

Die Ereignisgeschichte steht im Vordergrund, zugleich werden Entwicklungsprozesse und Strukturen aufgezeigt. In der Verknüpfung von Wirtschaft, Politik und Kultur soll ein Gesamtbild der Geschichte Thüringens im frühen Mittelalter – vom Untergang des Thüringer Königreiches (531) bis zum Ende der Sächsischen Kaiserzeit (1024) – vermittelt werden.
Es wird der Versuch unternommen, die Geschichte Thüringens in ihrer Komplexität, Vielfalt und Besonderheit, im Rahmen der fränkischen bzw. sächsisch-ottonischen Reichsgeschichte, in ihren regionalen und überregionalen Beziehungen, Verflechtungen und Wirkungen als wesentlichen und unverwechselbaren Bestandteil der deutschen und europäischen Geschichte und Kultur zu erforschen und darzustellen; es wird den mittelalterlichen Anfängen und Grundlagen einer der traditionsreichsten Kulturlandschaften Deutschlands und Europas nachgegangen.
Untersuchung und Darstellung werden zeigen, daß Thüringen auf eine uralte Geschichte und reiche Kultur zurückblicken kann, die – auf Grund seiner geographischen Mittellage als Durchgangsland und Sammelbecken, seiner Integrationsmöglichkeiten, Einwirkungen und Ausstrahlungen – einen hohen Grad an Wechselbeziehungen zu anderen deutschen und europäischen Territorien aufweisen.
So wird eine wissenschaftliche Veröffentlichung vorgelegt, die für den behandelten Zeitraum einen Beitrag zur thüringischen und deutschen Landesgeschichte leisten will, sich zugleich in allgemein verständlicher Sprache an ein breites Leserpublikum wendet.
Hinweise auf ausgewertete und weiterführende Quellen und Literatur werden jedem Kapitel in Form von Anmerkungen beigegeben bzw. in einem Verzeichnis (Auswahl) gesondert genannt.
Allen Fachkollegen, Schülern und Helfern, sowie den Archiven, Bibliotheken und Museen, der Friedrich-Schiller-Universität Jena, der Thüringer Universitäts- und Landesbibliothek Jena und den Thüringer Geschichtsvereinen, die diese Arbeit unterstützt und gefördert haben, sei herzlich gedankt. Besonderer Dank gebührt dem Verlag Rockstuhl.

Jena, Mai 2003. *Werner Mägdefrau*

KAPITEL I

Thüringen im Frankenreich

I.1. Der Untergang des Thüringer Königreiches (531) und der Eintritt der Thüringer in das Großreich der Merowinger

Die Thoringi (Toringi) bzw. Thuringi werden in der schriftlichen Überlieferung seit dem ausgehenden 4. Jahrhundert genannt. Der Name Toringi wird in dem Lehrbuch „Digesta Artis Mulomedicinae“, einem „Abriß der Tierheilkunde“, des Römers Vegetius Renatus um 380 erstmals erwähnt. Darin werden die Vorzüge ihrer vortrefflichen Pferde gelobt und die Thüringer damit als Pferdezüchter ausgewiesen.
Der Stammesverband selbst bildete sich, wie andere germanische Stammesverbände, im Zuge der Völkerwanderung. Hervorgegangen sind die Thüringer u.a. aus den Hermunduren. Die Hermunduren sind für vier bzw. fünf Jahrhunderte um Christi Geburt als elbgermanischer Stamm bezeugt. Sie siedelten vom Harzgebiet aus bis in den Donauraum hinein. Sie bildeten mit Alteinheimischen, Kelten, Angeln und Warnen die ethnische Quelle und Grundlage der Thüringer.
Die Stammesbildung führte zur Errichtung eines Königreiches der Thüringer. Dieses wurde in das Bündnissystem des Ostgotenreiches in Italien (493 bis 553) unter König Theoderich dem Großen (493 bis 526) einbezogen und geriet in Gegnerschaft zu den Franken. Im 5. Jahrhundert konnte sich das Thüringer Königreich entfalten. Um 500 suchten Thüringer sogar linksrheinisch in der Gegend von Maas und Schelde nach Lebensraum, wie Mitteilungen des Bischofs Gregor von Tours (ca. 538 bis ca. 594) vermuten lassen; ein linksniederrheinisches Thüringerreich ist jedoch in den Quellen nicht nachweisbar.

Herkunft, Name und Verbreitung der Thüringer während der Völkerwanderungs- und Merowingerzeit bedürfen weiterer Erforschung und Klärung (J. Bemmann).
Aus der Sächsischen Weltchronik (Forschungsbibliothek Gotha, Memb. I 90):

Von der Herkunft der Sachsen

Blatt 2 recto

Fleuronnée-Initiale: W („We willet nu scriven van den Sassen...“).

Von den Sachsen heißt es in den Quellen unter anderem, sie seien von dem englischen Britannien gekommen. Mit ihren Schiffen segelten sie nach Deutschland. An der Bordwand des dargestellten Schiffes hängen Schilde, am Bug weht eine goldene Fahne. Am Heck sitzt der Steuermann.
Als die Sachsen in Thüringen ankamen, traten ihnen die Thüringer entgegen und widerstanden ihnen mannhaft. Doch die Sachsen waren ihnen überlegen. Sie schlossen einen Waffenstillstand mit den Thüringern ab. Die Sachsen sollten das, was sie benötigten, kaufen und durften das Land nicht plündern. Im Bild ist beim Kampf zwischen Sachsen und Thüringern ein Thüringer zu Boden gestürzt: So deutet der Buchmaler die Niederlage der Einwohner des Landes an.

Blatt 2 verso

Als der Schatz der Sachsen erschöpft war, ging einer von ihnen an Land, der viel Gold bei sich hatte und teure Kleider und Goldschmuck trug. Er tauschte mit einem Thüringer dieses Gold gegen ein Häufchen aufgeworfener Erde.
Der Sachse nahm die Erde in Empfang und gab dem Thüringer das Gold. Dann verabschiedete er sich fröhlich. Der Thüringer wurde von den Seinen gefeiert, weil er den Sachsen betrogen und das Gold zu einem solchen Preis erworben hatte.
Die Sachsen ihrerseits verspotteten ihren Mann wegen seiner Dummheit. Dieser lud sie jedoch ein, ihm zu folgen. Da streute er die gekaufte Erde auf ein Stück thüringisches Land.

Blatt 3 recto

Als die Thüringer sahen, daß die Sachsen auf der gestreuten Erde eine Burg erbaut hatten, beschuldigten sie die Sachsen, den Waffenstillstand gebrochen zu haben. Diese erwiderten, daß sie die Erde rechtmäßig mit ihrem Gold gekauft hatten und bereit seien, sie mit dem Schwert zu verteidigen. Die Thüringer begannen das Sachsengold zu verfluchen und griffen die Eindringlinge an. Doch diese wehrten sich erfolgreich und schlugen viele Thüringer. Als die Thüringer sahen, daß ihre Gegner die Oberhand hatten, erbaten sie schließlich einen Frieden und übergaben den Sachsen das Land, das jene sich erkämpft hatten.

Blatt 4 recto

König Irminfrid von Thüringen, der sich den Reichsansprüchen seines fränkischen Schwagers Theuderich widersetzt hatte, kämpfte gegen ihn in Runiberg und wurde am dritten Tage von Theuderich besiegt (531). Er rettete sich auf die Burg Scheidungen an der Unstrut. Im Bild erreicht er gerade das offene Tor.

Blatt 5 recto

Die Sachsen, die der Franke Theuderich zu Hilfe gerufen hatte, stürmten die Burg Scheidungen. Als die Thüringer sahen, daß sie die Festung nicht mehr halten konnten, stellten sie sich den Angreifern und kämpften um Land und Leben. Doch die Sachsen kämpften um die Ehre und in der Hoffnung, weiteres Land zu erobern. Von den Thüringern wurden viele erschlagen und verwundet. Auch die Sachsen verloren 6000 Mann. Da sandte König Irminfrid den Ritter Iring mit seinem ganzen Schatz zu Theuderich und bat um Friede und Gnade.

Blatt 6 recto

Als die Sachsen erfuhren, daß Franken und Thüringer einen Frieden geschlossen hatten und sich nun möglicherweise zusammen gegen sie wenden würden, befolgten sie den Rat eines alten Ritters und überfielen nachts die Thüringer in ihrer Burg. Die Thüringer, aus dem Schlaf gerissen, liefen schläfrig durch die Straßen hin und her und wußten nicht, wie ihnen geschah. Da wurden die Alten erschlagen und die Jungen gefangengenommen. König Irminfrid entkam knapp mit wenigen Mannen und mit seiner Familie.
Theuderich lud König Irminfrid zu sich und versprach dem Thüringer

Iring Geld und Macht, wenn er seinen Herrn töte. Als Irminfrid vor Theuderich trat, schlug Iring ihn nieder. Sogleich sprach der Frankenkönig zu ihm: „Weil du deinen Herrn erschlagen hast, soll dich zu Recht die ganze Welt hassen. Weg von hier! Wir wollen mit deiner Bosheit nichts zu tun haben."

Blatt 6 verso

Als Iring dies hörte, erschlug er den Frankenkönig mit demselben Schwert, mit dem er Irminfrid getötet hatte, und legte die Leiche des Thüringers über die Leiche des Franken: So hatte Irminfrid seinen Feind noch im Tode überwunden. Das Bild vereinigt die beiden Handlungen: Der lebende Theuderich trägt auf dem Thron ein grünes, als Toter ein rotes Gewand; Iring ist in der ersten Szene blau, in der zweiten dunkelrot gekleidet.

Blatt 7 recto

Zu den Bräuchen der Sachsen zählte das Losen, um die Zukunft zu erfahren. Sie schnitten einen Ast von einem fruchtbaren Baum, brachen die Zweige ab, gaben ihnen unterschiedliche Kennzeichen, warfen sie auf ein weißes Tuch und achteten darauf, wie sie zusammenfielen.

Thuringi und Thuringia

Die erstmalige Erwähnung der „Thoringia" als Bezeichnung für das Thüringer Königreich erfolgte in einem Sendschreiben Theoderichs des Großen, des Königs der Ostgoten, an Herminafried, den König der Thüringer, nach 500/501[1]. Dieses enthielt die Eheempfehlung Theoderichs an Herminafried für seine Nichte Amalaberga, Tochter seiner Schwester Amalafrida und des Vandalenkönigs Thrasamund.
Die Thüringer hatten im 4./5. Jahrhundert, im Zuge der Völkerwanderung, im Raum des Thüringer Beckens, zwischen unterer Saale und Mulde, mittlerer Elbe und nördlichem Harzvorland einen germanischen Großverband gebildet, und sie siedelten auch nördlich und südlich der Mainlinie.

Namentlich im 5. Jahrhundert, nach der siegreichen Schlacht auf den Katalaunischen Feldern bei Troyes gegen die Hunnen (451), nach dem Tode des Hunnenkönigs Attila (453) und nach ihrer Befreiung von kurzzeitiger hunnischer Oberherrschaft (454), war in engen Beziehungen zu den Ostgoten und Langobarden der Aufstieg der Thüringer zu einem mächtigen Germanenreich erfolgt. Ihr Herrschafts- und Einflußgebiet erstreckte sich von der Altmark und Braunschweiger Gegend über den mittleren Elbe- und Werraraum bis ins obere Maintal und zur Donau.

Verbürgt sind die letzten Könige der Thüringer: Basinus (Besinus, Bisin) und seine Söhne Herminafried (Hermenefred, Irminfrid), Berthachar und Baderich.

Eine Tochter von König Basinus namens Radegunde wurde mit einem Langobardenkönig verheiratet.

Für den Ostgotenkönig Theoderich den Großen war das Königreich der Thüringer der wichtigste Bündnispartner nördlich der Alpen und östlich des Rheins – gegenüber den Expansionsbestrebungen des Frankenreiches. Die Heirat König Herminafrieds mit Theoderichs Nichte Amalaberga um, wohl eher vor 510 war der sinnfälligste Ausdruck des engen thüringisch-ostgotischen Verhältnisses.

488 waren die Goten in Italien eingebrochen, und in den folgenden Jahren hatte Theoderich der Große (493 bis 526) das italienische Ostgotenreich begründet, das im Abendland eine Vormachtstellung einnahm und bis 553 bestand.

König Theoderich verfolgte das Ziel, einen germanischen Staatenbund zu schaffen, auch mit den Mitteln der Heiratspolitik, wodurch er in Gegensatz zum Merowingerreich der Franken geriet. Weitere Konflikte ergaben sich daraus, daß sich Theoderich nicht wie der Merowingerkönig Chlodwig I. (gest. 511) zum katholischen Glauben mit Bindung an das Papsttum in Rom bekannte, sondern dem arianischen Christentum anhing.

Auf der Grundlage der Lehren des asketisch gesinnten Arius, der mit einigen Anhängern auf einer großen Synode zu Alexandria (318) von seinem Bischof Alexander exkommuniziert worden war, vertraten die Arianer – vorwiegend in den Germanenreichen war das arianische Bekenntnis verbreitet – u.a. einen schlichten Bibelglauben, den Verzicht auf Hierarchie und Reichtum in der Kirche, die Ablehnung aller nichtbiblischen dogmatischen Ausdrücke und Spekulationen.

Der nicht mehr bestehende ostgotische Rückhalt, den die Thüringer mit

Theoderichs Tod 526 in Ravenna weitestgehend verloren hatten, trug zum Untergang des Thüringer Königreiches 531/534 mit bei.
Das Thüringer Königreich brach im Jahre 531 nach der militärischen Niederlage der Thüringer an der Unstrut im Kampf gegen die Franken und die mit diesen verbündeten Sachsen zusammen. Danach kam das Gebiet nördlich der Unstrut an die Sachsen, dasjenige östlich der Saale wurde den Slawen überlassen, und das übrige Gebiet wurde dem Frankenreich zugeordnet; das Königreich der Thüringer existierte seitdem nicht mehr.

Die Schlacht an der Unstrut 531 und der Tod König Herminafrieds 534

Das Königreich der Thüringer wurde im Jahre 531 vom fränkischen König Theuderich, dem Sohn Chlodwigs I., erobert. Der Untergang des Königreiches der Thüringer entschied sich in der Schlacht bei Burgscheidungen an der Unstrut am 1. Oktober 531 und mit der Ermordnung des Thüringerkönigs Herminafried 534. Seitdem gehörte Thüringen zum europäischen Großreich der Franken und nach dessen Zerfall zum römisch-deutschen König- und Kaiserreich des Mittelalters.
Nach ersten Angriffen auf das Thüringer Großreich 529/530 gelang es den christlich-katholischen Franken unter dem Merowingerkönig Theuderich I. (511 bis 534) – im Bunde mit seinem Bruder Chlothar I. (511 bis 561) – 531 in der Schlacht an der Unstrut, dem Heer des Thüringerkönigs Herminafried eine vernichtende Niederlage beizubringen. Unterstützt wurden die Franken von den Sachsen, die dadurch den nördlichen Teil des ehemaligen Thüringer Königreiches in Besitz nehmen und so ihren Machtbereich nach Süden hin ausdehnen konnten. Auch wenn sich der überlebende Herminafried noch einige Jahre halten konnte und ihm zunächst die Königswürde belassen wurde, bis er ins linksrheinische Zülpich gelockt und dort 534 umgebracht wurde, indem man ihn hinterhältig von einer Mauer stürzte, war mit den Ereignissen von 531 die politische Selbständigkeit Thüringens und die eigenständige Entwicklung vorerst beendet.

Schweinezins

Als Zeichen der Anerkennung der fränkischen Oberhoheit mußten die unterworfenen Thüringer jährlich 500 Schweine, also einen Schweinezins, an die Sieger und ihre Königshöfe abführen, der den Thüringern erst im Jahre 1002 von König Heinrich II. erlassen wurde.
In Gebiete des ehemaligen Thüringer Königreiches drangen im Norden u.a. Sachsen, im Osten Slawen und vom Süden und Westen her vor allem Franken ein.

Radegunde

Amalaberga, Königswitwe und Arianerin, floh nach dem Tode ihres Gatten Herminafried 534 mit ihren Kindern nach Ravenna zu ihrem Bruder Theodahad, dem Ostgotenkönig, und später nach Byzanz, wo ihr Sohn Amalafrid zum Heerführer aufstieg.
Die Kinder von Herminafrieds Bruder Berthachar wurden schon 531 von den Franken gefangengenommen. Es war sicherlich ein Akt der Staatsraison, daß der Frankenkönig Chlothar (gest. 561) Radegunde, die Tochter Berthachars und Nichte Herminafrieds, heiratete; sie trug den gleichen Namen wie ihre Tante, die Langobardenkönigin. Damit verband sich offenbar die politische Absicht, den Anspruch der Merowingerkönige auf Thüringen zu legitimieren und die Thüringer frankenfreundlicher werden zu lassen. Dies wurde allerdings vorerst noch nicht erreicht. Radegundes Bruder wurde auf Chlothars Veranlassung hin ermordet.
Radegunde (518 bis 587), die Tochter König Berthachars, eines der drei Söhne von König Basinus, kann als erste Thüringer Heilige gelten. Ihr Leben schilderte im Zusammenhang mit dem Untergang des Thüringer Königreiches der römische Dichter, Biograph und Bischof von Poitiers (599 geweiht) Venantius Honorius Clementianus Fortunatus (530 bis 600). Die Vita Radegundis ist sein berühmtestes Werk.
Die Vorbereitungen zur Hochzeit mit dem Frankenkönig Chlothar wurden im Vitry-en-Artois getroffen. Von dort aus floh Radegunde, wurde jedoch wieder gefaßt und nach Poitiers gebracht. Schließlich fand die Hochzeit wahrscheinlich um 540 statt. Nach der Ermordung ihres

Bruders trennte sich Radegunde von Chlothar, ging ins Kloster und empfing in Nayon die Weihen. Radegunde stand in hohem Ansehen, wie es aus ihrer Lebensbeschreibung durchVenantius Fortunatus und aus seinen Gedichten zu ersehen ist. Sie war bereits am Thüringer Königshof christlich erzogen worden. Sie war Christin, widmete sich nun ganz dem religiös-geistlichen Leben und wurde später als Heilige verehrt. Ein Frauenkloster bei Poitiers, das sie gründete, war ihre Wirkungsstätte. Daß ihre Beziehungen bis in ihre Geburtsheimat reichten und in Thüringen die Einführung des Christentums förderten, ist zu vermuten. Radegunde vertarb am 13. August 587 in Poitiers. Seitdem werden in Poitiers wundersame Erscheinungen wie blühende Lorbeerbäume u.a. mit dem Heiligenleben der Thüringer Königstochter Radegunde in Verbindung gebracht.

Schriftliche Quellen, Ausgrabungen und Funde

„Eine Abrundung des Bildes, das aufgrund der Bodenfunde zu gewinnen war, erlauben die jetzt reichlicher fließenden schriftlichen Quellen. Nach einer der frühesten Nachrichten, die vorliegt, plündern die Thüringer um 475 die Römerstadt Passau; fortan begegnen sich an der Donau thüringische und ostgotische Interessen. Das Thüringer Königtum wird überraschend durch Nachrichten beleuchtet, die aus der ostgotischen Kanzlei in Ravenna ab 506 in der Briefsammlung des Cassiodor überliefert sind. Literarisch ragt für die Kenntnis der dann folgenden thüringisch-fränkischen Auseinandersetzung die Frankengeschichte des Bischofs Gregor von Tours aus dem Ende des 6. Jh. hervor. Danach setzen die Quellen nahezu aus. Bis zur Mitte des 7. Jh. berichtet nur die recht oberflächliche Chronik des sogenannten Fredegar. Aus dem ersten Viertel des 8. Jh. gibt es sodann einzelne urkundliche Nachrichten. Sie lassen, hauptsächlich von Mainfranken her, einiges Licht auf die Herrschafts- und Besitzverhältnisse in Westthüringen fallen. Es folgt ein Kirchenschrifttum, das aus der Tätigkeit des angelsächsischen Missionsbischofs Bonifatius erwachsen ist und uns bis zur Gründung des Bischofssitzes Erfurt im Jahre 741/742 führt.“[2]

In der zweiten Hälfte des 5. Jahrhunderts hatten die Thüringer ihren Einfluß über den Thüringer Wald hinweg ins Maingebiet ausgedehnt.

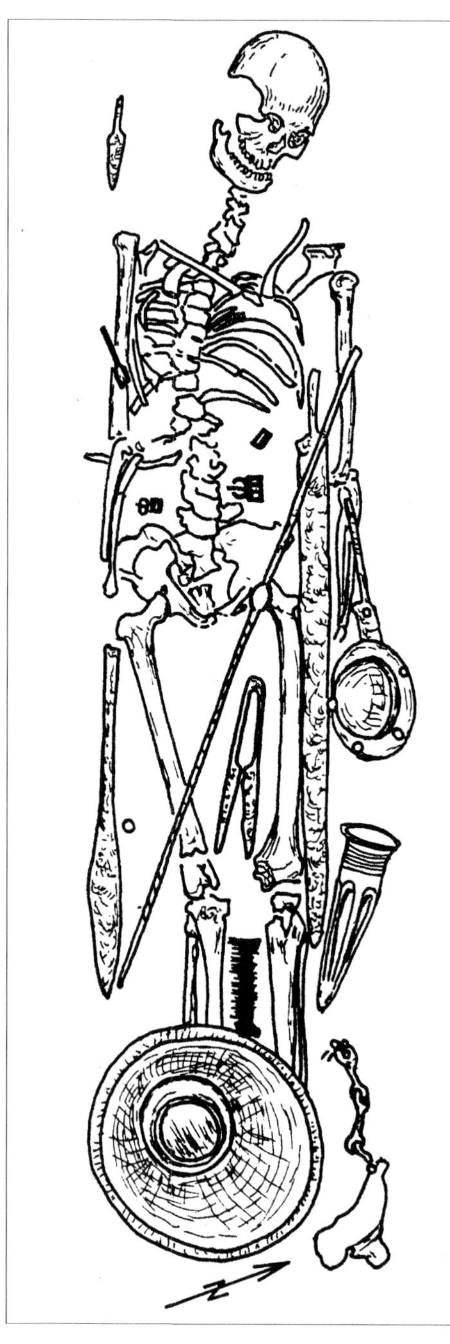

Das belegen Bodenfunde im nörlichen Maindreieck in Verbindung mit Ortsnamensuffixen - stat und –leben. Dennoch bleibt fraglich, ob und inwieweit der thüringischen Expansion ein breiterer Siedlungsvorgang ins Maingebiet nachfolgte. Gegen Ende des 5. Jahrhunderts berührten sich wohl im mittleren Mainland alemannische und thüringische Gebiete, insbesondere im Bereich der Fränkischen Saale zwischen Maindreieck und Thüringer Wald. Ein wichtiger rechtsrheinischer Fernweg führte schon in frühgeschichtlicher Zeit durch das Grabfeld, überwand den Thüringer Wald und erreichte das Thüringer Becken um Erfurt.

Thüringen war eine offene Landschaft mit damals schon verschiedenartigen, weitreichenden Beziehungen.

An das Maingebiet grenzt im Norden bzw. Nordosten Thüringen an. Es besaß günstige Verkehrsverbindungen. Die Gebirgsschranke des Thüringer Waldes wurde vom Mainland her über den Rennsteig durchbrochen,

Altthüringisches Kriegergrab aus Weimar. 6. Jh.
Aus: Karl Peschel, Thüringen in ur- und frühgeschichtlicher Zeit, 1994, S.77

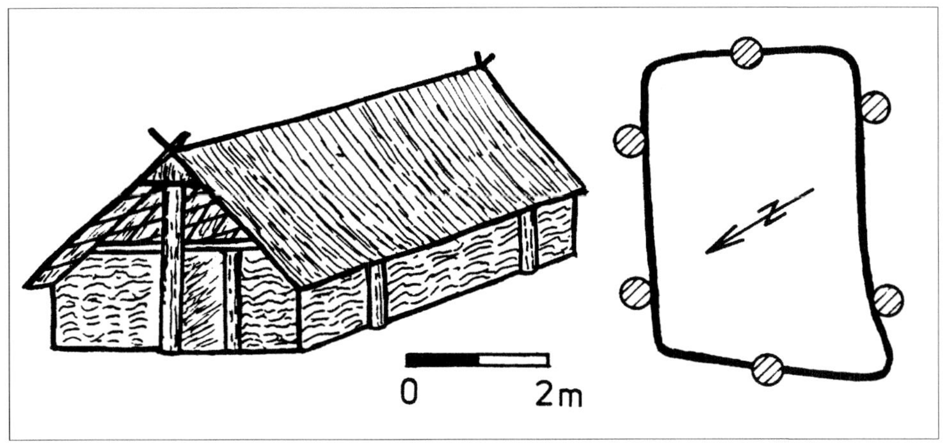

Wirtschaftsgebäude eines altthüringischen Gehöftes aus Weimar, Brühl. 6./7. Jh. Rekonstruktion. Aus: Karl Peschel, Thüringen in ur- und frühgeschichtlicher Zeit, 1994. S.79.

während weiter östlich der Durchlaß zwischen Ringgau und Thüringer Wald erschlossen wurde, den die Straßenzüge aus dem Erfurter Gebiet über Gotha durch das Hörsel- und Werratal, das Hessische Bergland zum Untermain bei Frankfurt und umgekehrt passierten – mit mehreren Abzweigungen, u.a. durch das Zechsteingebiet von Sontra und das Eichsfeld nach Mühlhausen an der Unstrut.

Hessen, im 5. Jahrhundert ein Nachbargebiet Alemanniens und Thüringens, wurde seit dem 6. Jahrhundert ebenfalls stark fränkisch beeinflußt.

Wichtige Aufschlüsse erbrachten die archäologischen Untersuchungen eines frühmittelalterlichen Reihengräberfeldes bei Zeuzleben im Tal der Wern am Südwestrand des Schweinfurter Beckens nordöstlich von Würzburg. Diese belegen eine Besiedlung durch thüringisches Volkstum im nordmainischen Unterfranken bereits in der ersten Hälfte des 6. Jahrhunderts. Bisher waren derartige Zeugnisse in Mainfranken lediglich aus Oberfranken bekannt, etwa mit den Grabfunden von Staffelstein und Hirschaid bei Bamberg. Einen Zusammenhang des nordostunterfränkischen Raumes mit den Besiedlungsverhältnissen nördlich des Thüringer Waldes deuten auch auf die beiderseits verbreiteten Ortsnamen auf -leben, -heim, -stat und –ungen an. Indessen läßt sich im Mittelmain-/Taubergebiet seit dem 6. Jahrhundert auf Grund der

Bodenfunde und Ortsnamen die Einwirkung bzw. Durchdringung aus dem rheinfränkischen Raum nachweisen.
Die Belegung des ergrabenen Friedhofsareals bei Zeuzleben begann vermutlich im zweiten Viertel des 6. Jahrhunderts und reichte offenbar bis ins frühe 7. Jahrhundert. In Zeuzleben, am Mittellauf der Wern, wurde ein thüringisches Gräberfeld mit fast 70 Bestattungen (von ursprünglich wohl 80) untersucht, außerdem Tierbestattungen (18 Pferde und fünf Hunde). Für die Männergräber ist die Beigabe von Waffen typisch. Entsprechungen für die Funde freihandgeformter Keramik thüringischer Machart sind vor allem im thüringisch-mitteldeutschen Raum anzutreffen. Fast die Hälfte der verschiedenen Grabtypen von Zeuzleben und Gräber von einst schwer bewaffneten Männern mit Spatha (zweischneidiges Langschwert), Schild und Lanze deuten auf Kriegertum, sogar auf einen stark militärisch geprägten Personenverband gefolgschaftlichen Charakters hin. Dagegen wurden in Zeuzleben Beile, Äxte und Saxe bisher kaum gefunden. Die Häufigkeit von Pferdbestattungen in Zeuzleben kennzeichnet den gehobenen sozialen Stand ihrer einstigen Besitzer, wird aber auch als Indiz für deren Herkunft zu betrachten sein. Das Verbreitungsbild der Pferdegräber in merowingischer Zeit zeigt, daß die Pferdegrabsitte bis ins 6. Jahrhundert fast nur im östlichen Reihengräberkreis – mit deutlichem Schwerpunkt im thüringischen Kernraum – beheimatet war. Bekanntlich spielte die Pferdezucht bei den Thüringern eine große Rolle, auch der Pferdehandel. Aus dem Ausgrabungsbefund von Zeuzleben geht hervor, daß auch die Funde von Pferden und Wagenteilen die Verbindungen zwischen Unterfranken und Thüringen verdeutlichen. Vom Wagen selbst waren nur noch die Eisenbeschläge der Deichsel auszumachen, die denjenigen aus dem thüringischen Wagengrab von Erfurt-Gispersleben entsprechen. Neben den Deichselbeschlägen wurden bei Zeuzleben Eisenschnallen vom Lederzeug des Pferdegespanns, weitere Deichsel- und Schirrungszubehörteile, eine eiserne Halfterkette sowie zwei eiserne Ringtrensen gefunden. Besondere Beachtung verdienen die „anglische“ Ringfibel aus Bronze einer vornehmen Toten, wie sie auf dem Kontinent bisher fast nur aus thüringischen, vereinzelt auch langobardischen Fundstellen bekannt geworden ist, und eine mehr als vier Meter große, eingetiefte Grabkammer als Mittelpunkt des gesamten Gräberfeldes. Das Reihengräberfeld von Zeuzleben mit seinen zahlreichen Grabbeigaben und mitbestatteten Tieren (Reit- und Gespannpferde, Hunde) beweist auch, daß man noch am überlieferten heidnischen Totenbrauchtum festhielt.

Grabungsfunde Zeuzleben. Archäologische Staatssammlung München, Museum für Ur- und Frühgeschichte.

Die thüringisch-fränkische Adels- und Gefolgschaftsgrablege des 6./7. Jahrhunderts bei Zeuzleben gehörte offenbar zu einer adligen Grundherrschaft mit Kriegergefolge, Gesinde und Viehbestand bzw. zu einem ranghohen, gefolgschaftlich organisierten Personenverband mit überlokalen Bindungen im mainländisch-thüringischen Siedlungsraum. Einheimisch-thüringische Adelsgeschlechter wanderten in der ersten Hälfte des 6. Jahrhunderts in Unterfranken zu. Die Ansiedlung einer thüringischen Bevölkerungsgruppe ist in Zeuzleben archäologisch nachweisbar – im staatspolitisch fränkisch gewordenen Verbreitungsgebiet der mainländischen –leben-Orte. Die Kulturverbindungen, die in den Funden und Befunden von Zeuzleben deutlich in Erscheinung treten, lassen die Annahme zu, daß dieser im nordmainischen Unterfranken konkret nachweisbare Besiedlungsvorgang keine Einzelerscheinung darstellt. Die Einbindung des einheimisch-thüringischen Adels in das fränkische Staatsgefüge wurde offenbar bereits einige Generationen vor den ersten schriftlichen Nachrichten über die in Würzburg residierenden merowingischen Herzöge der Thuringia vollzogen.

Im Verlaufe der Merowingerzeit wanderten Teile der thüringischen Bevölkerung west- und südwärts ab.

Das Gebiet östlich der Saale weist für das 7. Jahrhundert keinerlei archäologische Funde thüringischen Charakters auf. Dorthin rückten Slawen, die in der Folgezeit auch weiter westlich liegende thüringische Kerngebiete bis zur Werra und zum Main siedlungsmäßig durchsetzten, was auf bisher dünne Besiedlung schließen läßt.

Im Laufe dieser Migrationsvorgänge ist thüringischer Zuzug auch in Rheinhessen und an der oberen Donau (Schretzheim) archäologisch nachzuweisen. Im hessischen Niederhone bei Eschwege wurden zwei Adelsgräber thüringischer Herkunft entdeckt, und zwar aus der Zeit nach 600 und aus der Zeit um 700. Diese deuten auf einen Mittelpunkt thüringischer Herrschaft im siedlungsgünstigen Eschweger Becken an der unteren Werra, also im Westen des Thüringer Stammesgebietes, hin. Dem begegnete die Ostwanderung von Franken im Zuge der Ausbreitung der fränkischen Herrschaft über Thüringen, worauf u.a. die fränkischen Adelsgräber von Alach bei Erfurt hinweisen. Am südlichen Ortsrand von Wandersleben bei Gotha wurde das Grab eines fränkischen Kriegers aus der Zeit um 700 entdeckt, der mit Lanze, Schwert und Schild bewaffnet war. Frühzeitig wurden wohl Rücksiedler aus Britan-

nien durch die Franken angesiedelt, worauf Funde und Ortsnamen nördlich der oberen Unstrut hindeuten.
Die Merowingerzeit war kampferfüllt und grausam. Nach 531/534 folgte, nicht ohne Rückschläge, die schrittweise Ausbreitung und Festigung der fränkischen Herrschaft in Thüringen.
Thüringen lag am Rande des Frankenreiches. Noch über einen längeren Zeitraum spielten fränkische Adelsgruppierungen wechselnder Koalitionen eine bestimmende Rolle. Die Herrschaft der Merowingerkönige in Thüringen wurde im 6. und frühen 7. Jahrhundert militärisch-politisch gefestigt. Durch die Ehe Chlothars I. mit Radegunde erlangten die Merowingerkönige beachtliche Güter in Thüringen. Die Merwigesburc, der spätere Petersberg im Erfurter Becken, einem Zentrum des Thüringer Königreiches, kam in den Besitz des merowingischen Herrscherhauses. Die Merowingerkönige bzw. die austrasischen Unterkönige waren aber mehrmals gezwungen, militärisch einzugreifen. Vom 6. bis 8. Jahrhundert war die Eingliederung Thüringens in das Frankenreich von Unruhen begleitet. Trotz der spärlichen Überlieferungen wird deutlich, daß es mehrfach Aufstände gab. 555/556 erhoben sich die im Norden Thüringens nach der fränkischen Eroberung angesiedelten Sachsen und die Thüringer gegen Chlothar I. Dieser thüringisch-sächsische Aufstand wurde zwar schließlich niedergeworfen, aber nun drohte Gefahr von außen. 561/562 und 565/566 mußten die Franken unter Sigibert gegen die in Thüringen einfallenden Awaren kämpfen und um 596 zur Vermeidung von Einfällen Tribute zahlen. 594/595 hatten sich die Thüringer und Warnen wieder erhoben. Childebert II. gelang es, durch Unterdrückung des Aufstandes die fränkische Oberherrschaft aufrechtzuerhalten.
Im 6. Jahrhundert konnte die merowingische Reichsgewalt somit einzelne Aufstände niederschlagen. Eine stärkere militärische Erfassung und dauernde fränkische Besetzung gab es in Thüringen im 6. Jahrhundert offenbar nicht. Im Laufe des 7. Jahrhunderts änderten sich jedoch die Verhältnisse – bedingt durch Erfordernisse der Landesbeherrschung und der Abwehr äußerer Gefahren.

I.2. Die Einsetzung des fränkischen dux Radulf als Herzog für Thüringen - Das Herzogtum Thüringen im 7. Jahrhundert

Weitgehend unbekannt ist, wie die Franken ihre Herrschaft über Thüringen im 6. Jahrhundert ausübten. Im 7. Jahrhundert setzten sie Stammesherzöge ein: als erster Herzog für Thüringen wurde der Franke Radulf durch Dagobert I. (gest. 639), den letzten bedeutenden Merowingerkönig, ernannt. Vor allem wollten die fränkischen Könige die Anerkennung ihrer Oberherrschaft durch den thüringischen Adel und die Thüringer insgesamt sichern. Damit wurde wahrscheinlich schon vor 634 der wohl fränkische dux Radulf von König Dagobert beauftragt, womit Thüringen erstmals als Herzogtum begegnet. Herzog Radulf behauptete insbesondere nach seiner siegreichen Empörung gegen den austrasischen König Sigibert III. im Jahre 641 eine fast unabhängige, königsgleiche Stellung in Thüringen.
Theudebert II. gewann 612 Sachsen, Thüringer u.a. im Kampf gegen seinen Bruder Theuderich. 614 siegte Chlothar II. in den damaligen Auseinandersetzungen auch in Thüringen. Der ducatus Thuringiae wurde im 7. Jahrhundert auf Betreiben der austrasischen Adelsopposition gegen den Willen, aber nicht ohne Mitwirkung König Dagoberts I. geschaffen. Dagobert begab sich zwischen 623 und 630 in Begleitung Bischof Arnulfs von Metz nach Thüringen, wo er noch weit verbreitetes heidnisches Brauchtum und nur einen geringen Grad der Verchristlichung vorfand. König Dagobert I. förderte in seiner Regierungszeit (629 bis 639) christliche Mission und kirchliche Organisation wie sein Vater Chlothar II. von Neustrien (613 bis 629). Während der innerfränkischen Wirren in den ersten Jahrzehnten des 7. Jahrhunderts bestand in Thüringen weiterhin lediglich eine lockere fränkische Oberherrschaft.
Über die Wahrung der militärischen Oberhoheit, über die Verfügungsgewalt über Hilfstruppen-Aufgebote, die Überwachung und Eintreibung von Tributen wie des Schweinezinses, die Schaffung wichtiger Stützpunkte und Burgen konnten die merowingischen Herrscher und ihre Gefolgschaften die Zugehörigkeit Thüringens zum Frankenreich behaupten, ohne daß vorerst ein ständiger merowingischer Amts- und Herrschaftsträger oder Statthalter in Thüringen anzunehmen ist.[3] Die Einsetzung eines dauerhaften königlichen Herrschaftsträgers in den

Mainlanden und Thüringen mit regionalen Hoheitsbefugnissen in königlichem Auftrag erfolgte erst nach der Niederlage Dagoberts I. vor der Wogastisburg in Böhmen gegen den Slawenkönig Samo nach 630.
Die Wogastisburg war zum Schutze der Westgrenze des Westslawenreiches von Samo bei Kaaden an der Eger angelegt worden.
Die von den Franken tributpflichtig gemachten Sorben fanden zu dieser Zeit Rückhalt beim slawischen Großreich des Samo. Samo (gest. ca. 600) hatte die später im Großmährischen Reich vereinten westslawischen Stämme 623/624 siegreich gegen die Awaren geführt und 631/632 bei der Wogastisburg – vermutlich an der Eger – einem fränkischen Heer eine Niederlage zugefügt. Die Sorben unternahmen nun ihrerseits Vorstöße nach Thüringen.
Radulf war, wie bereits festgestellt wurde, fränkischer Abstammung, Sohn von Chamar aus einer wohl neustrisch-burgundischen Adelsfamilie, und er war schon dux, als er als solcher in Thüringen erschien. Herrschaftliche Bindungen zwischen dem mittleren Maingebiet und Thüringen bestanden damals sicherlich. Möglicherweise waren die thüringischen Gebiete und die mittleren Mainlandschaften in einem einzigen ducatus vereinigt. Eine geographisch-politisch-begriffliche Begrenzung Thüringens auf die Gebiete nördlich des Thüringer Waldes wird in den Quellen des 7. Jahrhunderts nicht vorgenommen. Es ist auch nichts darüber bekannt, daß vor, während oder nach Radulfs Einsetzung als dux Thoringiae ein gesonderter Würzburger ducatus geschaffen worden wäre. Vielmehr nahmen die Merowingerkönige nachweislich in den Jahren 634 bis 637 unter Mitwirkung des fränkischen Hochadels, beeinflußt durch ihre bisher wenig erfolgreiche Slawenpolitik, eine Neugestaltung der herrschaftlichen Verhältnisse in einigen ostrheinischen Gebieten vor. Als erste diesbezügliche Maßnahme wurde im Herzogtum Thüringen der ducatus Thoringiae namens Radulf als Amtsherzog von König Dagobert I. vornehmlich zur Abwehr der Slawen eingesetzt,[4] wahrscheinlich schon 631/632, unmittelbar nach der Schlacht bei der Wogastisburg.
Der von den Franken eingesetzte Herzog Radulf konnte durch eine Reihe von Siegen über slawische Stämme im Grenzgebiet, so 633 bei Rudolstadt, seine Stellung in Thüringen festigen. In den Jahren 634/635 wehrte er slawische Einfälle ab. Er strebte nun seinerseits nach mehr Unabhängigkeit, indem er die komplizierte Situation der Merowinger nach dem Tode König Dagoberts I. ausnutzte. Radulf wollte „König

Bügelfibeln mit Almandineinlagen, kleine Kerbschnittfibel mit Almandinen und goldene Haarnadel aus der 1. Hälfte des 6.Jh. von Erfurt-Gispersleben. Museum für Ur- und Frühgeschichte Thüringens, Weimar.

über Thüringen“ sein. So ging Radulf zwar militärisch gegen die Slawen erfolgreich vor, aber seine Eigenmächtigkeiten gegenüber den Merowingerkönigen verwickelten ihn in die schweren Machtkämpfe innerhalb des fränkischen Hochadels. Herzog Radulf war ein Gegner der regierenden Adelsgruppe der Arnulfinger-Pippiniden. Er beteiligte sich 639 oder 641 an einem Aufstand gegen den austrasischen Frankenkönig Sigbert II. (633 bis 656), den Sohn Dagoberts I. Nach einer Schlacht im rechtsrheinischen Gebiet zog sich Radulf zunächst in eine Feste oberhalb des Unstrutufers zurück, konnte aber nach dem Abfall weiterer Herzöge von Sigbert (Sigibert) einen Sieg über den jungen

Vergoldetes Mundblech aus Silber von einem Trinkhorn mit menschlicher Maske und Tierdarstellungen. Germanischer Tierstil , 1. Hälfte 6. Jh. Erfurt-Gispersleben. Museum für Ur- und Frühgeschichte Thüringens, Weimar.

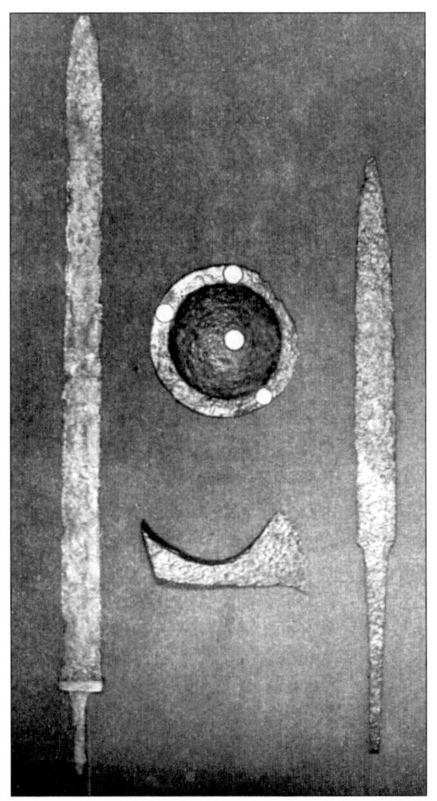

König erringen.[5] Trotzdem ließ Radulf die merowingische Königsherrschaft formal weiterbestehen, betrachtete sich selbst aber in seinem Stolz und Übermut, wie die Chroniken berichten, für den eigentlichen König in Thüringen. Mit den Slawen und Sachsen schloß Radulf Frieden. Er anerkannte – nach Selbständigkeitsbestrebungen und Auseinandersetzungen – die merowingische Oberhoheit, regierte jedoch faktisch selbständig. Diese Vorgänge waren Teil einer Entwicklung im Frankenreich der Merowinger, in deren Verlauf sich seit der Mitte des 7. Jahrhunderts die politischen Machverhältnisse derartig zugunsten des Hochadels und dessen Eigeninteressen verschoben, daß das merowingische Königtum mehr und mehr zur Bedeutungslosigkeit verkam.

Fränkische Waffenausrüstung (Schwert, Kurzschwert (Sax), Schildbuckel, Wurfaxt (Franziska) des 6./7. Jh. von Weimar und Erfurt-Gispersleben. Museum für Ur- und Frühgeschichte Thüringens, Weimar.

Außer Radulf sind später Theotbald und Hetan (= Heden) der Jüngere als Herzöge von Thüringen nachzuweisen. Auch in der zweiten Hälfte des 7. Jahrhunderts blieb Thüringen, begünstigt durch die inneren Wirren im Frankenreich, weitgehend unabhängig, obwohl auch die Nachfolger Herzog Radulfs die merowingische Oberhoheit anerkannten.
Das Herzogtum Thüringen hatte im Merowingerreich eine Randlage, und es fand infolge der Auseinandersetzungen im Reich seitens der Merowingerdynastie mitunter relativ wenig Unterstützung, so daß es auch im Kampf mit Gefahren von außen vielfach allein stand. All dies begünstigte eine zeitweilig weitgehend unabhängige Stellung und selbständige Rolle der Herzöge von Thüringen.
Thüringen lag damals, wie festgestellt, an der äußersten Peripherie des Merowingerreiches. Seit Beginn des 7. Jahrhunderts wurden die Thüringer von den Slawen aus dem Raum zwischen Elbe, Mulde und unterer Saale verdrängt. Die Slawen besetzten im Laufe des 7. Jahrhunderts den gesamten Raum östlich der Saale. Eine nördliche Gefahrenzone für das Merowingerreich einschließlich Thüringen bildete das sächsische Stammesgebiet.

Die Merowingerkönige ließen seit dem 7. Jahrhundert zur Herrschaftsbildung und –sicherung sowie zum Schutz vor Einfällen in Thüringen Wehranlagen errichten. Im Grenzgebiet zu den Sachsen entstanden die Sachsenburg bei Artern am Unstrutdurchbruch zwischen Hainleite und Schmücke, östlich davon über den Paß zwischen Schmücke und Finne die Monraburg bei Burgwenden in der Nähe von Sömmerda, im äußersten Westen vor den Ohmbergen die schon früher wichtige Hasenburg bei Großbodungen nahe Worbis. Die Burg Erfurt lag inmitten des Thüringer Beckens. Wie in Hessen waren die Franken auch in Thüringen darauf bedacht, ihre Herrschaft nach innen und außen abzusichern. In den unterworfenen ostrheinischen Gebieten verkörperten im 7. Jahrhundert in der Regel Herzöge die staatliche Macht des Frankenreiches. Daß die in Thüringen eingesetzten Herzöge fränkischer Herkunft waren, sollte die Einbindung erleichtern. Sie sollten das nur in loser Abhängigkeit vom Frankenreich stehende Gebiet fester einbeziehen und Einfälle von außen abwehren.

„Die verstärkte Integration der Thuringia in den fränkischen Staatsverband während des 7. Jahrhunderts, die Aufsiedelung des Grabfeldgebietes durch die Franken oder die Rolle des fränkischen Amtsträgers bzw. Herzogs als Befehlshaber gegen die Slawen sind nur einige Merkmale einer neuen Situation, die offenbar auch in der Anlage befestigter, strategisch wichtiger Stützpunkte der merowingisch-fränkischen Reichsgewalt ihren sichtbaren Ausdruck fand.“[6]

Eine wesentliche Seite der Integration der Thuringia in das Frankenreich waren die Anfänge des Christentums in Thüringen bereits in vorkarolingischer bzw. vorbonifatianischer Zeit. Dafür sprechen die christlich geprägten thüringischen Grabfunde seit dem 6./7. Jahrhundert sowie die Tatsache, daß Radegunde, die thüringische Prinzessin und

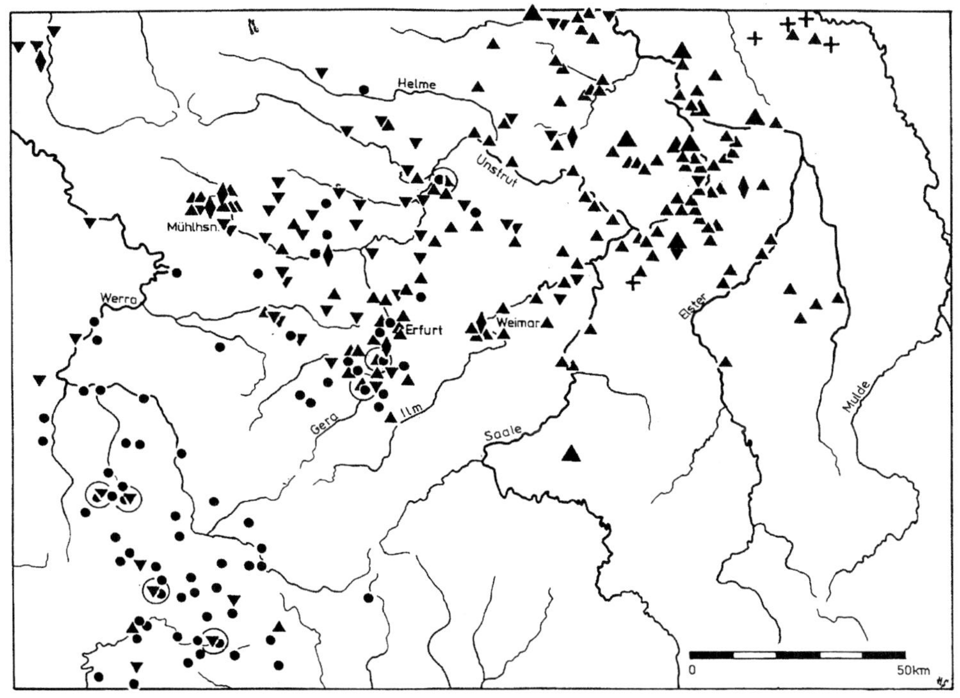

Aus: Karl Peschel, Thüringen in ur- und frühgeschichtlicher Zeit, 1994, S. 78.

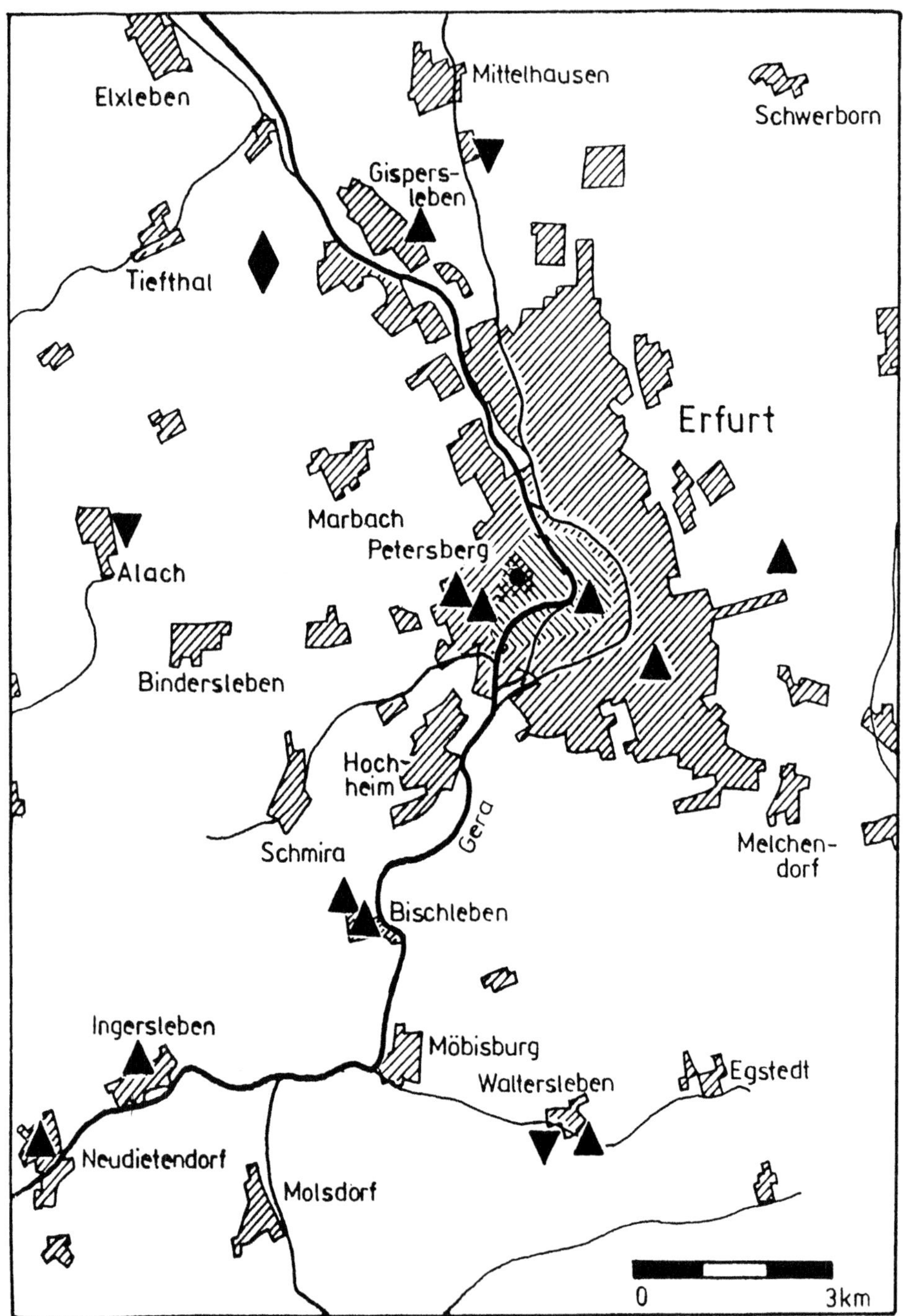
Elxleben
Mittelhausen
Schwerborn
Gispers-
leben
Tiefthal
Erfurt
Marbach
Petersberg
Alach
Bindersleben
Hoch-
heim
Schmira
Gera
Melchen-
dorf
Bischleben
Ingersleben
Möbisburg
Egstedt
Waltersleben
Neudietendorf
Molsdorf
0
3km

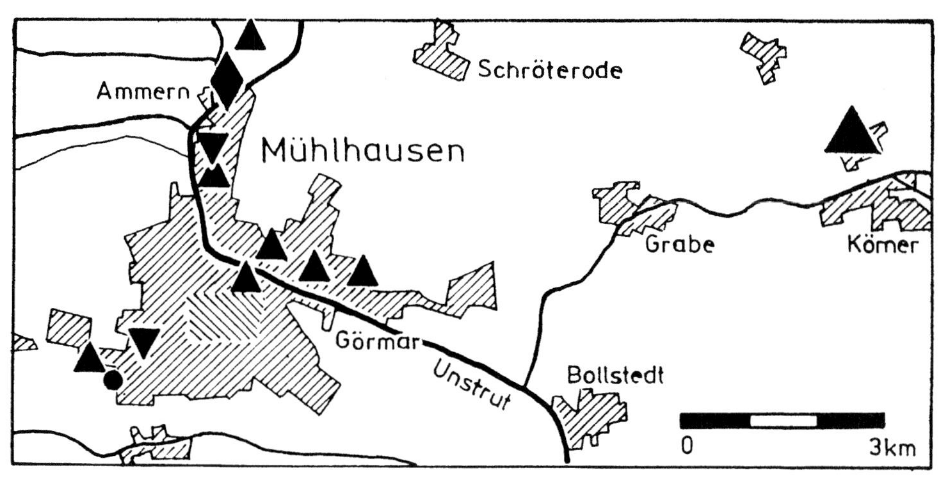

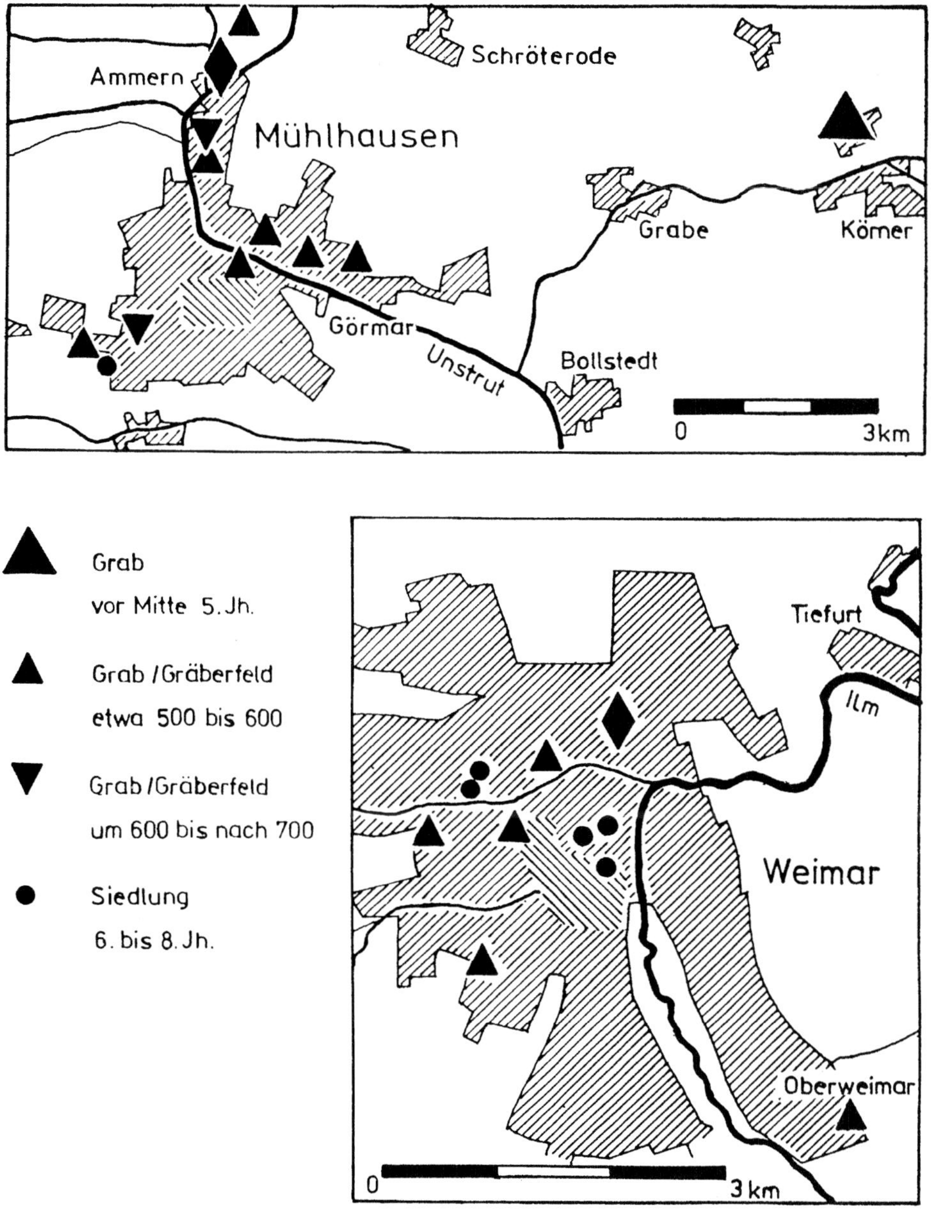

Die Besiedelung um Erfurt, Mühlhausen und Weimar in Thüringisch - Fränkischer Zeit (5. - 8. Jh.), Fundstellen von Siedlungen und Gräbern. Aus: Karl Peschel, Thüringen in ur- und frühgeschichtlicher Zeit, 1994, S. 81.

Gemahlin des Frankenkönigs Chlothar, bereits Christin und ihre Tante Amalaberga, Theoderichs Nichte und Gemahlin des Thüringerkönigs Herminafrid, arianische Christin waren, auch die Missionsreise Arnulfs von Metz an der Seite König Dagoberts I. zwischen 623 und 630.

Für die Franken war die Taufe des Frankenkönigs Chlodwig im Jahre 496 der entscheidende Schritt beim Übertritt zum katholischen Glauben gewesen, was ihnen die Unterstützung des Papsttums in Rom sicherte. Daß der erste Thüringerherzog Radulf katholischer Christ war, dürfte anzunehmen sein. Die Feststellung, daß in Thüringen innerhalb des Adels überliefertes heidnisches Brauchtum und die Bereitschaft, das Christentum anzunehmen, zeitweilig nebeneinander bestanden, gilt auch für andere ostrheinische Stammesgebiete. Im ausgehenden 7. Jahrhundert leisteten iro-schottische Mönche in Mainfranken und

Frieschronik-Miniatur Nr.1: Ermordung des Hl. Kilian und seiner Gefährten (fol. 9 r). Stadtarchiv Würzburg.

Thüringen Missions- und Seelsorgearbeit. Um 686/687 kamen Kilian und seine Gefährten Kolonat und Totnan nach Würzburg, die mainfränkische Metropole des damaligen Herzogtums Thüringen. Sie erlitten wegen ihrer Glaubenstätigkeit auch in diesem Gebiet den Märtyrertod. Der Heilige Kilian und die beiden anderen Frankenapostel Kolonat und Totnan stammten aus Irland. In den Passiones sancti Kiliani aus dem 8. bzw. 9. Jahrhundert wird berichtet, daß er um 686 von der Küste Britanniens über Nordostfrankreich „in das Gebiet der östlichen Franken zu dem Kastell, das Wirziburc genannt wird", gekommen sei.[7] Hier, in der damals östlichen Randzone merowingisch-fränkischer Zivilisation im Grenzraum des fränkisch-thüringisch-slawischen Siedlungsgebietes, entfaltete Kilian an der Peripherie des bisher kirchlich erfaßten Raumes als Frankenapostel eine rege Missionstätigkeit. Deren Antriebe und Wirkungsformen kamen aus dem iro-schottischen und galloromanisch-fränkischen Kulturraum; sie wurden vom merowingischen Königshaus als Element christlich-kultureller Durchdringung und fränkischer Kolonisierung Mainfrankens und Thüringens nachhaltig gefördert.

I.3 Zum Herzogtum Hedens mit seinem Herrschaftszentrum Würzburg und zur weiteren Integration Thüringens in das Frankenreich

In der Lebensbeschreibung des Heiligen Bonifatius durch Willibald werden Theotbald und Heden (= Hetan) als Herzöge der Thüringer erwähnt. Deren Herrschaft über die Thüringer charakterisierte Willibald als tyrannisch. Im ausgehenden7. Jahrhundert wurde Thüringen den in Würzburg residierenden fränkischen Herzögen Heden unterstellt. Deren Herzogsherrschaft erstreckte sich über Mainfranken, das Grabfeld und Thüringen. Erst um 700, unter Herzog Heden II., wurde dessen Einfluß auf Thüringen deutlicher sichtbar. Zugleich führten die inneren Machtkämpfe im Frankenreich dazu, daß die Arnulfinger, die frühkarolingischen Hausmeier, noch zur Regierungszeit der schwachen Merowingerkönige die eigentliche Herrschaft übernahmen. Pippin II. (gest. 714) gelang es, Thüringen enger an das Frankenreich zu binden. Im weiteren Verlauf des 8. Jahrhunderts vollzog sich die volle Integration der Thuringia in das Frankenreich, das heißt, daß die Entwicklung über einen längeren Zeitraum von lockerer Anbindung zu immer festerer Einbindung zum Abschluß gelangte. Namentlich unter der Karolingerdynastie wurde Thüringen zum festen Bestandteil des Frankenreiches.

Seit dem ausgehenden 7. Jahrhundert ließen die fränkischen Herrscher zur Abwehr sächsischer Einfälle und slawischer Unruhen sowie als militärische Ausgangsbasis ein weiträumiges System von Wehranlagen in Hessen und Nordthüringen errichten. So entstanden in der ersten Hälfte des 8. Jahrhunderts – wahrscheinlich in den 40er Jahren – die Grenzverteidigung der Germar-Mark mit einer Anzahl von Befestigungen sowie weitere Burgbezirke zwischen Unstrut und Elbe. Die Germar-Mark als befestigte Grenzzone erstreckte sich von Eschwege an der Werra über Mühlhausen bis nach Tennstedt.

Die in Würzburg vom Frankenkönig eingesetzten Herzöge übten um 700 in Thüringen Einfluß, Macht und Herrschaft nachweislich aus. 704 wird Güterbesitz des Herzogs Heden in Thüringen erwähnt. Im Verlaufe der Kämpfe im Frankenreich in den Jahren 715 bis 719 soll Herzog Heden II. – auf der Seite Karl Martells kämpfend – 717 in der Schlacht bei Vincy den Tod gefunden haben, was jedoch quellenmäßig nicht bewiesen ist. Nicht auszuschließen ist – der Überlieferung nach – das gewaltsame Ende des mächtigen Herzogs und seiner Herrschaft durch Thüringer Große im Auftrage der Frankenkönige und ihrer Hausmeier. Es ist jedoch sicher, daß Leben und Wirken des letzten Herzogs Heden in den Jahren vor dem ersten Thüringenaufenthalt des Bonifatius 719 endete, ohne daß darüber eindeutige Spuren nachweisbar wären. Danach existierte das Würzburger Herzogtum nicht mehr. Das Herzogsgut ging in fränkischen Fiskalbesitz über. Unter dem karolingischen Hausmeier Karl Martell (gest. 741) und seitdem erstarkte die reichsfränkische Herrschaft in der Region „Thuringia".

Christianisierung und Feudalisierung

Das Lehenswesen mit seinem Zusammenhang von Vasallität und Landleihe (beneficium, feudum) prägte die Gesellschafts-, Wirtschafts- und politischen Strukturen im Mittelalter wesentlich mit. Könige, Herzöge und Adel der Franken setzten die Ausbildung von feudalen Grundherrschaften, einer Herrschaft über Land und abhängige Leute, durch. Sie förderten die Einführung des Christentums in Thüringen. Mit der Feudalisierung entstanden zugleich die Voraussetzungen dafür, Kirchen und Klöster auf feudalen Eigenbesitzungen zu gründen sowie diese mit Grund und Boden auszustatten. Mit den fränkischen Kriegern kamen christliche Siedler ins Land.

Willibrord

Im 8. Jahrhundert nahm die Christianisierung einen kraftvollen Aufschwung, insbesondere infolge des Wirkens angelsächsischer Missionare. Diese neue Phase wurde im fränkisch-thüringischen Raum durch Willibrord (geb. um 658), einen der großen angelsächsischen Missionare des frühen Mittelalters, eingeleitet. Der Schwerpunkt seiner Tätigkeit auf dem europäischen Festland war und blieb zwar Friesland seit 690, unterstützt durch den Papst und den fränkischen Hausmeier Pippin, aber auch auf andere Gebiete dehnten Willibrord, seine Schüler und Mitstreiter ihre Mission aus, so auch zeitweise auf Mainfranken und Thüringen. Willibrord begründete das Kloster Echternach an der Mosel. Willibrord, 695 in Rom zum Bischof geweiht, hatte das ihm

698 übereignete Echternach zur Abtei und zum Hauptstützpunkt seiner Mission in Franken und Thüringen ausgebaut. Wie das luxemburgische Echternach erstrebten bzw. hatten auch andere westrheinische Kirchen und Klöster Niederlassungen und Besitzungen in Thüringen, so Châlons-sur-Marne, das elsässische Kloster Weißenburg, das Bistum Reims. Letzteres hatte Grundbesitzungen in mehreren Orten der Thuringia, u.a. in den Orten Elleben bei Arnstadt, Schönstett und Altenstett bei Langensalza, Nordhausen, um deren Sicherung sich Hinkmar von Reims bemühte. Die Besitzungen wurden urbarisiert und Adalhard von Corvey unterstellt. Die Mission Thüringens nahm im Süden und Westen ihren Ausgang. Auf Kilian im Würzburgischen, der auch für Südwestthüringen große Bedeutung hatte, folgten Willibrord und Bonifatius. In der Folge dieser Missionierung bildete sich später auch in Südwestthüringen in Verbindung mit Predigt, Kloster- und Kirchengründungen die Pfarrorganisation heraus; deren älteste Stützpunkte vornehmlich an der Werra waren Dorndorf, Breitungen, Salzungen, Walldorf, Meiningen, Leutersdorf, Effelder. Willibrord hatte 703/704 mit der Erhebung Utrechts zum Erzbistum einen ersten organisatorischen Abschluß seiner Missionsarbeit erreicht. In Mainfranken wie in Thüringen gelang es weder dem Iren Kilian noch dem Angelsachsen Willibrord, feste kirchliche Strukturen zu schaffen. Das erreichte erst Bonifatius mit Unterstützung des Papsttums und der frühen Karolinger; jedoch auch dieser um 732 von Papst Gregor III. ernannte Erzbischof Bonifatius mit dem Recht, Bischöfe einzusetzen, war immer noch ohne festen Sitz.

Daß die Würzburger Herzöge im 7. und 8. Jahrhundert, an deren Hof sich der irische Missionar Kilian zeitweilig aufhielt und um 689 in Würzburg verstarb, katholische Christen waren, steht außer Zweifel. Gerade unter deren Herrschaft und Förderung kam es in den ersten Jahrzehnten des 8. Jahrhunderts zu einer verstärkten Wirksamkeit christlicher Missionare in Thüringen, u.a. des Angelsachsen Willibrord und seiner Weggefährten, auf deren Missionstätigkeit der angelsächsische Mönch Winfried als Missionar Bonifatius seit den zwanziger Jahren des 8. Jahrhunderts aufbauen konnte. In dieser Zeit wurden die Einflüsse der fränkischen Kirche verstärkt wirksam, obwohl sich in Thüringen überkommene Glaubens- und Gesellschaftsverhältnisse noch über längere Zeit hielten. Im Raum Ohrdruf-Sülzenbrücken-Arnstadt fand Bonifatius einen ersten sicheren Anlauf- und Wirkungspunkt für seine Thüringen-Mission.

Herzog Heden II. unterstützte durch umfangreiche Schenkungen für eine Missionierung Thüringens Willibrord, und er überwies ihm 704 seinen Hof zu Arnstadt mit allem Zubehör sowie Höfe zu Mühlberg und Monra. Im Jahre 704 wurde in castello Virteburch, womit Würzburg erstmals urkundlich genannt wird, die erste Güterübergabe an Willibrord durch Herzog Heden und seine Gemahlin Theodrada vorgenommen, wobei ihrer beider Sohn Thuringus dieser Schenkung zustimmte. Theodrada war wohl thüringischer Abstammung, und die verschenkten thüringischen Besitzungen stammten wahrscheinlich aus ihrem Erbgut.

Um 700 spielten in Thüringen die freien Allodialbauern noch eine große Rolle, obwohl sich Adelsherrschaft, soziale Differenzierung und bäuerliche Abhängigkeit deutlicher als bisher abzuzeichnen begannen. Die älteste Urkunde, die thüringische Orte nennt, weist das aus.[8] 704 übertrug Herzog Heden II. dem angelsächsischen Missionar Willibrord, auch als Bischof von Utrecht und Gründer des Klosters Echternach bekannt, in Arnstadt, der Burg Mühlberg und in „Monhore“, wahrscheinlich Großmonra bei Sömmerda, Grund- und Viehbesitz sowie die dazugehörigen Unfreien und abhängigen Bauernwirtschaften.[9]
In der fränkischen Zeit gab es durchaus nicht den Typ der Unfreien schlechthin. Die abhängigen Bauern weisen eine zum Teil breite Differenzierungsskala auf. Am abhängigsten war zweifellos das Gesinde auf den Herrenhöfen. Mancipien hießen die unfreien Bauern, vornehmlich das Hofgesinde, Liten waren Halbfreie, Kolonen lebten offenbar nach besonders freiem Wirtschaftsrecht.

Arnstadt 704

Herzog Heden übertrug Willibrord auf seiner Burg zu Würzburg seinen Hof (curtis) in Arnstadt an der Weiße mit allem Zubehör: mit Hütten (casae) der Hofleute und Gehöften (curticla) der abhängigen Bauern, mit Unfreien, Kuh-, Schaf- und Schweinehirten, mit Zugvieh sowie mit Feldern, Wiesen, Weiden, Wäldern und Gewässern. Die Schenkung hatte weiter zum Inhalt: im Kastell Mühlberg drei Hofleute (casatae) mit Mancipien, dem Vieh und 100 Tagwerk oder Joch Ackerland sowie die zu den Höfen gehörige Wasser- und Holznutzung, außerdem von einem Meierhof Großmonra sieben Hufen (hobae) und sieben angesiedelte Hofleute

Die Mühlburg bei Arnstadt mit einem Teil der Grundmauern der Radegundekapelle. Im Jahre 704 wurde ein „castellum Mulenberge" erwähnt. Die mittelalterliche Burg stammt aus dem 11. Jahrhundert. Vermutlich bereits im 11. Jahrhundert entstand auch die der Heiligen Radegunde geweihte Kapelle, deren Grundmauern unlängst freigelegt wurden. R. Lämmerhirt, Mihla.

(casatae), 400 Tagwerk Ackerland, Wiesen mit einem Ertrag von 50 Fudern, ein Drittel des zum Hof gehörenden Waldes, zwei Schweinehirten mit 50 Schweinen und zwei Kuhhirten mit 12 Kühen.
Wie der Name des Kastells Mühlberg bei Arnstadt (704 castellum Mulenberga) zeigt, wurden bereits Anfang des 8. Jahrhunderts einzelne grundherrschaftliche Wassermühlen in Thüringen betrieben.
Diese Urkunde von 704 kann als das älteste Zeugnis für grundherrschaftliche Wirtschaftsweise in Thüringen gelten, sie verfügt über eine starke Aussagekraft. Mancipia war das unfreie Hofgesinde auf der Eigenwirtschaft des Meierhofes. In eigener Hütte (casa), nicht auf dem Hof Mühlberg, wohnten die casatae, die aber offenbar ebenfalls auf dem Hofe arbeiteten, daneben aber bescheidenen Grundbesitz in eigener Bewirtschaftung hatten. In Großmonra waren die sieben dem Herren- und Haupthof zugeordneten Hofleute (casatae) eindeutig abhängige

Urkunde vom 1. Mai 704. Herzog Heden schenkte an Willibrord Güter zu Arnstadt, Mühlberg und Großmonra. Urkundliche Ersterwähnung dieser Orte wie Würzburgs. Forschungsbibliothek Gotha, Universität Erfurt, Memb. I 71, Bl. 35 r-v.

Bauern, die das ihnen zugewiesene Land bewirtschafteten und dafür dem Grundherrn Abgaben und Dienste leisteten. Dem thüringischen und fränkischen Adel war es also schon gelungen, Grundherrschaften zu errichten. Umfang, Struktur und Wirtschaftsweise einer solchen Grundherrschaft sind aus der Schenkungsurkunde Herzog Hedens für Willibrord von 704 teilweise ersichtlich.

Indem der mainfränkisch-thüringische Herzog Heden II. Willibrord von Würzburg aus umfangreiche Liegenschaften im thüringischen Kerngebiet verbriefte, wollte er ihm eine Grundlage für die Ausbreitung seines Missionswerkes schaffen. Willibrord blieb allerdings in seiner Missionstätigkeit auf Friesland konzentriert.

Die Ortsbestimmung „in castello Mulenbergen“ weist Mühlberg als Kastell aus. Die curtis Monra war ebenfalls ein befestigter Ort auf einer Anhöhe. Das Kastell Mühlberg wurde 704 nicht mit übereignet, sondern lediglich ein damit bisher verbundener Hofbesitz. In Mühlberg bestand damals ganz offensichtlich eine Herrenburg in Form einer

Wehranlage frühgeschichtlichen Ursprungs, die als Vorläufer der mittelalterlichen Mühlburg angesehen werden kann und herzoglicher Besitz war. Im übrigen besaß Heden Burgen vor allem in Würzburg und Hammelburg; auf der Würzburger Marienburg residierte der Herzog.

Die durch die Existenz eines herrschaftlichen Hofes und die Lage an einer über das Waldgebirge führenden Handels- und Heerstraße bedeutende Siedlung Arnstadt dürfte frühzeitig durch eine nahegelegene Befestigung gesichert worden sein. Gundhareus, der möglicherweise erste urkundlich verbürgteAhnherr der Kevernburger (Käfernburger), könnte durchaus bereits Anfang des 8. Jahrhunderts einen befestigten Adelssitz, einen möglichen Vorläuferbau der Kevernburg in der Nähe Arnstadts, besessen haben. Von einer ebenfalls frühmittelalterlichen Alten Burg auf einem Bergsporn bei Ohrdruf ist nichts weiter überliefert.

Arnstadt ist der erste thüringische Ort von Bedeutung, über den in der schriftlichen Überlieferung eine urkundliche Erwähnung – und zwar aus dem Jahre 704 – vorliegt. Ausgrabungen im Stadtgebiet von Arnstadt hatten das Ziel, den 704 genannten Hof über dem Fluß Weiße an der Bonifatius- oder Bachkirche zu ermitteln. Bei diesen Ausgrabungen wurden keine frühmittelalterlichen Besiedlungsreste ermittelt, so daß der von verschiedenen Forschern angenommene Standort der curtis in der Nähe der Liebfrauenkirche stärkeres Gewicht erhält.

Grabungen in Siedlungen und Wüstungen haben gezeigt, daß die Dörfer meist weilerartig angelegt wurden. Vorherrschend ist das rechteckige Grubenhaus. In den Siedlungen ist eine gesellschaftliche Gliederung mit großen Pfostenbauten der Grundbesitzer oder freien Bauern und den in der Nähe liegenden rechteckigen Grubenhäusern der Unfreien zu erschließen. Wichtige Beispiele für den thüringischen Raum sind Ichtershausen bei Arnstadt, Niederdorla bei Mühlhausen. Spezialisierte Tätigkeiten sind im Siedlungsbereich mit Webhütten und Eisenschmelzstellen zu erfassen. Vorherrschend im frühmittelalterlichen Bestattungswesen ist das westöstlich ausgerichtete Körpergrab in Reihengräber. Angehörige des Adels und Freie wurden mit Beigaben, die ihre gehobene soziale Stellung kennzeichnen (Sporen, Steigbügel, Schwerter), neben ärmlich ausgestatteten Gräbern in der Nähe der Siedlungen oder Burgen beigesetzt, wie in Ottmannshausen bei Weimar, Vogelsberg bei Sömmerda, Dingelstädt bei Worbis. Als Bestandteile der

Tracht finden sich in den Gräbern Perlen, Schnallen, silberne oder bronzene Ohrringe und Messer. Pferde und Hunde liegen gelegentlich in der Nähe reichausgestatteter Körpergräber. Zunehmender Einfluß des Christentums führte dazu, daß sich in deutschen Gräbern seit dem 8./9. Jahrhundert kaum noch Beigaben befinden. Nachbestattungen auf älteren Grabhügeln lassen sich für die Zeit des 8. bis 11. Jahrhunderts nachweisen.

Erfurt vor der Mitte des 8. Jahrhunderts

Über den thüringischen Zentralort Erfurt liegen vor 742/743 keinerlei schriftliche Nachrichten vor, umso mehr umstrittene spätere Überlieferungen und Mutmaßungen über die Anfänge des Petersklosters auf dem Erfurter Petersberg.[10]
Im ausgehenden 15. Jahrhundert verfaßte der Erfurter Vikar und Historiograph Konrad Stolle seine thüringisch-erfurtische Chronik, das Memoriale – ein Denkbuch, in dem er Überlieferungswertes aus seinem Leben und seiner Zeit sowie aus der Geschichte niederschrieb. Darin berichtet er – im Anschluß an die Überlieferung der Mönche des Petersklosters seit dem 12. Jahrhundert – auch über die Entstehung des Erfurter Petersklosters: im Jahre 706 soll der fränkische König Dagobert, den Stolle einen „cristen man“ nennt, nach Thüringen und Erfurt gezogen sein und am Platz der ehemaligen Burg des thüringischen Königs Merwig das Benediktinerkloster St. Peter gegründet haben.

Neuerdings wurde festgestellt: „Jenseits des Thüringer Waldes wurde St. Peter in Erfurt als Weißenburger Tochterkloster zu Beginn des 8. Jahrhunderts eingerichtet. Darüber erfährt man zwar erst aus einer Urkundenfälschung des 12. Jahrhunderts, die sich auf den Merowingerkönig Dagobert III. (gestorben 715) beruft und auf den 1. März 706 datiert ist; aber dieser Erfurter Darstellung könnte eine echte Überlieferung zugrunde gelegen haben.“[11]

Fraglich bleibt, ob die Dagobert-Legende überhaupt in die Gründungstradition des Erfurter Petersklosters gehört. Auch sind die Existenz einer sehr alten Blasiuskirche auf dem Erfurter Petersberg, die als Klause des Adeodatus entstanden sein soll, sowie enge und dauerhafte Beziehungen Weißenburgs zu Erfurt umstritten. In Erfurt soll der Inkluse Adeodatus durch Bischof Rigibert von Mainz die Weihe empfangen haben. Adeodatus trat an Weißenburg mit der Bitte heran, in Erfurt ein Kloster zu gründen, die der Mönch Trutchind 706 erfüllte. So könnte es zu Anfang des 8. Jahrhunderts mit St. Peter zu Erfurt zur ersten Klostergründung in Thüringen gekommen sein, die der weitgespannten Weißenburger Kirchenorganisation angeschlossen war und mit der thüringisch-fränkischen Burg bzw. Pfalz auf dem Petersberg in Verbindung stand. Wie dem auch sei, unbestritten ist die Neugründung des Benediktinerklosters St. Peter bzw. die Umwandlung eines Chorherrenstiftes in das benediktinische Reformkloster auf dem Erfurter Petersberg 1059/1060.

Der Benediktinerorden war der älteste katholische Mönchsorden. Sein Gründer war Benedikt von Nursia (um 480 bis nach 543), der Schöpfer des abendländischen Mönchtums. Er gründete 529 (?) das Kloster Monte Cassino in Campanien, einer Landschaft Mittelitaliens, und er schuf die Regula Benedicti, die Ordensregel der Benediktiner. Diese verpflichtete jedes Ordensmitglied zur stabilitas loci, also dazu, ständig im Kloster zu verbleiben und dort regelmäßig körperlich und geistig tätig zu sein, zur conversatio morum (Eigentumsverzicht und Keuschheit) und oboedientia (Gehorsam). Die Benediktinerklöster sollten den Wert der Arbeit (Ackerbau, häusliche Arbeiten, Handwerk etc.) hochhalten, Gastfreundschaft und Armenpflege üben und Klosterschulen einrichten. Bis ins 12. Jahrhundert war die Regula Benedicti die im christlich-katholischen Abendland herrschende Mönchs- und Ordensregel. Auf ihrer Grundlage strebten die Mitglieder der benediktinischen Männer- und Frauenklöster unter ihren Äbten nach christlicher Vollkommenheit durch Pflege des Gottesdienstes und Gebetes, Seelsorge, Mission und Caritas, sie betrieben Garten- und Ackerbau, Viehzucht und Handwerk, waren auf dem Gebiet der Schule, Wissenschaft und Kunst tätig.

Mit Erfurt, Ohrdruf und Milz begann im 8. Jahrhundert die Geschichte der Klöster und monastischen Entwicklung im frühmittelalterlichen Thüringen.

I.4. Bonifatius – Die Gründung des Bischofssitzes Erfurt (742) bis zu dessen Einbeziehung in das Erzbistum Mainz in den 50er Jahren des 8. Jahrhunderts

Im Jahre 719 begann Bonifatius unter dem Schutz des fränkischen Hausmeiers Karl Martell (714 bis 741), im nördlichen Hessen und in Thüringen missionarisch und kirchenorganisatorisch tätig zu werden. Mit seinem Namen verbindet sich die organisierte Form der Glaubensvermittlung und die erfolgreiche Durchsetzung des Christentums in Thüringen. Ohrdruf, wo Bonifatius um 725 ein Kloster gründete, Arnstadt – Sülzenbrücken und vor allem Erfurt waren die Zentren seines Wirkens in Thüringen – mit Unterstützung des Papstes, der Reichsgewalt und fränkischer wie einheimischer Adelsgeschlechter. Als Bonifatius während seines ersten Besuches in Thüringen 719 die Situation erkundete, gab es – nach dem Aussterben des fränkischen Geschlechts Herzog Hedens im Mannesstamme – hier keine Herzöge mehr, umso stärker war der Adel geworden. Auch muß Bonifatius ein zählebiges Heidentum – in Beziehung zu den überhaupt noch heidnischen Sachsen - angetroffen haben und massive Versuche, das Christentum in Thüringen wieder zurückzudrängen. Papst Gregor II. richtete 722 einen Brief an

Bonifatius als Erzbischof aus der Chronik Meinecke. Stadtarchiv Erfurt.

Bonifatius hat eine heilige Eiche gefällt. Gemälde von P. Janssen im Festsaal des Erfurter Rathauses. Stadtarchiv Erfurt.

verschiedene Adlige und alle christgläubigen Thüringer, in dem er jene lobte, die den Heiden, welche sie zum Götzendienst drängten, zur Antwort gaben: sie wollten lieber sterben als ihren Christenglauben verletzen. Zweifelsohne gehörten in der ersten Hälfte des 8. Jahrhunderts Vertreter des fränkischen und einheimischen Adels zu den Anhängern, Trägern und Förderern der Christianisierung in Thüringen; erst durch deren Schutz, Unterstützung und Mitwirkung gelang das Missions- und Kirchenorganisationswerk des Bonifatius, der dieser Christianisierung tragfähige Grundlagen schuf und wegweisende Ausgangspunkte verlieh.

Winfried (Wynfrith), geboren um 672/673, der unter dem Namen Bonifatius in die Geschichte einging, stammte aus dem angelsächsischen Kleinkönigreich Wessex. Er erhielt am 14. Mai 719 vom Papst den Namen des Tagesheiligen, des römischen Märtyrers Bonifatius, und er wurde am nächsten Tag durch päpstliches Dekret zum Glaubensprediger

xliiii 52

zu der ee / do was grosse herschafft zu
ungern. ——

Nota hir noch folget nu dy czid sente bo
nifacius. wy wol das es hy vor stehen sal
wol dry hundert jar / das ist nu des schri
bers schold disses buches.

Hy hebit sich an. Wy sente bonifacius
dy lant bekort hat. zu deme gloube.

Nach gotisgeburt Sechshundert unde A. C. 620.
zwenzig jar / Eraclius was ey konig
unde keyser zu roma / und das romissche
rich unde Constantinopel yn krichen warn
noch ungescheiden / Cosdras der was ein
konig yn persia / d' gewan das heilige crucze
und furte das yn syn land zu persen / Do
zoch der keyser eraclius yn das land persen Legenda d. Bonifacii. Menken T. I p. 831 ff.
und streit mit deme konige cosdras do
selbest und slug on tod / und brochte das
heilige crucze wedd' kein Jerusalem / Noch
des heiligen keysers tode / do qua anasta
sius yn das rich / und was keyser nicht
dry jar / Do wart von eyander gescheide
das romissche rich / und constantinopel —
Und do was der bobist gregorius der and'
der satzte Bonifacium zu eime bisschoff kein
mentz / d' bekarte das land zu doringen
Karl der grosse des koniges pippini son / d'
was konig ubir alle land franckrich noch
sines vater tode — Dy romer wolden sich
underwinde d' keyserlichen gewalt / aber
der bobist sante dy slussele von sente peters
alter zu rome und dy vanen. konige karl
Do fur konig karl kein roma / und den

Die Missionstätigkeit des Bonifatius in Thüringen. Konrad Stolle, Memoriale. Thüringisch-erfurtische Chronik. Papierhandschrift des 15. Jh. Thüringer Universitäts- und Landesbibliothek Jena: Ms. Sag. q. 3, Bl. 52 r.

bestellt. Der Angelsachse Winfried-Bonifatius missionierte - nach einem ersten Aufenthalt in Thüringen 719 – in Thüringen mit päpstlichem Missionsauftrag. Er war ein Schüler des Willibrord und dessen Weggefährte in Friesland; in Thüringen wurde er von Mönchen aus fränkischen Klöstern, so aus Reims, Châlons und Würzburg, unterstützt.[12] Bonifatius wurde als Missionar, Kirchenorganisator und Reformer die überragende Gestalt bei der Ausbreitung des Christentums weit über Thüringen hinaus; aber zu seinem hauptsächlichen Tätigkeitsfeld gehörten Hessen und Thüringen. Papst Gregor hatte Bonifatius 721 Hessen und Thüringen als Wirkungsbereich zugewiesen, in beiden Gebieten konnte er an frühere Christianisierungsansätze anknüpfen. Nachdem er in Amöneburg bei Marburg und in Fritzlar Klöster gegründet hatte, wurde er Ende des Jahres 722 in Rom zum Missionsbischof geweiht, und er empfing aus der Hand Papst Gregors II. mit der Bischofsweihe auch den päpstlichen Legatentitel für alle germanischen Gebiete östlich des Rheins.

Eine Verlautbarung Gregors II. aus dem Jahre 722 besagt, daß sich das Christentum damals zwar in der Oberschicht, im Stammesadel, fest etabliert hatte, aber in Thüringen noch sehr lange heidnisches Gedankengut lebendig blieb. Bezeichnenderweise richtete sich das von Papst Gregor II. im Dezember 722 verfaßte Schreiben zur Unterstützung an eine Reihe im christlichen Glauben bereits bewährter Adliger in Thüringen, die im 8. Jahrhundert zugleich über befestigte Herrensitze zum Schutz der christlichen Mission, der entstehenden Kirchen und Klöster verfügten. Der Papst und Bonifatius konnten demnach davon ausgehen, daß der Adel die Christianisierung fördern würde. Mit Unterstützung konnte Bonifatius auch von staatlicher Seite rechnen. Der fränkische Hausmeier Karl Martell, den Bonifatius im Frühjahr 723 persönlich aufsuchte, sicherte ihm dies zu. Bonifatius überreichte Karl Martell einen vom Papst ausgestellten Geleitbrief, während ihm dieser einen Schutzbrief übergab.

Abgesehen von seinem Wirken in Friesland am Anfang und Ende seiner Tätigkeit wurden für Bonifatius Hessen und Thüringen zum Hauptfeld seiner missionarischen und kirchen-organisatorischen Aktivitäten. In einem Schreiben vom Dezember 724 an die Thüringer empfahl Papst Gregor II. seinen Legaten Bonifatius, rief sie – nach eindringlichen religiösen Ermahnungen – zum Gehorsam gegenüber seinem Sendling auf, und er trug „dem ganzen Volk der Thüringer“ auf, für Bonifatius „ein

Haus, wo er ... wohnen soll, und Kirchen“ zu errichten[13], um darin beten zu können. Der Weg des Bonifatius in Hessen und Thüringen wurde insbesondere seit 723/724 markiert durch die legendäre Fällung der heiligen Donarseiche bei Geismar, die Reinigung des vorgefundenen Christentums von heidnischem Brauchtum, die Unterwerfung des Klerus unter die römischen Kanones, besonders den Zölibat, den Zuzug zahlreicher angelsächsischer Mönche und Nonnen, die Gründung von Kirchen, Kapellen und Klöstern.

Amöneburg und Fritzlar in Hessen, Ohrdruf und Erfurt in Thüringen waren erste Niederlassungen und feste Stützpunkte der christlichen Mission in diesen Gebieten. An allen vier Plätzen errichtete Bonifatius geistliche Institutionen. Die Zelle St. Michael bzw. das Benediktinerkloster in Ohrdruf entstand auf Grund seiner Initiative, war dem Heiligen Michael geweiht und soll um 725 von zwei einheimischen Adligen in der Umgebung Ohrdrufs dotiert worden sein. Es wurde später der Abtei Hersfeld unterstellt, ging aber nach 753/786 wieder ein. Für die Zeit des Bonifatius wird berichtet, daß von Sülzenbrücken bei Arnstadt aus sieben Kirchen geleitet wurden, deren Namen nicht überliefert sind; aber es ist anzunehmen, daß sie im Umkreis von Arnstadt lagen. In den Niederungen nördlich des Thüringer Waldes zwischen Ohrdruf und Arnstadt waren, was schon festgestellt wurde, bereits um 700 und dann unter Bonifatius christliche Missionare tätig. Die Tätigkeit des Bonifatius wurde vom thüringischen Adel mitbewirkt. Für die Klostergründung in Ohrdruf erfolgten Stiftungen von Grundbesitzungen seitens einheimischer Adliger. Von den ersten Kirchenbauten sind kaum noch Überreste vorhanden, und die ersten Klostergründungen – etwa von 725 in Ohrdruf – waren nicht von Dauer.

In dem genannten Schreiben Gregors II. vom 1. Dezember 722 lobte der Papst namentlich die viri magnifici (großen Männer) Asulf, Godolauus, Wilareus, Gundhareus und Aluold für ihre Treue und Standhaftigkeit im christlichen Glauben trotz aller Bedrängnis durch die Heiden, und er ermahnte sie zum Gehorsam gegenüber dem von ihm gesandten Bischof Bonifatius.[14] Dabei muß es sich bei diesen fünf Thüringern um angesehene und einflußreiche Angehörige bedeutender Adelsgeschlechter gehandelt haben, auf deren Wohlwollen und Unterstützung Bonifatius bei seinem Missionswerk in Thüringen angewiesen war. Deren Eigengüter und Grundherrschaften boten den notwendigen wirtschaftlichen und politischen Rückhalt, um die christliche Mission

voranzubringen, Kirchen und Klöster zu gründen und diese mit Grund und Boden auszustatten. Damit bestanden in diesem Gebiet am Rande Innerthüringens günstige Voraussetzungen für das Wirken des Bonifatius und der christlichen Missionare. Der genannte Gundhareus (Gundar) – bei seinem Personennamen Günther handelt es sich um den Leitnamen der späteren Grafen von Käfernburg-Schwarzburg – hatte ganz offensichtlich das Christentum angenommen, und er hielt an der neuen Religion inmitten einer noch in heidnisch-germanischen Kulten verharrenden Umgebung fest. Seine Bekehrung und Taufe erfolgte wohl durch Willibrord zu Anfang des 8. Jahrhunderts.
Im Jahre 726 übertrug Willibrord die Güter in Arnstadt und weitere thüringische Besitzungen seinem Hauskloster Echternach, und er vermerkte über deren Herkunft: „Herzog Heden schenkte mir seinen ganzen Anteil (portio) im Dorfe (villa) Arnistadi im Thüringgau.“[15] Folglich besaßen noch ein oder mehrere Grundherren einen Anteil – ein „portio“ – der Siedlung Arnstadt. In erster Linie sind hier die Vorfahren der Kevernburger, der späteren Mitbesitzer von Arnstadt, in Betracht zu ziehen. Die Identität des thüringischen Edlen und Grundherrn der Urkunde von 722 mit dem kevernburgischen Ahnherrn Gundar des aus dem 14. Jahrhundert stammenden „Käfernburger Gemäldes“ und den genealogischen Angaben der Reinhardsbrunner Chronik kann vermutet werden. Heden II. erbaute 706 in Würzburg eine Kirche, deren Weihe doch nur durch Willibrord erfolgt sein kann; 716 schenkte der Herzog dem Bischof elterliches Erbgut bei Hammelburg an der fränkischen Saale zur Stiftung eines Klosters.[16] Im Rahmen seiner Aufenthalte in Thüringen besuchte Willibrord sicherlich die neuen Besitzungen und kann bei dieser Gelegenheit die fünf Thüringer missioniert haben. Die Kämpfe im Frankenreich von 715 bis 719, in deren Verlauf Heden II. den Tod fand, erschwerten vorerst die weitere Missionstätigkeit. Der Verlust der Herzogsgewalt für Thüringen infolge des Todes Hedens II. veranlaßte Bonifatius dazu, die Unterstützung einflußreicher einheimischer Adliger zu suchen und in Anspruch zu nehmen. Der erste Anlaufpunkt seiner Thüringenmission lag zweifellos im Vorland des Thüringer Waldes, im Raum Ohrdruf-Sülzenbrücken-Arnstadt: dort, wo sicherlich auch jene genannten fünf Magnaten ansässig waren. Gundhareus, der möglicherweise erste urkundlich verbürgte Ahnherr der Kevernburger, könnte durchaus bereits Anfang des 8. Jahrhunderts auf einem befestigten Adelssitz, eventuell einem Vorläuferbau der Kevernburg in der

Nähe Arnstadts, residiert haben. Die durch die Existenz eines herzoglichen Hofes und die Lage an einer über das Waldgebirge führenden alten Handels- und Heerstraße bedeutende Siedlung Arnstadt dürfte bereits sehr frühzeitig mit einer nahegelegenen Befestigung gesichert worden sein. In der Schenkungsurkunde von 716 erscheinen die Grafen Cato und Sigericus als Zeugen. Das „Käfernburger Gemälde" und die Reinhardsbrunner Chronik bezeichnen einen Sigerus als Sohn des bekehrten und getauften Heiden Gundar. Ein Übertritt Gundars und seines Sohnes zum Chrisentum könnte letzterem angesichts des kirchlichen Engagements Hedens II. durchaus den Weg für die Übernahme eines wichtigen Amtes wie dem Grafenamt im Dienste des Herzogs geebnet haben. Von den 722 erwähnten fünf thüringischen Großen waren zumindest zwei, Asulf (Asolv) und Gundhareus (Gundar, Günther), im Raum Ohrdruf – Arnstadt ansässig – in dem Gebiet also, in dem sich später die kevernburgische Herrschaft herausbildete.[17] Der Name Asulf lebte in dem Namen des Ortes Asolueroth westlich von Ohrdruf fort. Die umfangreichen Eigengüter und Besitzungen an Land, Höfen und Dörfern im umliegenden Längwitzgau verliehen den Kevernburgern einerseits die ökonomische Grundlage und das soziale Prestige für die Erlangung und Ausübung des Grafenamtes, und sie bildeten andererseits die Voraussetzung für das Entstehen einer eigenen Vasallität mittels Belehnung.

Im Rahmen der Tätigkeit des Bonifatius in Thüringen ab 725 oder gar als vorbonifatianische Gründung entstand die St. Peter- und Pauls-Kirche zu Kölleda am Nordrand des Thüringer Beckens bei Sömmerda. Auf jeden Fall gehört diese adelige Eigenkirche zur frühen Missionierung Thüringens, deren Gründer namentlich unbekannt ist, ebenso wie die wohl Anfang des 8. Jahrhunderts errichtete adelige Eigenkirche zu Milz im Grabfeld bei Römhild, deren Gründer wahrscheinlich adelige Vorfahren der Äbtissin Emhilt des späteren Benediktinerinnenklosters Milz waren.

Bonifatius konzentrierte sich zunächst auf die Mission; danach wandte er der kirchenorganisatorischen Tätigkeit verstärkte Aufmerksamkeit zu.

Um 732 setzte Bonifatius Papst Gregor III. davon in Kenntnis, daß er angesichts der wachsenden Anzahl der Neubekehrten nicht mehr allein seines bischöflichen Amtes walten könne. Der Papst schickte ihm jedoch keine zusätzlichen Amtsgefährten, sondern erhob Bonifatius zum Erzbischof und bevollmächtigte ihn, nach eigenem Ermessen zu seiner Unterstützung Bischöfe zu bestellen, wobei er allerdings sorgsam vorgehen solle, damit der bischöflichen Würde kein Abbruch geschehe. Letzteres bezog sich sicherlich auch auf die Auswahl der Bischofssitze. Es vergingen jedoch noch einige Jahre, ehe Bonifatius für Hessen, Franken und Thüringen von dieser Vollmacht Gebrauch machen konnte. Mit einem Feldzug gegen die Sachsen im Jahre 738 trug Karl Martell nicht nur den Expansionsgelüsten des fränkischen Adels Rechnung, sondern er trug damit auch zur Sicherung der Mission des Bonifatius in Thüringen bei. Nach Karl Martells Tod (741) unterstützte sein für Austrasien, den östlichen Teil des Frankenreiches, zuständiger Sohn Karlmann die Bestrebungen des Bonifatius, eine Kirchenorganisation aufzubauen. 741 teilte Bonifatius das missionierte fränkisch-hessisch-thüringische Gebiet in drei Diözesen ein. Für Hessen wählte er Büraburg bei Fritzlar als Bischofssitz, für Franken Würzburg und für das thüringische Kernland Erfurt.

Die Gründung des Bistums Erfurt durch Bonifatius erfolgte vielleicht schon Ende 741, eher aber wohl 742 mit Unterstützung und Zustimmung des Papstes Zacharias und König Karlmanns in dessen Reichsteil; sie war, auch angesichts seiner baldigen Eingliederung in das Erzbistum Mainz, ein Ereignis von historischer Bedeutung.

Die ersten schriftlichen Nachrichten aus den Jahren 742 und 743 über Erfurt, seine uralte Geschichte und große Bedeutung von altersher wurden durch archäologische Untersuchungen und Erkenntnisse bestätigt und ergänzt.

Die seit Jahrtausenden besiedelte fruchtbare Erfurter Keupermulde bildete die natürliche Mitte der sich im Mittelalter bildenden Region Thüringen. An der Gera konnten ausgedehnte germanische Siedlungen bereits des 1. bis 4. Jahrhunderts mit Grubenhäusern und ebenerdigen Pfostenbauten nachgewiesen werden. Sie liegen auffallenderweise alle in der Nähe der Erfurter Gerafurten, die auch von den frühmittelalterlichen Handelsleuten und Kaufleuten genutzt wurden. Wahrscheinlich gehörte dieses Siedlungsgebiet zur Zeit des Thüringer Königreiches zu einem thüringischen Königshof, es könnte nach dem militärischen Sieg der Franken über die Thüringer im Jahre 531 ein fränkischer Verwaltungsstützpunkt mit fränkischem Kastell geworden sein. Im Anschluß an die altgermanische Besiedlung hatten sich an der Gera auch Thüringer der Völkerwanderungszeit niedergelassen. Siedlungen und Gräberfelder um Erfurt belegen die große Bedeutung des Erfurter Gebietes im 6./7. Jahrhundert. Um 600 verstärkten sich die fränkischen Einflüsse, worauf sogar Gebrauchsgegenstände wie rheinische Knickwandbecher in den Bodenfunden hinweisen. Gräberfelder um Erfurt aus dem späten 6. oder 7. Jahrhundert belegen die Anwesenheit von Franken. In einem Gräberfeld von Alach in unmittelbarer Nähe westlich von Erfurt mit Betattungen fränkischer Krieger wurden neben deren Waffen auch Feinwaagen aus Bronze aufgefunden, die als frühe Hinweise auf einen militärisch geschützten Handelsplatz im Erfurter Raum gedeutet werden können. Für diese Zeit ist auf dem Erfurter Petersberg bereits ein befestigter Herrschaftssitz der fränkischen Reichsgewalt anzunehmen. Auch die reichen Funde im Gräberfeld östlich von Gispersleben am Roten Berg in der später als Thüringer Versammlungs- und Gerichtsstätte bekannten Flur Mittelhausen nahe Erfurt kennzeichnen die große Bedeutung und besondere Stellung des Thüringer Beckens mit seinem Erfurter Mittelpunkt in der Merowingerzeit.

Erinnerungskreuz auf der Creuzburg. Der „fiscus Milinga“, dessen Zentrum auf der heutigen Creuzburg zu vermuten ist, entstand als fränkisches Königsgut an der Werra und wurde in einer Schenkungsurkunde Kaiser Karl des Großen an das Kloster Hersfeld 775 erwähnt. Der Legende nach soll Bonifatius auf dem Burgberg ein erstes christliches Kreuz errichtet haben, daher später des Name Creuzburg. Daran erinnert das heute auf der Burg zu findende Holzkreuz. R. Lämmerhirt, Mihla.

Das Siedlungsbild des 8. Jahrhunderts wie des frühen Mittelalters überhaupt läßt – auch angesichts neuer Fundstellen – erkennen, daß der überwiegende Teil der Siedlungsplätze außerhalb des Gerabogens und in der Nähe der wichtigen Flußübergänge lag. Auf dem Petersberg stand die fränkische Burg, deren Schutzfunktion Bonifatius benötigte, um im Grenzgebiet zu Sachsen und Slawen ein Bistum gründen zu können.
„Ob Bonifatius Erfurt im Jahre 741 oder 742 zum Bischofssitz erhoben hat, muß offenbleiben. Die Forschung ist sich uneinig, beide Jahresdaten sind möglich."[18]

Der Missionserzbischof Bonifatius bat den Papst Zacharias, die drei neuen Bischofssitze für Hessen, Franken und Thüringen – Büraburg, Würzburg und Erfurt – zu bestätigen, in denen er Bischöfe eingesetzt habe. Der dritte dieser Sitze befinde sich in einem Ort, welcher Erphesfurt heiße. In Bezug auf Erfurt betonte Bonifatius gegenüber Papst Zacharias, daß der Ort Erfurt bereits von alters her eine urbs heidnischer Bauern, „schon vor langer Zeit eine Burg der heidnischen Landbewohner" gewesen sei.
Wie die archäologischen Quellen macht auch die Beschreibung des Bonifatius deutlich, daß wir mit „Erphesfurt" = Erfurt einen Ort mit uralter Geschichte und von zentraler Bedeutung vor uns haben. Nach den noch aus den Zeiten der antiken Stadtkultur stammenden kirchlichen Vorschriften sollten Bischofssitze nur in bedeutenden Städten, jedoch nicht in Dörfern oder offenen Orten errichtet werden. Dieser Auflage konnte Bonifatius in seinem damals noch städtelosen hessisch-thüringischen Hauptmissionsgebiet nicht wörtlich gerecht werden. Um den kanonischen Vorschriften aber wenigstens sinngemäß zu entsprechen, mußte er bedeutende, gesicherte Orte auswählen. Bei Erfurt betonte er, daß der Ort schon von alters her eine „urbs" der heidnischen Bauern gewesen sei. Selbst wenn man berücksichtigt, daß der Begriff urbs unterschiedlich interpretiert werden kann und einen Bedeutungswandel durchmachte, so dürfte damit doch ein volkreicher befestigter Platz gemeint gewesen sein, vermutlich eine Burg mit dadurch geschützter Siedlung, der zentrale Funktionen für die umliegende Region zukamen. Ausgangspunkt könnte ein Herrensitz mit den Aufgaben einer Volks- und Fluchtburg gewesen sein, in deren Schutz sich die Siedlung entwickelte. Bei den Siedlungskernen des 8./9. Jahrhunderts, aus denen das nichtagrarische frühstädtische Zentrum Erfurt entstand,

führten nicht nur günstige Furten durch den Fluß Gera. Hier kreuzten sich auch eine Reihe regional und überregional bedeutsamer Handelsstraßen. Schon in frühgeschichtlicher Zeit wurde der aus dem Süden kommende Völkerweg benutzt, der die Verbindung mit dem Norden des Landes herstellte. Die Ost-West-Straße, die das Siedlungsgebiet der Slawen mit dem Rhein-Main-Gebiet verband, gewann im Zuge der fränkischen Eroberungen ebenfalls erhöhte Bedeutung. Auf Grund der damaligen Geländeverhältnisse ist als Kreuzungspunkt der Straßen der Bereich des heutigen Fischmarktes am wahrscheinlichsten. Für dieses Gelände bestand keine Überflutungsgefahr, andererseits stellten der breite Flußlauf mit seinen Nebenarmen und die teilweise versumpfte Talaue im Süden, Osten und Nordosten einen Sicherheitsfaktor dar. Der Westen, Norden und Nordwesten lagen im Schutz des Petersberges. Erfurt verfügte über selten günstige Lage- und Entwicklungsbedingungen im Zentrum des Thüringer Beckens.
Der Bischofssitz könnte sich auf dem späteren Domberg befunden haben, wo Bonifatius um 725 den Bau einer ecclesia, einer Marienkirche, mit Taufkapelle veranlaßte – die Vorgängerin der Hauptkirche des Ortes (St. Marien, 1117 maior ecclesia), dem heutigen Dom. Auf dem Domberg wurde, vermutlich ebenfalls durch Bonifatius, eine Paulskirche, das spätere Severistift, mit einem Benediktinerkloster gegründet, das als Benediktinerinnenkloster zu 836 und 1123 nachgewiesen ist. Sicherlich hat eine gemeinsame, auf Bonifatius zurückgehende Tradition Anteil daran, daß Dom und Severikiche, Marien- wie Severistift, später diese bedeutende Glaubensstätte und solch ein einzigartiges Bauensemble bildeten.
Bonifatius wählte aus dem Kreis seiner angelsächsischen Mitstreiter Willibald zum Bischof aus. Willibalds Weihe für Erfurt durch Bonifatius – in Anwesenheit der Bischöfe Witta von Büraburg und Burkhard von Würzburg – erfolgte in der Kirche zu Sülzenbrücken, wo Willibalds Bruder Wynnebald als Priester wirkte. „Wahrscheinlich war Willibald, der 741 in Sülzenbrücken von Bonifatius geweiht wurde, zunächst zum Bischof von Erfurt ... bestimmt und wurde erst später Bischof von Eichstädt. Vermutlich hat Bonifatius Willibald nur als Chorbischof betrachtet, sich aber Erfurt reserviert.“[19]
Bonifatius sandte Mitte des Jahres 742 einen Brief nach Rom an den 741 neu erwählten Papst Zacharias, in dem es hinsichtlich der von ihm ausgewählten Bischofssitze heißt: „... Und wir bitten und begehren, daß

jene drei Städte (oppida sive urbes), in denen wir sie eingesetzt haben, durch Urkunden kraft Eurer Autorität bestätigt und gesichert werden. Einen dieser Bischofssitze haben wir errichtet und in dem Kastell (in castello), welches Würzburg heißt, den zweiten in der Stadt (in oppido), welche Büraburg genannt wird, den dritten in dem Ort, welcher Erfurt heißt, der schon vor Zeiten eine Stadt (urbs) heidnischer Bauern gewesen ist...".[20]

Dies ist zugleich die erste schriftliche Erwähnung Erfurts.

In seinem Antwortschreiben an Bonifatius vom 1. April 743 wies der Papst darauf hin, worauf schon eingegangen wurde, in Dörfern oder unbedeutenden Städten (civitates) keineswegs Bischofssitze zu errichten, um den Bischofstitel dadurch nicht in Mißkredit zu bringen. Da es aber damals in den rechtsrheinischen Gebieten keine den alten Römerstädten vergleichbaren Orte gab, wurden die päpstlichen Niederlassungskriterien für Bischöfe dem Entwicklungsstand entsprechend sinngemäß abgewandelt. Das Antwortschreiben des Papstes enthielt die Bestätigung der drei Bischofssitze bei Übernahme der von Bonifatius verwandten Ortscharakterisierungen.[21]

Bonifatius teilte Papst Zacharias mit, daß er auf Bitten Karlmanns für dessen Herrschaftsbereich Austrasien im östlichen Reichsteil eine Synode einberufen solle. Die Synode selbst fand wahrscheinlich am 21. April (oder 23. April?) 743 statt, ohne daß der Veranstaltungsort bisher festgestellt werden konnte. Neben dem Erzbischof und päpstlichen Legaten Bonifatius nahmen daran die Bischöfe Burkhard von Würzburg, Witta von Büraburg, Willibald von Eichstätt, Dadanus, der vermutlich Bischof von Erfurt war, Heddo von Straßburg und Reginfried von Köln teil. Diese austrasische Synode wurde als Concilium Germanicum bezeichnet. Die wichtigsten Beschlüsse dieses Konzils waren organisatorischer und disziplinarischer Art; besondere Wichtigkeit kam der Vereinbarung zu, in Zukunft jährlich eine Synode in Gegenwart des Hausmeiers durchzuführen. Da die Synode im Anschluß an eine Reichsversammlung stattfand, war auch der weltliche Adel zahlreich vertreten. Die Beschlüsse des von Karlmann geleiteten Konzils wurden erstmals in der fränkischen Geschichte in Form eines Kapitulars, einer Herrscherverordnung, verkündet. Die durch das Konzil eingeleiteten Maßnahmen dienten dazu, die staatsbildenden Faktoren der kirchlichen Organisation für die austrasische Reichsgewalt nutzbar zu machen.

Erfurt spielte hinsichtlich Missionstätigkeit, Verwaltung und wirtschaftliche Erschließung des Landes eine zunehmend führende Rolle als der thüringische Zentralort.
Die „Sitzverteilung“ der weltlichen und geistlichen Herrschaft in Erfurt auf dem Petersberg und dem Domhügel zeichnete sich im 8./9. Jahrhundert deutlich ab.
Das frühmittelalterliche Erfurt wurde vom Petersberg und Domhügel aus beherrscht, auf denen sich seit fränkischer Zeit kirchliche und staatliche Herrschaftsträger niedergelassen hatten. Der Petersberg trug sicherlich die Anfang des 9. Jahrhunderts erwähnte karolingische Königspfalz mit einer königseigenen kirchlichen Einrichtung (Peterskloster?); denn es ist schwerlich vorstellbar, daß der königliche Burg- und Pfalzplatz Petersberg zu Erfurt in christlich-fränkischer Zeit ohne der Königspfalz direkt zugehörige Kapelle oder Kirche, Kloster oder Stift geblieben sein könnte. Der benachbarte Untersberg trug den nur wenige Jahre bestehenden, bereits beschriebenen Bischofssitz.
Frühestens 745/747, nachdem Bonifatius den Mainzer Erzbischofsstuhl bestiegen hatte, erfolgte die Einbeziehung des Erfurter Bistums in das Erzbistum Mainz. Die Mainzer Diözese wurde beträchtlich erweitert. Wahrscheinlich war es der angelsächsische Missionserzbischof Bonifatius – 745/747 bis 754 Erzdiözesanbischof in Mainz – noch selbst, der die 741/742 von ihm errichteten Bistümer Büraburg (für Althessen) und Erfurt (für Thüringen) mit dem Mainzer Sprengel vereinigte. Mainz wurde zur Metropole, und der Bonifatius-Schüler und –Nachfolger Lull 754 zum Mainzer Erzbischof (gest. 786) erhoben. Daß die Zusammenlegung der Bistümer Erfurt und Mainz noch auf Bonifatius zurückgeht, kann angenommen werden, tatsächlich wirksam wurde sie unter Lull, dem zum Erzbischof von Mainz aufgestiegenen Schüler des Bonifatius und Angelsachsen wie sein Lehrer. Bonifatius veranlaßte seinen Schüler Willibald zur Aufgabe des Erfurter Bischofsstuhls und zur Übernahme des Eichstätter Bischofsstuhls. Willibalds eigentliches Wirkungsfeld wurde tatsächlich Eichstätt, wo er ein Kloster errichtete und als Bischof tätig wurde, nachdem Erfurt als Sitz eines kanonischen Bischofs entfallen war.
In fränkischer Zeit wurden die Grundlagen für die Erzdiözese Mainz geschaffen, die sich zur größten Kirchenprovinz des mittelalterlichen Reiches entwickelte. Mit der Wiederaufhebung des Bistums Erfurt und seiner Verbindung mit dem Erzbistum Mainz hatte die erste Phase der

Einbeziehung Thüringens in das Frankenreich um die Mitte des 8. Jahrhunderts ihren Abschluß gefunden. Im Laufe der Zeit wurde das Erzbistum Mainz zum Hauptfaktor der Christianisierung und Kirchenorganisation im mittelalterlichen Thüringen, von dem nachhaltige ökonomische, kulturelle und politische Impulse und Einflüsse ausgingen. Da die kirchliche Oberhoheit des Erzbistums Mainz enge Beziehungen zu dem wirtschaftlich und kulturell weiter fortgeschrittenen Rhein-Main-Gebiet mit sich brachte, wirkte sich diese Zusammenlegung für Thüringen förderlich aus. Thüringen wurde zu einem großen Teil in den Sprengel des Erzbistums Mainz einbezogen, und die beiderseitigen Beziehungen sind nie wieder gelöst worden. Erfurt behielt seine kirchliche Schlüsselstellung auch, nachdem das Bistum mit Mainz vereinigt worden war. In Erfurt hatte bis ins 9. Jahrhundert ein vom Mainzer Erzbischof bestellter Chorbischof, später ein Weihbischof, als Vertreter des Mainzer Erzbischofs seinen ständigen Sitz, und häufig wurde Erfurt zum Aufenthaltsort der Erzbischöfe von Mainz und zum Tagungsort ihrer Diözesansynoden; es wurde gleichsam zu ihrer Nebenresidenz bzw. zu ihrer thüringischen Residenz.
Durch die Feldzüge Karlmanns in den Jahren 743 und 748 wurde der fränkische Machtbereich von Thüringen aus nach dem Nordosten hin erweitert. Diese Feldzüge lösten eine Opposition im Hassegau aus. Die nach Osten und Norden gerichtete fränkische Expansionspolitik sah in Erfurt einen ihrer wichtigsten Stütz- und Ausgangspunkte.
Bonifatius wurde im Jahre 754 bei einem Missionsversuch in Friesland in der Nähe des späteren Dokkum von heidnischen Friesen erschlagen; er starb als Märtyrer.

Würzburger Bischofschronik

Mit seiner umfangreichen und reich bebilderten Würzburger Bischofschronik (Bd. 6, 1996, hg. von U. Wagner u. W. Ziegler) schuf Lorenz Fries (1489-1550), bischöflicher Sekretär, Rat und Archivar in Würzburg, eines der bedeutendsten Quellenwerke zur mittelalterlichen Geschichte Würzburgs und Mainfrankens sowie seiner benachbarten Regionen einschließlich Thüringens. Sie umfaßt den Zeitraum von den Anfängen der christlichen Mission in Franken in der ersten Hälfte des 8. Jahrhunderts und der Gründung des Bistums Würzburg durch Bonifatius 742 bis zum Tode Bischofs Rudolf von Scherenberg 1495.

In Franken angesiedelte Sachsen bei Rodung und Häuserbau. Stadtarchiv Würzburg, Miniatur Nr. 9.
Karl der Große unterwarf 804 die Sachsen endgültig und deportierte viele von ihnen nach Franken, wo ihnen noch urbar zu machendes Land als neues Wohngebiet zugewiesen wurde.
Der Künstler veranschaulicht die Besiedlung des Landes, indem er die Rodung eines Waldes und den Bau von Häusern darstellt: Links im Bild befindet sich der Wald, in dem drei mit Äxten ausgerüstete Männer Bäume fällen. In der rechten Bildhälfte sind weitere Arbeiter damit beschäftigt, aus den Baumstämmen Balken anzufertigen, die im Hintergrund zum Bau einesFachwerkhauses verwendet werden. Seger zeigt aber nicht nur die Urbarmachung des Landes und den Häuserbau, sondern schmückt die Zeichnung mit der Darstellung einer stillenden Frau aus, die noch ein weiteres Kind bei sich hat. Der Künstler zeigt sich hier möglicherweise von der christlichen Ikonographie beeinflußt, da die Mutter mit dem Säugling an Madonnendarstellungen erinnert.

I.5. Christianisierung, Siedlung und Herrschaft im Zuge der festen Eingliederung Thüringens in das fränkische Großreich der Karolinger in der zweiten Hälfte des 8. Jahrhunderts und in den ersten Jahrzehnten des 9. Jahrhunderts

Im weiteren Verlauf des 8. Jahrhunderts vollzog sich die feste Eingliederung Thüringens in das Großreich der Franken. Unter den Karolingern wurde der Thüringer Raum militärisch gesichert, in die politisch-verwaltungsmäßige, grundherrschaftliche und kirchenpolitische Organisation des fränkische Reiches einbezogen. Dabei vollzogen sich entscheidende Veränderungen und Fortschritte hinsichtlich der Erschließung und Besiedlung, Christianisierung und kulturlandschaftlichen Entwicklung.

Auch für Thüringen repräsentierten vor allem Bonifatius (gest. 754) und Karl der Große (768 bis 814) diesen wohl bedeutsamsten Wandlungsprozeß der deutschen und europäischen Geschichte in älterer Zeit von grundlegender epochaler Bedeutung.

Für die Einbeziehung in das frühfeudale Frankenreich und für die Christianisierung war Thüringen ein wichtiges Ziel- und Durchgangsgebiet. 752 bedrohten die Sachsen die Grenzgebiete des Frankenreiches und fielen in Thüringen ein; sie wurden von Pippin dem Jüngeren (741 bis 768, seit 751 König) zurückgeschlagen, und sie mußten die christliche Mission zulassen. Thüringen wurde aus einer Rand- und Grenzzone zu einem gesicherten Bestandteil des Karolingerreiches, wodurch wiederum die Expansion gegen die Sachsen und die slawischen Gebiete östlich der Saale begünstigt bzw. ermöglicht wurde, was später eine Erweiterung Thüringens ostwärts zur Folge hatte. Unter der Stärke des karolingischen König- und Kaisertums blieb das thüringische Herzogtum seit 716/717 über einen langen Zeitraum erloschen, während das thüringische Stammes- und Traditionsbewußtsein weiterlebte. Eine erneute Erhebung unter dem Grafen Hardrad im Jahre 786 war dafür symptomatisch.

Erfurt spielte kirchlich, politisch und wirtschaftlich eine zunehmend führende Rolle als der thüringische Mittelpunkt und Zentralort, es nahm als Königspfalz und Nebenresidenz bzw. thüringische Residenz der Erzbischöfe von Mainz einen großen Aufstieg.

Marken und Wehranlagen – Königshöfe, Burgen und Pfalzen

Zum Schutze Thüringens wurde wahrscheinlich um 740 zwischen dem Hohen Meißner westlich der Werra und Tennstedt nördlich der Unstrut die Germar-Mark geschaffen. Mittelpunkt und namengebend für diese Mark war der altthüringische Ort Görmar in der Nähe des fränkischen Königshofes Mühlhausen. Anfangs wurde das an der oberen Unstrut und in deren Umfeld gelegene Königsgut von Görmar aus verwaltet. Die Germar-Mark umfaßte das Becken von Eschwege an der Werra, das Unstrutgebiet von Mühlhausen und einen Teil des Eichsfeldes. Sie verband die fränkischen Zentren an der Werra mit den Stützpunkten im Raum Mühlhausen. Ihre Hauptaufgabe war die Sicherung des hessisch-thüringischen Grenzraumes und des Erfurter Beckens gegen Einfälle der nördlichen Sachsen einschließlich des Schutzes der Werra- und Unstrutübergänge insbesondere bei Eschwege und Mühlhausen.
Die Germar-Mark war Bestandteil eines umfassenden fränkischen Grenzsicherungssystems, das nach Osten hin mit den Burgen des Hassegaus seine Fortsetzung fand.
Der Sachsgraben war als befestigte Grenzlinie in das Grenzmarkensystem des Frankenreiches einbezogen. Der Verlauf dieser Befestigung konnte von Martinsrieth an der Helme ausgehend in nordwestlicher Richtung bis zum Harz nachgewiesen werden. Im Jahre 781 werden in den Quedlinburger Annalen als nördliche Grenzen Thüringens der Harz, der Sachsgraben und die Unstrut bezeichnet. Die alte Landwehr des Sachsgrabens bei Wallhausen bildete nicht nur die Grenzlinie zwischen Thüringen und Sachsen, er trennte auch den Helmegau vom Friesenfeld, die Diözesen Halberstadt und Mainz sowie die Fluren von Sangerhausen und Wallhausen.
An der Ostgrenze des Frankenreiches entstand die Sorbische Mark an der Saale, deren Markgraf – wie die anderen in den Grenzgebieten eingesetzten Markgrafen – die Vollmachten über den Heerbann auch ohne ausdrücklichen Befehl des Königs besaß.

Einer der wenigen in Thüringen bisher nachweisbaren ursprünglich slawischen Burgwälle liegt über dem östlichen Saaleufer auf dem Johannisberg bei Jena-Lobeda. Er soll seit der Zeit um 750 vorhanden gewesen sein. Es handelt sich um die westlichste und einzige im mittleren Saalegebiet bisher bekannte slawische Burganlage aus fränkischer Zeit.

Fränkische Befestigungen aus dem 8. Jahrhundert konnten durch Funde auf der Hasenburg bei Großbodungen nahe Worbis, der Sachsenburg bei Artern und im Bereich des heutigen Schlosses von Schlotheim bei Mühlhausen nachgewiesen werden. Urkunden des 8. Jahrhunderts weisen darauf hin, daß fränkische Befestigungen auch auf der Mühlburg bei Gotha, in Arnstadt und in Großmonra (Monraburg oberhalb des Ortes Burgwenden) bestanden. Fränkische Burganlagen und befestigte Königshöfe konzentrierten sich an der Grenze des Hassegaus, zwischen den späteren Königspfalzen Werla und Tilleda. Auf dem Pfingstberg bei Tilleda lag eine militärische Siedlung des 8. Jahrhunderts, die Aufgaben

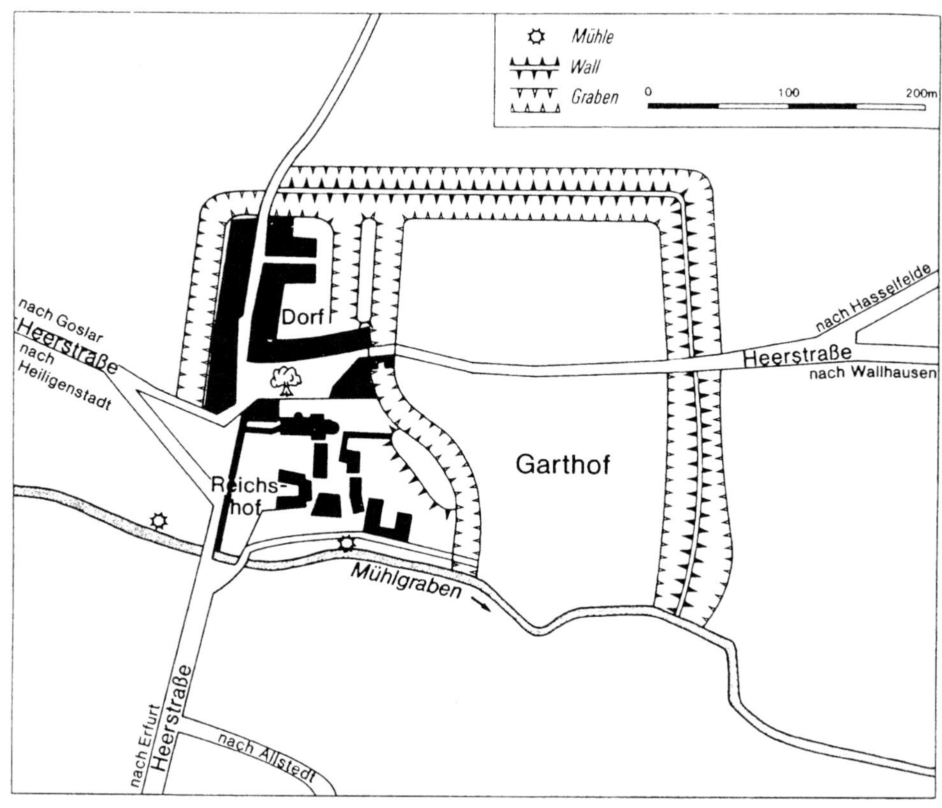

Altnordhausen, mutmaßlicher fränkischer Reichshof nebst Heerlagerplatz. Lageskizze nach K. Meyer. Stadtarchiv Nordhausen.

u.a. gegenüber dem nördlich gelegenen Gebiet – mit einer sächsischen Teilgruppe unter dem Anführer (dux) Theoderich – zu erfüllen hatte. In mehreren Feldzügen hatten Karl Martell sowie seine Söhne Karlmann und Pippin 743/744 diesen sächsischen Teilstamm unterworfen und mit der Seeburg bei Eisleben das dortige sächsische Machtzentrum erobert. In der Folgezeit wurden die sächsischen Befestigungsanlagen in diesem Gebiet mit fränkischen Besatzungen belegt.
Der thüringische Raum und seine Wehranlagen wurden vornehmlich seit der Mitte des 8. Jahrhunderts zu einer Ausgangsbasis für die Unterwerfung und Christianisierung Sachsens sowie für die Eroberung slawischer Gebiete östlich der Saale.
Zu Hauptstützpunkten karolingischer Königsherrschaft in Thüringen wurden zahlreiche Burgen und befestigte Königshöfe (curtes regiae) als

Nordhäuser Mühlgraben aus fränkischer Zeit an der Rosenmühle im Altendorf. Im Hintergrund der Dom. Aufnahme um 1930. Stadtarchiv Nordhausen.

militärisch geschützte Wehr-, Wohn- und Wirtschaftsanlagen auf Königsgut, Rast- und Verpflegungsorte des Königs und seines Gefolges, zur Sicherung des Wegenetzes und als Siedlungszentren.
Militärische Stützpunkte und Königshöfe lagen am Oberlauf der Werra (Meiningen, Salzungen, Millingen bei Creuzburg) und entlang der Heerstraßen, die von diesen und anderen Flußübergängen über den Thüringer Wald in das Siedlungsgebiet an der Unstrut und ins Thüringer Becken führten, so in Herrenbreitungen sowie die Altenburg auf dem nordwestlichen Ausläufer des Großen Gleichberges als Kastell der Karolingerzeit. Sie hatten die Aufgabe, die Königs- und Adelsherrschaft sowie das anwachsende Reichs- und Königsgut zu sichern, das im Verlauf des 8. Jahrhunderts durch Schenkungen, Tauschhandlungen und Landnahme rasch zunahm. Dazu zählten weiter die mehr oder weniger befestigten Königshöfe von Gerstungen, Lupnitz (heute Großenlupnitz bei Eisenach), Springstille, Schwarza, Kühndorf und Rohr bei Meiningen. Reichsgut entstand auch in Belrieth, Vachdorf, Herpf und Milz. Altes, zum Teil karolingisches Königsgut ist an mehreren wehrhaft gesicherten Werraübergängen und –orten belegt, so auch in Walldorf, Barchfeld, Breitungen, Dorndorf, bei Hildburghausen.
Fränkische Wehrbauten entstanden in Mühlhausen und Nordhausen, Werla und Wallhausen.
Burg, Hof und Grundherrschaft bildeten die Grundlage und Grundkonstellation der Adels- und Bauerngesellschaft des frühen Mittelalters. Die Burg mit ihren Wehr-, Wohn-, Kirchen- und Wirtschaftsbauten war selbst ein grundherrlicher Hof und Wirtschaftsbetrieb; darüber hinaus zehrten und lebten die Burg und ihre dort ansässigen Grundherren und Besatzungen von den Diensten und Abgaben der abhängigen Bauern in den umliegenden Siedlungen und Dörfern, die zu ihrer Grundherrschaft gehörten. Die Königshöfe waren zugleich große königliche Wirtschaftshöfe, die an Leistungen Produkte für die königliche Tafel wie Kühe, Schweine, Gänse, Hühner, Eier u.a. zu erbringen hatten.

Fränkische Ortsgründungen und Siedlung

Fränkische Ortsgründungen sind Nordhausen, Sondershausen und Mühlhausen nicht gewesen; denn das archäologische Fundmaterial weist bereits eine vorgeschichtliche Besiedlung nach. Aber sicher dürfte sein, daß die bestehenden Siedlungsanfänge in fränkischer Zeit hinsichtlich Umfang und Bedeutung wuchsen. Ortsnamen auf –hausen sind somit nicht schlechthin ein Kennzeichen für fränkische Ansiedlung, sie können auch eine Namensgebung durch fränkische Grundherren sein, die bereits vorhandenen, auf neuer Grundlage aufstrebenden Siedlungen zugesprochen wurde. Vor dem Hainleitepaß Geschling lassen die –hausen-Orte Sondershausen, Stockhausen und Hausen eine fränkische Namengebung erkennen, die zeitlich in die zweite Hälfte des 8. Jahrhunderts einzuordnen ist. Das Gebiet des Wippertales, in dem Burg und Siedlung Sondershausen entstanden, wurde in fränkischer Zeit als Krongut beansprucht. Für die Solequelle am Südrand des Kyffhäusergebirges brachten die Franken ihre Besitzhoheit mit dem Namen Frankenhausen in direkter Form zum Ausdruck. Das Karlsdiplom aus dem Jahre 775 mit der Erwähnung der in Molinhuso lebenden franci homines bezieht sich nicht, wie bisher angenommen wurde, auf Mühlhausen an der Unstrut, sondern auf (Groß-)Mölsen nordöstlich Erfurts.[22]

Ersterwähnungen mit genauer Datumsangabe aus der Regierungszeit Karls des Großen sind überliefert beispielsweise für Salzungen (5. Januar 775), Tennstedt (3. August 775), Dorndorf (31. August 786), Gotha (25. Oktober 775), Hochheim (13. März 779), Großmölsen (25. Oktober 775), Wölfis (13. März 779). Im Unterschied dazu stellen für Rudolstadts Ersterwähnung die Jahre 775 und 786 lediglich den bisher ermittelten zeitlichen Rahmen dar, obwohl die Rudolstädter Gemarkung auf eine uralte Besiedlung verweisen kann.

Es entstanden umfangreiche Ländereien im Besitz der Könige und hohen Adligen, auf denen sich Bauern ansiedeln konnten. Zahlreich sind die Siedlungen mit den Namensendungen –hausen, -heim und –dorf aus fränkischer Zeit. Die –ingen-, -ungen-, -leben-, -feld- und –heim-Orte dürften zum größten Teil auf die Merowingerzeit zurückgehen. Eine neue Ortsnamenwelle setzte ein, die ein Grundwort mit der Endung –hausen verband. Diese Ortsnamen entstanden zuerst im 8. Jahrhundert, und sie vor allem belegen den Verlauf der fränkischen Siedlungs- und Kolonisationsentwicklung.

Für Thüringen ist es beim derzeitigen Forschungsstand noch nicht möglich, diese Siedlungsvorgänge zahlenmäßig zu schätzen oder gar wesensmäßig eindeutig zu bestimmen, etwa zu den „Königsfreien“

Sondershäuser Glasperlen des 8. Jahrhunderts. (vgl. weiter Forschungsbericht aus Sondershausen von P. Steinhardt als Nachtrag im Schlußteil dieses Buches)

Sundhausen, Landkreis Nordhausen. Kesselberg - Reihengräberfriedhof des 8. - 10. Jh. während der Ausgrabung. Ausgräber M. Seidel/ D. Walter, Weimar. Thüringisches Landesamt für Archäologische Denkmalpflege mit Museum für Ur- und Frühgeschichte Thüringens, Weimar. Dieses Gräberfeld weist unter anderem die fränkische Besiedlung des Helmegaues nach.

Aussagen vorzunehmen, die in den Quellen der Karolingerzeit genannt werden.[23] Königsfreie waren Gefolgsleute und Ansiedler, deren Freiheit und Besitz vom König herrührten und deren Pflichten sich auf das Königtum bezogen. Die Pflichten der karolingischen Siedler im Status von Königsfreien schlossen militärische Aufgaben ein: Kriegsdienst, Wachdienst, das Stellen von Pferden, Brückenbau, Sicherung des Grenzgebietes und der strategisch wichtigen Wege. Im Wandel der Zeiten verlor die Mehrheit der Königsfreien infolge der Übergabe ihrer Verpflichtungen und Aufgaben durch den König an seine Vasallen ihre privilegierte Stellung, und sie wurde mit den hörigen Bauern gleichgestellt. Lediglich derjenige Teil der Königsfreien konnte sich erhalten, dessen militärische Dienste weiterhin benötigt wurden, sowie Freie, die ebenfalls in einem besonderen Verhältnis zum Königsgut und zum König standen.
Auch wenn man nicht ausdrücklich von einer Art „fränkischer Staatskolonisation“[24] sprechen will, so sind in Thüringen doch spätestens seit dem 8. Jahrhundert mehr oder weniger planvolle Maßnahmen erkennbar, die darauf abzielten, den bisher unbearbeiteten, vom fränkischen Königtum als sein Eigentum betrachteten Grund und Boden im Interesse der Reichsgewalt durch freie und abhängige Bauern erschließen und nutzen zu lassen, was mit der Verbreitung freier Bauernwirtschaften und der Entstehung feudaler Grundherrschaften sowie des Lehenswesens einherging.

Klöster und Abteien, Kirchenorganisation und geistliche Grundherrschaften

Infolge der Christianisierung und Kirchenorganisation, die in Thüringen im 8. Jahrhundert verstärkt einsetzte, entstanden mit den Klöstern auch reiche geistliche Grundherrschaften; diese wurden nicht nur mit bereits besiedeltem Land ausgestattet, sondern vielmehr mit unbebauten Ländereien und großen Waldgebieten, in denen sie eine umfangreiche Rodungs- und Siedlungstätigkeit entfalteten. „Von ihren geistlichen Niederlassungen aus und durch ihre zahlreichen Eigenkirchen, die ihnen übertragen wurden oder die sie selbst errichteten, waren die Klöster in hohem Maße an der geistlichen Betreuung der Bevölkerung und am Ausbau der Kirchenorganisation beteiligt. Außerdem war der klösterliche Grundbesitz vielfach in Villikationen, also größeren Wirtschaftseinheiten mit Herrenhof und Bauernstellen, organisiert und wurde grundherrschaftlich verwaltet. In diesem Rahmen übten die Klöster gegenüber ihren Hörigen und abhängigen Leuten Herrschaft und Schutz aus, erfüllten durch Arbeitsorganisation und Wirtschaftsführung Ordnungsfunktionen und waren an der Landeserschließung beteiligt."[25] Auf den thüringischen Besitzungen vornehmlich der Abteien Fulda und Hersfeld sowie der Bistümer Mainz und Würzburg bildeten sich ähnliche Grundherrschaften, meist Streubesitzungen, die von abhängigen Bauern oder auch von noch Freien gegen Zins auf übertragenen bäuerlichen Wirtschaften bearbeitet wurden.

Im Jahre 744 war - nach Absprache zwischen Bonifatius und dem fränkischen Hausmeier Karlmann – das Kloster Fulda an einem Platz gegründet und erbaut worden, wo Franken, Hessen und Thüringen aneinandergrenzten. Der geborene Bayer Sturmi(us) (gest. 779), ein Schüler des Bonifatius, wurde auf dessen Veranlassung 744 der eigentliche Gründer und erste Abt des Klosters Fulda. Er nahm später in der engeren Umgebung Karls des Großen an der Sachsen-Mission teil. Das Kloster Fulda wurde zunächst im Gebiet zwischen Rhön und Thüringer Wald mit Besitztum ausgestattet.[26] Von Anfang an war der Fuldaer Benediktinerabtei ein hoher Rang und Auftrag zugedacht, was durch päpstliche und königliche Privilegien gefördert wurde. Im Jahre 751 wurde Fulda als erstes, für längere Zeit einziges Kloster der Reichsgebiete östlich des Rheins dem Stuhle Petri direkt unterstellt und damit aus dem Würzburger Diözesanverband gelöst. In Fulda fand der Heilige Bonifatius seine letzte Ruhestätte. Das rasch wachsende Ansehen der Reichsabtei Fulda, ihre große Bedeutung und Ausstrahlung beeinflußten die Entwicklung Thüringens nachhaltig. Schenkungen in Form von Grundbesitzungen, Einkünften und Rechten im thüringischen Raum trugen zur ökonomischen Fundierung bei, unterstützten das klösterliche Leben und die Wirksamkeit der Fuldaer Mönche. Im Todesjahr Sturmis 779 hatte Fulda 400 Mönche. Die weltlichen Schenkungen an das Kloster, u.a. aus Königsgut insbesondere seitens König Pippins und Karls des Großen, brachten Fulda bald umfangreichen Grundbesitz in ganz Thüringen ein. Bereits die Übertragung Gerstungens noch unter Karlmann sowie die von Karl dem Großen angewiesene Übereignung Soodens an der Werra sicherten dem Kloster Fulda zwei wichtige Zugangswege und

Furten nach Thüringen. Neben zahlreichen Güterübertragungen aus dem reich vorhandenen Krongut kam es zu großzügigen Schenkungen seitens des Adels. Bis zum 10. Jahrhundert erlangte die Reichsabtei Fulda Rechte und Einkünfte in etwa 370 Orten, vor allem nördlich des Thüringer Waldes. Markssußra, das heute mit Ebeleben bei Sondershausen vereinigt ist, gehört zu den drei Sußra-Orten, westlich bzw.südwestlich liegen Holzsußra und Rockensußra. In diesem Raum hatte das Kloster Fulda seit dem 8. Jahrhundert größere Besitzungen. Die dort anzutreffenden Patronate Bonifatius und Walpurgis weisen auf hohes kirchliches Alter hin. Markssußra, der spätere Sedestitelort, kann durchaus als kirchlicher Mittelpunkt und Urpfarrei angesehen werden.
Nach einer bereits 736 entstandenen ersten Zelle in Hersfeld wurde das Benediktinerkloster 775 durch Karl den Großen zur Reichsabtei erhoben und 775/776 mit ersten Schenkungen ausgestattet. Lull (um 710 bis 786), der Bonifatius-Schüler und dessen Nachfolger im Amt des Erzbischofs von Mainz, war der Gründer des Klosters Hersfeld. Er gründete an Stelle von Sturmis Einsiedelei zwischen 769 und 775 das Benediktinerkloster Hersfeld. Dessen wichtigste Aufgabe sah Lull in der Missionstätigkeit in Thüringen und unter den weitgehend noch nicht unterworfenen heidnischen Sachsen. Er unterstellte es Karl dem Großen, so daß das Kloster Hersfeld – wie Fulda – den Rang einer Reichsabtei erhielt. Hersfeld erhielt große Unterstützung durch die fränkische Reichsgewalt, die sich gerade anschickte, Sachsen militärisch zu unterwerfen.
779 schenkte Karl der Große dem Kloster Hersfeld „ecclesiam nostram ... constructa in fisco nostro Lupentia“ (Lupnitz bei Eisenach). Diese Kirche war der kirchliche Mittelpunkt eines fränkischen bzw. karolingischen Fiskus und offenbar im Zusammenhang mit der Gründung des fränkischen Stützpunktes als Königskirche errichtet worden.[27] Die Kirche Lupnitz dürfte der geistliche Mittelpunkt eines größeren Raumes gewesen sein und zu den ältesten Kirchen Thüringens gehören. Wie festgestellt, reichen die Anfänge der christlichen Kirche im Kevernburger Gebiet in die Zeit des Bonifatius zurück, der um 725 besonders im Gebiet Ohrdruf – Arnstadt missionierte und hier die ersten Kapellen, Kirchen und das Kloster Ohrdruf gründete. Ohrdruf unterstand seit der Gründung der Petrikirche 777 durch den Bonifatiusschüler und –nachfolger Lull, Erzbischof von Mainz und Abt von Hersfeld, dem 775 zur Reichsabtei erhobenen Hersfeld. Zu den Stiftungen muß auch die reich

ausgestattete Kirche zu Kölleda gezählt werden, die 802 von ihren bisherigen Eigentümern dem Kloster Hersfeld geschenkt wurde. In einer am 3. März 802 zu Erfurt ausgestellten Urkunde, worauf noch einzugehen sein wird, schenkten die Grafen Katan, Gundhar (Günther), Gumbracht, Rimis, Günther, Asolf und die Nonne Berchtrat dem Kloster Hersfeld ihre Anteile an der Kirche zu Kölleda (Collide) mit allem Zubehör.[28] Die Kirche muß folglich von den Genannten oder ihren Vorfahren gegründet worden sein. Die Namen Katan, Günther und Asolf verweisen auf die gleichnamigen Personen der Urkunden von 716 bzw. 722. Ausgehend vom Kloster Ohrdruf erfolgte allmählich der Aufbau und die Betreuung eines Netzes von Pfarrkirchen in den umliegenden Walddörfern. So war die Kirche von Wölfis eine Ohrdrufer Gründung aus frühkarolingischer Zeit. Im Frühjahr 779 sandte Lull Boten an den Hof Karls des Großen mit der Bitte um Gewährung von Mitteln für den besseren und sicheren Unterhalt von neuen Kirchen in drei thüringischen Dörfern. Karl überwies daraufhin am 13. März 779 die Hälfte des ihm zustehenden Zehnten in Wölfis der Abtei Hersfeld zur freien Verfügung. 780 bekam das Kloster Hersfeld den Zehnten der königlichen Besitzungen und Burgen im Hassegau zuerkannt. Diese Burganlagen im Saale-Unstrut-Helme-Gebiet bildeten eine Burgenkette von der Saale ausgehend mit Merseburg und Goseck über die Unstrut mit Burgscheidungen und Vitzenburg bis zu den Burgen Allstedt, Helfta, Bornstedt u.a. östlich der Helme. Neben den königlichen Besitzungen im Hassegau und der Siedlung Dorndorf an der Werra[29] erfolgten 780 die ersten Schenkungen weltlicher Großer an das Hersfelder Kloster.[30] Mit der Übereignung der Besitzrechte an der Kirche zu Kölleda durch die genannten Käfernburger (?) Grafen an Hersfeld werden mehrere thüringische Adlige namhaft gemacht. Die Reichsabtei Hersfeld wurde zu einem der größten Grundeigentümer in Thüringen. Hersfelds Besitzungen lagen über ganz Thüringen verstreut. Wichtige Zentren bestanden im Fiskus Lupnitz und im Hassegau (Hosgau, Hochseegau). Der Hassegau, also die Landschaft zwischen Eisleben und Merseburg südöstlich des Harzes und nördlich der Unstrut, gehörte ebenfalls zum hersfeldischen Missionsgebiet. Das dortige Burgensystem ist aus dem Hersfelder Zehntverzeichnis aus den Jahren 880 bis 899 zu erkennen. Die Siedlung Jani, zusammen mit der westlich davon gelegenen Siedlung Liutdraha (Leutra) in einem Hersfelder Zinsregister 830/850 erstmals genannt, entstand an einem Saaleübergang der Ostgrenze des Franken-

reiches unter Hersfelder Einfluß. Nach dem Hersfelder Zehntverzeichnis aus dem letzten Drittel des 9. Jahrhunderts war das Kloster Hersfeld in 239 Orten begütert,[31] von denen es Zehnt-Einnahmen beziehen konnte. Die Hersfelder Güter- und Zehntverzeichnisse des 9. Jahrhunderts wie das zu Anfang des 9. Jahrhunderts abgefaßte Breviarium sancti Lulli weisen aus, daß der größte Teil der Hersfelder Güterausstattung in Thüringen lag.[32]
Erst durch die Feldzüge der Franken in den 40er Jahren des 9. Jahrhunderts gelangte das Gebiet zwischen Hainleite und Harz endgültig zum Frankenreich. Damit kam auch die Salzquelle von Frankenhausen in fränkische Hand, und der Ort wurde politischer und kirchlicher Mittelpunkt im Südharzgebiet. Das fränkische Königtum stattete seit dem 8. Jahrhundert kirchliche Institutionen im Raum um das Kyffhäusergebirge mit Besitzungen und Rechten aus, vor allem das Kloster Hersfeld. Das Breviarium s. Lulli, das Hersfelder Güterverzeichnis aus dem 9. Jahrhundert, gibt darüber Aufschluß. Nach dieser Aufstellung schenkte Karl der Große dem Kloster Hersfeld Besitzungen zu Helmsdorf (Wüstung südlich des Kyffhäusergebirges westlich von Frankenhausen), Ringleben, Voigtstedt, Artern, Edersleben, Kachstedt, Borxleben, Brücken und Tilleda. Außer Helmsdorf liegen diese Siedlungen östlich und nördlich des Gebirges in der Niederung der Helme an derem rechten Flußufer. Die nachfolgend verzeichneten Orte Bretleben, Reinsdorf, Ebersdorf, Gehofen, Ermsleben, Donndorf, Hechendorf, Wiehe, Allstedt, Wohlmirstedt und Memleben sind Ansiedlungen im Unstruttal zwischen Thüringer bzw. Sachsenburger Pforte und der Talenge östlich von Memleben. Das Krongut im Bereich der kirchlich-politischen Mittelpunkte Frankenhausen am Kyffhäusergebirge und Reinsdorf im Unstruttal hatte bereits in der Karolingerzeit einen beträchtlichen Umfang, das später von den fränkischen Karolingern auf die sächsischen Liudolfinger überging.
Außer von Mainz wurde „die Ausbreitung des Christentums in Thüringen ... im wesentlichen von Hersfeld und Fulda getragen ..."[33] Wie Fulda wurde Hersfeld als Missions-, Kolonisations- und Kulturzentrum in seiner Ausstrahlung und Wirkung für Thüringen von großer Bedeutung. Wie Fulda schon durch Pippin, den Jüngeren, wurde auch Hersfeld durch seinen Sohn Karl den Großen der Schirmherrschaft des Reiches direkt unterstellt.

Neben den großen Reichsabteien Hersfeld und Fulda war in der Umgebung von Mühlhausen das Kloster Corvei begütert. Neben der Kirche von Reims hatte vor allem diejenige von Würzburg Besitzungen im Grabfeldgau, wozu auch Meiningen gehörte, im Raum Geisa und Langensalza. Infolge der Übernahme ehemaligen Reichsgutes und seit Anfang des 9. Jahrhunderts auch Fuldauer Besitzungen entwickelte sich das Bistum Würzburg zur bestimmenden kirchlichen Macht im südlichen bzw. südwestlichen Thüringen.

Gründung und Entwicklung des Klosters Milz sowie die Beziehungs- und Wirkungsgeschichte seiner Gründerin und Äbtissin Emhilt markieren nachweislich seit dem Jahre 784 (783?) die Anfänge der monastischen Entwicklung in der Grabfeld-Region. Milz entstand als Benediktinerinnenkloster bei Römhild. Es war von der aus einflußreichem Adelsgeschlecht stammenden Äbtissin und reichen Hochadligen Emhilt auf ihrem Eigenbesitz gegründet und mit Hilfe ihrer Verwandten (fünf der „Schenker" waren Grafen) überaus großzügig ausgestattet worden. Brunicho, Sohn des bayerischen Machelm und Mitglied eines der bedeutendsten Adelsgeschlechter dieser Zeit, war ebenfalls mit der Äbtissin Emhilt von Milz verwandt. Typisch, weil auch anderenorts in Thüringen nachweisbar, waren Annahme, Schutz und Unterstützung des Christentums, der Mission und Kirchenorganisation zunächst durch Kreise des Adels mit festen Herrensitzen. Die fünf Grafen unter den Emhilt-Verwandten gehörten zur ostfränkischen Führungsschicht. Unbewiesen bleibt die Nachricht des Fuldaer Mönchs Eberhard aus dem 12. Jahrhundert, Emhilt sei eine Blutsverwandte Karls des Großen gewesen; zweifelsfrei dagegen sind die Beziehungen zwischen Emhilt und dem ersten Eichstätter Bischof Willibald, einem Mitstreiter des Bonifatius und von diesem ursprünglich zum Bischof von Erfurt geweiht. Das Kloster Milz verfügte über umfangreichen Grundbesitz im Themarer Raum und darüber hinaus. Willibald erscheint nicht nur unter den Zeugen der Emhilt-Urkunde 784 (783?), sein Bistum hatte auch im Grabfeld Besitzungen, wohl aus ehemaligem Krongut, so daß er 786 neun Hufen mit allem Zubehör an Höfen, Grundstücken und Gebäuden sowie 21 Unfreie in Jüchsen an die Reichsabtei Fulda schenken konnte.
Die Milzer Urkunden enthalten u.a. auch die Ersterwähnungen mehrerer Orte.[34] Bereits früher werden folgende Orte genannt: Jüchsen (758),

Nordheim (774), Salzungen (775), Westhausen (776), Mittelsdorf und Stockheim (778).[35] Offenbar entstand in diesem Gebiet Südwestthüringens seit der zweiten Hälfte des 8. Jahrhunderts ein Netz von Siedlungen fränkischer Herkunft.
Im Jahre 799/800 übertrug Emhilt den gesamten, auf 30 Orte verstreuten Besitz ihres Eigenklosters der Großabtei Fulda. Für Fulda war die Übereignung des Benediktinerinnenklosters Milz mit allem Zubehör der größte Gewinn aus dem Grabfeld.

Im übrigen wetteiferten Kaiser und Könige, Grafen und Herren darin, das Kloster Fulda zu bereichern, so daß es bald in Hessen, Thüringen, Bayern und Schwaben, am Rhein und Main, an der Werra und Weser, sogar in Friesland einen Güterbesitz von beträchtlicher Ausdehnung bilden konnte. Als Lehrer und Leiter der Klosterschule zu Fulda entwickelte Hrabanus Maurus (ca. 780 bis 856), Schüler Alkuins, des berühmtesten Gelehrten am Kaiserhof, diese zur größten und vorbildlichsten Klosterschule im östlichen Teil des Frankenreiches. Sie war die erste Pflanzstätte theologischer Gelehrsamkeit in Deutschland. Unter ihren Lehrern und Leitern ragten Hrabanus Maurus, Walafried Strabo, Servatus Lupus, Otfried, Alkuin und Candidus hervor. Sie verfügte über eine reichhaltige Bibliothek. Mit ihren Leistungen in der Buchmalerei, Goldschmiedekunst, Geschichtsschreibung und Dichtung entwickelte sich die Reichsabtei Fulda im Mittelalter zu einem kulturellen Zentrum mit überregionaler Ausstrahlung.
Ein kleiner geistlicher Mittelpunkt war schon im frühen Mittelalter die Kirche Leutersdorf im Themarer Umland als Mutterkirche bzw. Sitz einer Urpfarrei. Die Urpfarreien, in der Karolingerzeit noch vereinzelt und keineswegs flächendeckend, bildeten die Keimzellen der späteren Pfarrorganisation. Der für 933 urkundlich beschriebene Sprengel der Mutterkirche Breitungen war mit einer Mark identisch, was jedoch nicht zu verallgemeinern ist.

St. Kilian, der in der Herzogs- und Bischofsstadt Würzburg Martyrium und Grab gefunden hatte, wurde auch in Thüringen, insbesondere in Südwestthüringen, zum Schutzpatron von Kirchen und Kapellen, zum Beispiel in St. Kilian bei Schleusingen. Sein Patrozinium erschien im Bistum Würzburg schon in der zweiten Hälfte des 8. Jahrhunderts, und es fand seitdem bis ins hohe Mittelalter Verbreitung.

Martinsdarstellung im Tympanon des Nordportals der Stiftskirche St. Martin in Heiligenstadt. Foto: E. Dittrich, Friedrichsdorf.

Kirchen mit dem Patrozinium des fränkischen „Nationalheiligen“ St. Martin von Tours entstanden im frühen Mittelalter oder auch später beispielsweise in Mellrichstadt und Meiningen, Peterskirchen u.a. in Königshofen und Wasungen, eine Michaelskirche in Rohr.

Vor allem aber ging das Schutzpatronat des Heiligen Martin von Mainz auf Erfurt und Thüringer Teile der Mainzer Erzdiözese über. St. Martin, der Apostel Galliens und Schutzheilige der Franken (gest. um 400), war der Diözesanpatron der Erzdiözese Mainz, und der Mainzer Dom, die ranghöchste Kathedrale des späteren regnum teutonicum, ist ihm geweiht. Das nach Thüringen stark ausstrahlende Franken ist namentlich im „Westen des heutigen Unterfranken ... ein echtes Martinsland“.[36]
Als Urpfarreien können auch Marksußra und Greußen gelten, ihre Patrozinien Bonifatius und Walpurgis in Marksußra und Martin in Greußen lassen auf frühe Kirchengründungen schließen. Das Patrozinium des Bonifatius läßt sich auch in Holzsußra, Petrus in Rockensußra

und Martin in Westgreußen nachweisen. Der Hl. Gumpert als Schutzpatron in Clingen ist in Thüringen eine Seltenheit. Diese Patrozinien lassen frühe kirchliche Erschließung und Durchdringung erkennen. In die Kirchengründungen des 8./9. Jahrhunderts und die Zeit, als das Christentum in der Region festen Fuß faßte, sind die Anfänge des Hügels Brachbuhl bei Milda an der Werra und des Kerbschen Berges bei Dingelstädt im Eichsfeld als kirchliche Mittelpunkte und Gerichtsstätten einzuordnen. Die gleiche Verbindung von Kirche und Gerichtsplatz findet sich am Nordrand der Goldenen Aue bei Berga. Auf einem erhöhten Gelände wurde die Peter und Paul geweihte christliche Kirche errichtet, inmitten einer frühmittelalterlichen Umwallung, der möglicherweise eine vorchristliche Kultstätte vorausging. Unmittelbar neben der Kirche liegt der Lindenberg, der als Gerichtsstätte diente. Berga wie Badra lagen auf Erhebungen in frühmittelalterlichen Umwallungen, an beiden Orten bestand eine Verbindung von vorchristlicher Kultstätte und christlicher Kirche mit benachbartem, von altersher überkommenem Gerichtsplatz. Frankenhausen hatte seit dem 8. Jahrhundert eine politische und kirchliche Mittelpunktsfunktion.

In Verbindung mit der herrschaftlichen und bäuerlichen Landnahme und Siedlung durch die Franken wurden - darauf wurde teilweise schon eingegangen – an wichtigen Punkten, so an verkehrsmäßig und strategisch bedeutsamen Plätzen im Grabfeldgau, in den Randzonen der Rhön, des Thüringer Waldes und des Frankenwaldes, entlang der Heer- und Handelsstraßen, im Eichsfeld und am Südharz sowie an Furten der Flüsse Werra, Gera, Helme, Unstrut und Saale militärische Stützpunkte wie Kastelle und Burgen, aber auch Gerichtsstätten, Klöster und Kirchen angelegt. Diese dienten der Sicherung der fränkischen Herrschaft, der Durchsetzung der Feudalisierung und Christianisierung in Thüringen.

Mit der fränkischen Landnahme vertiefte sich die soziale Differenzierung, und es breitete sich das Fronhofsystem aus. Im südthüringischen Raum erfolgte die Besiedlung teilweise genossenschaftlich – als unter einem königlichen Vertreter gelenkte Ansiedlung freier Franken – oder im grundherrschaftlichen Verband mit Salhof und Manzipienbetrieb. Unter den Personennamen der fränkischen –hausen-Orte lassen sich kleinere adlige Grundbesitzer nachweisen, so daß kleinere feudale Grundherrschaften eine wichtige Rolle gespielt haben mögen. Von diesen hoben sich die maiores natu, die soziale Oberschicht des Hochadels, ab; deren Angehörige verfügten – etwa als Inhaber des Grafenamtes – über beachtliches, oft weitverstreutes Grundeigentum. Der mehrfach genannte Graf Erpho hatte Güter in 21 Orten der Region.[37] Der ebenfalls im Zusammenhang mit Schenkungen an das Kloster Fulda genannte Graf Matto[38] sowie die Freien Egiloff, Gunihilt und Engilrith[39] besaßen Güter in sechs bzw. acht thüringischen Orten, aber auch in fränkischen Gebieten. Von Mainfranken erhielt die Besiedlung Südthüringens wie Thüringens überhaupt starke Impulse. Archäologisch konnte die Herkunft der fränkischen Siedler aus dem Rhein-Main-Gebiet u.a. durch Beigaben des in Kaltenwestheim bei Meiningen ausgewerteten Gräberfeldes aus dem 7./8. Jahrhundert bestätigt werden. Der Besitz der erwähnten Äbtissin Emhilt von Milz, den sie – wie gesagt – dem Kloster Fulda veräußerte, umfaßte ca. 30 Orte in Südwestthüringen und Franken. Die erwähnte Schenkung der Äbtissin Emhilt von Milz an Fulda trifft eine Unterscheidung zwischen mancipia und accolae. Mancipia waren Knechte und Leibeigene im Fronhofsverband; accolae, eigentlich Landlose, die ursprünglich persönlich frei sein konnten, wurden solche Bauern und Siedler genannt, die eine Landparzelle im Rahmen der Grundherrschaft zugewiesen erhielten und dadurch in eine abhängige Stellung gerieten.[40] In Mühlhausen an der Unstrutfurt lag eine fränkisch-karolingische Burg mit Wirtschaftshof; in unmittelbarer Nähe des Königshofes wurde eine Siedlung von Unfreien entdeckt, womit für das 8. Jahrhundert archäologisch die Existenz einer weltlichen Grundherrschaft ebenfalls nachgewiesen werden konnte. Hochadelsgräber sind an Herrschaftszentren nachzuweisen; im gesamten thüringischen Raum wurden Pferdegräber entdeckt, die auf eine herausgehobene soziale Schicht von Pferdebesitzern schließen läßt.

Bis zum 7./8. Jahrhundert hatten sich die bereits besiedelten Räume verdichtet. Unbesiedelt waren vor allem Harz und Thüringer Wald – die obere Siedlungsgrenze verlief damals etwa bei 300 Metern – sowie die kleineren Höhenzüge von Schmücke, Finne, Hainleite, Kyffhäuser, Hainich und Fahner Höhen geblieben. Die meisten Siedlungen im thüringischen Raum hatten sich bis zum 8. Jahrhundert in einem breiten Siedlungsstreifen zwischen der Schmücke und Erfurt sowie um Mühlhausen gebildet. Im Verlaufe des 8. Jahrhunderts vollzog sich ein Ausbau der Siedlungsgebiete, vornehmlich bedingt durch die stärkere Einwanderung fränkischer Kolonisten und durch den slawischen Anteil am Siedlungsgeschehen. Über die Altsiedelgebiete um Gotha und Arnstadt hinaus drangen bäuerliche Kolonisten in den Thüringer Wald vor. Neue Siedlungen entstanden im Gebiet der oberen Werra. Bis zum Ende des 8. Jahrhunderts hatte sich ein relativ geschlossener Siedlungsraum zwischen Harz und Thüringer Wald und zwischen Saale und dem Eichsfeld herausgebildet, der allerdings durch die genannten Höhenzüge unterbrochen wurde, obwohl in den Gebirgen bereits die 400-Meter-Grenze der Besiedlung erreicht wurde.

Slawen in Thüringen

An der Ostgrenze des Frankenreiches lag zwischen Saale und Elbe das Siedlungs- und Wohngebiet von Westslawen, speziell der Sorben. Ein verhältnismäßig deutlich abgegrenztes archäologisch-kulturelles Gebiet der Sorben ist an der mittleren Saale zu erkennen, das sich seit dem 6./7. Jahrhundert herausbildete. Es griff nach Westen über die Saale und umfaßte mindestens das Tal der unteren Unstrut und den Unstrut-Saale-Winkel. Im Burgenbau, sowohl in der Form als auch in der Technik des Befestigungsbaus, hebt sich das Gebiet der Leipziger Gruppe in bezug auf den Burgenbau deutlich von den übrigen slawischen Burgenbau-Gruppen nördlich der Gebirge durch die Verwendung der Steintrockenmauer-Schalenbauweise ab. Östlich der Saale, gegenüber der Unstrutmündung, lag die älteste schriftlich bezeugte sorbische Burganlage, die Weidahaburc. Sie wurde nach Lampert von Hersfeld im Jahre 766 von Franken oder Thüringern erobert. Ihren Namen trug sie nach der Wethau, einem Nebenfluß der Saale; danach hieß das ganze Gebiet 976 pagus Ueta. In Weta und im westsaalischen Unstrutgebiet findet sich eine Häufung slawischer Ortsnamen und Funde. Durch das Gebiet an der unteren Unstrut verlief die Ost-West-Straße, die in karolingischer Zeit als via regia bezeichnet wurde. Sie führte vom Mittelrhein nach Erfurt und von dort nach Osteuropa. Ist auch ein sorbischer Großstamm oder Stammesverband nicht überliefert, so werden mehr oder weniger unbestimmt Stämme östlich der Saale von fränkischen Chronisten den Sorben zugerechnet. Sorben hatten sich offenbar seit dem 6. Jahrhundert im Elbe-Saale-Gebiet niedergelassen. Ihre Beziehungen zum pannonischen Donaugebiet waren nach den bisher bekannten, allerdings nur vereinzelt datierbaren Fundmaterialien verhältnismäßig eng. Die Burgenstützpunkte ihrer im 7. Jahrhundert mehr oder weniger deutlich hervortretenden Dukate, Fürsten- oder Häuptlingsherrschaften sind nur vereinzelt und in Umrissen bekannt. Für das Saalegebiet läßt sich vermuten, daß in dieser Zeit erste großräumige Burgen entstanden, darunter möglicherweise die Sorbenburg auf dem Johannisberg bei Jena-Lobeda. Unter einem „dux gente Surbiorum" wurden sie fränkischer Hoheit unterstellt. Im sorbischen Elbe-Saale-Gebiet läßt sich der fränkische Einfluß deutlicher in der Form des Burgenbaus erkennen, wie die Burg „Kessel" bei Groitzschen in der Nähe von Zeitz zu zeigen vermag. Andererseits drangen Sorben über die Saale hinweg nach Thüringen ein und weiter vor.

Vom Osten her bildete sich slawische Besiedlung aus. An der Saale kann von einer Besiedlung durch geschlossene Einheiten slawischer Bevölkerung mit insgesamt gleicher materieller Kultur wie östlich der Saale ausgegangen werden.[41] In einigen Gebieten, so bei Camburg und Jena sowie im Orlagau und im Saalfelder Gebiet, ist ein frühzeitiges Übergreifen germanischer Siedlungen auf die ostsaalische Region feststellbar. In einer weiter westlichen Besiedlungszone finden sich gehäufte slawische Siedlungsfunde und Gräber, jedoch ohne die zugehörigen slawischen Ortsnamen. Slawische Siedlungen sind in dieser Zone gemeinsam mit thüringisch-fränkischen Siedlungen entstanden. In deren westlichster Ausbreitung bis zur Werra und bis in die Rhön sind slawische Siedler nur noch innerhalb fränkisch-thüringischer Grundherrschaften anzutreffen; Reste eigener slawischer Kultur sind nur noch vereinzelt nachweisbar. Diese Unterschiede erklären sich offensichtlich aus dem unterschiedlichen Vorankommen der Herrschaftsbildung in den verschiedenen thüringischen Gebieten. Ein rascheres Fortschreiten der Herrschaftsbildung im westlichen Thüringen hatte die gezielte Ansiedlung der Slawen in den Grundherrschaften des Adels zur Folge, während im Saalegebiet noch eine freibäuerliche Struktur vorherrschte.[42] Dabei wurde die Saale keineswegs zum trennenden Grenzfluß zwischen Germanen und Slawen. Der Verlauf der Saale bildete zwar für längere Zeit die politische Ostgrenze des Frankenreiches, eine ethnische Grenze war die Saale jedoch nur im Bereich ihres Unterlaufes. Die Überführung der östlich der Saale siedelnden slawischen Bevölkerung in die feudale Abhängigkeit gelang erst im Verlaufe des 9./10. Jahrhunderts. Indessen waren bis zum Ende des 8. Jahrhunderts alle slawischen Bevölkerungsteile westlich der Saale fest in das fränkische Feudalreich eingegliedert. Während der Einwanderung slawischer Gruppen im

Waidpflanze. Stadtarchiv Erfurt.

Verlaufe des 7./8. Jahrhunderts in die thüringischen Gebiete westlich der Saale kam es nicht zur Ausbildung eines eigenständigen slawischen Adels. Diese Feststellung, die sich im völligen Fehlen slawischer Burganlagen in dieser Region dokumentiert und auf die Oberhoheit des fränkischen Adels bereits in dieser Zeit hinweist, schließt ein, daß die Slawen die Möglichkeit zur Anlage eigener Siedlungen und Bestattungsplätze erhielten und eigene ethnische Besonderheiten, besonders die Sprache, eine bestimmte Zeit lang bewahren konnten. Das Vordringen der Slawen erfolgte als friedliche Landnahme in einer dünn besiedelten Landschaft. Es entwickelten sich über die Saale hinweg germanisch-slawische Beziehungen und Wechselwirkungen, ein gutnachbarschaftliches Neben- und Miteinandersiedeln von Slawen und Germanen. Bezeichnenderweise richtete Bonifatius im Jahre 751 an Papst Zacharias die Anfrage, ob den Slawen die gleichen Abgabenpflichten wie der einheimischen Bevölkerung aufzuerlegen seien. In den ältesten Zinsverzeichnissen der Reichsabtei Fulda werden für Oberweid 16 Liten, 50 Knechte, vier Slawen und sieben Zinszahler, für Rohr acht Liten, 78 Knechte, 18 Sachsen und 75 Slawen, 30 Kolonen und 39 Zinszahler genannt. Daraus sind die entstandenen Fronhofswirtschaften und Grundherrschaften mit Hofgesinde, bäuerlichem Hufenbesitz, unterschiedlichen Abhängigkeitsverhältnissen, Zinsleistungen und Frondiensten erkennbar, obwohl hinsichtlich der sozialen Stellung und des Grades der Abhängigkeit nur schwerlich exakt zu bestimmen. Die in den Zinsbüchern und Zehntverzeichnissen der Reichsabtei Fulda genannten Abgaben lassen für das frühe und hohe Mittelalter gleiche oder ähnliche Abhängigkeit der slawischen und anderen Bauern erkennen.
Slawen sind in mehreren Gebieten Thüringens – vom Gebiet der Weißen Elster, Saale und Orla bis ins Werratal und in die Rhön – feststellbar; sie waren an Besiedlung und Landesausbau maßgeblich beteiligt. Auf Grund archäologischer Nachweise, urkundlicher Belege, slawischer Orts- und Flurnamen ist eine Besiedlung von drei Zonen in unterschiedlicher Dichte erkennbar: die Zone intensiver slawischer Besiedlung umfaßt das Gebiet östlich der Saale und reicht westlich dieses Flusses bis zur Ilm-Saale-Ohrdrufer Platte – teilweise sind auch westlich der Ilm Nachweise für dichte slawische Besiedlung vorhanden; lockerer sind die Spuren slawischer Besiedlung westlich der Ilm bis ins Flußgebiet der Gera; nur sporadische Nachweise für eine Besiedlung durch Slawen befinden sich im westlichen Thüringer Becken, im unteren Eichsfeld und im Werratal.

Dreifelderwirtschaft und Wassermühlen, Kunst und Alltag

Zu den wichtigsten, in den vorherrschenden Land- und Viehwirtschaft benutzten Arbeitsgeräten zählten Pflug, Egge und zweirädriger Karren, sowie Hacke und Spaten, Sense zur Grasmahd und Sichel. Die häufigsten archäologisch erbrachten Funde dieser Art, etwa bei Naumburg, Aschersleben und Erfurt, sind Mahlsteine, Hakenpflüge, Spaten, Pflanzhölzer, Joche und Hacken. Noch immer fehlt im Gegensatz zu den archäologisch nachweisbaren Hakenpflügen der Nachweis des Bodenwendepfluges für die Zeit bis zum ausgehenden 9. Jahrhundert. Noch nicht die Dreifelderwirtschaft, aber die Einhaltung einer bestimmten Fruchtfolge (Weizen/Gerste – Roggen/Hirse – unbestimmte Brache) kann vor dem 8./9. Jahrhundert durchaus als sicher angenommen werden. Angesichts der Gemengelage der Felder festigte dies den Zusammenhalt der Bauern, die Aussaat, Ernte und Viehweide gemeinsam regelten. Die Dreifelderwirtschaft, die sich im 8. Jahrhundert in den westlichen Teilen des Frankenreiches durchgesetzt hatte, und ihre positiven Auswirkungen wurden schließlich auch in den ostrheinischen Gebieten vorherrschend. Die mit und nach Bonifatius ins Land gekommenen Mönche kultivierten den Obst-, Gemüse- und Weinanbau – unter dem Einfluß von Erfahrungen vornehmlich des Rhein-Main-Gebietes. Die Kultur des Waids wurde vermutlich nicht nur aus dem slawischen Osten übernommen. Karl der Große hatte im Jahre 795 in seinem „Capitulare de villis“ angeordnet, daß den Frauenarbeitshäusern zur rechten Zeit Flachs, Wolle, Waid, Scharlach, Krapp u.a. zu liefern sei; außerdem verordnete er darin die an den Königshöfen des Frankenreiches zu betreibenden Handwerke. Die Orte Mühlberg bei Arnstadt (704 castellum Mulenberga) sowie (Groß-)-Mölsen bei Erfurt und Mühlhausen an der Unstrut lagen im 8. Jahrhundert im unmittelbaren Einzugsbereich fränkischer Landnahme und deuten, wie gesagt, auf die Übernahme von Wassermühlen hin. Mahlsteine für den Mühlenbetrieb wurden u.a. in den Steinbrüchen von Crawinkel gewonnen. Salzgewinnung läßt sich urkundlich 775 für Salzungen nachweisen. Daneben sind in karolingischer Zeit ebenfalls bereits genannte Orte diesem Wirtschaftszweig zuzurechnen: Langensalza, Salza bei Nordhausen, Halle, Solz bei Meiningen, Sulzbach bei Apolda und Sülzenbrücken bei Arnstadt, Sulza, sowie die Solequellen in Artern an der Unstrut und in

Frankenhausen am Kyffhäuser. Die Steinbauweise, zuerst bei Adels- und Kirchenbauten und ihren Befestigungen an den Hauptsitzen fränkischer Herrschaft und Macht, breitete sich aus. Reste karolingischer Baukunst des 8. Jahrhunderts sind in den Burgen Querfurt und Freckle-

Frühmittelalterlicher deutscher Topf mit Wellenband aus dem 9./10. Jh. von Niederdorla. Museum für Ur- und Frühgeschichte Thüringens, Weimar.

ben erhalten. Es verbreiteten sich fränkische doppelkonische Gefäße bis in das Gebiet nördlich der Unstrut, der meist aus den Mittelrhein- und Maingebieten stammende Metallschmuck, fränkische Waffen sowie rheinische Gürtelgarnituren.

Hardrad - Aufstand 785/786

Als Karl der Große (768 bis 814) im Jahre 775 mit einem Feldzug den südlichen Teil Ostsachsens seiner Herrschaft fest eingegliedert hatte, wurde die Unterwerfung des gesamten Stammesgebietes der Sachsen in Angriff genommen. Die Sachsenkriege dauerten – mit Unterbrechungen – von 772 bis 804.

Nachhaltig wirkten die mainfränkischen Adelskreise und Grabfeldgrafen auf das Gebiet jenseits und diesseits des Thüringer Waldes ein. Die verschiedenen Herrenfamilien bzw. Adelsgruppen in diesem Raum, die zum Teil bereits im 7. Jahrhundert dort ansässig waren, beeinflußten die Geschichte Thüringens im frühen Mittelalter, vor allem die Mattonen und die Hochadelsgruppe um die Äbtissin Emhilt von Milz, die Popponen-Babenberger und Christiane, aber auch Verwandtschaftsgruppen des weniger mächtigen Grundbesitzeradels wie u.a. das Saalegaugeschlecht, die Grundbesitzersippen um Münnerstadt, Schweinfurt, Kissingen, Meiningen unnd Mellrichstadt.

Ein Streit 785/786 um eine Thüringerin adliger Herkunft, wohl Hardrads Tochter, die nach fränkischem Recht mit einem hochgestellten Franken verlobt worden war, löste den thüringischen Aufstand unter Hardrad gegen Karl den Großen aus.[43] Dieser Aufstand erfaßte neben dem einheimischen Adel auch Bauern. Er richtete sich gegen das karolingische Königtum, dessen Machtpositionen, „Frankisierungsbestrebungen“ und Grafschaftsverfassung in Thüringen.

Hardrad, der Anführer dieses Aufstandes, war Thüringer, und er wird in den Quellen Graf (comes) und Herzog (dux) genannt. Möglicherweise hatte er sein Amt von König Karl erhalten, suchte aber – wie andere Amtsträger in Thüringen – Macht und Herrschaft nach eigenem Recht auszuüben. Seine Stammesgenossen wurden damals zu den östlichen Franken gezählt, das heißt, zu den Bewohnern der Francia orientalis, des seit Karl Martell und Pippin zusammengefaßten und so bezeichneten Gebietes östlich des Rheins. Dieser Aufstand war weit verzweigt

und überaus gefährlich für das fränkische Königtum; er soll sogar das Leben Karls bedroht haben.
Karl habe, so wird berichtet, von Hardrad verlangt, seine Tochter zur Ehe freizugeben, die nach fränkischem Recht verlobt war, was Hardrad aus thüringischem Stammes- und Rechtsverständnis heraus verweigerte. Es ist aber auch überliefert, daß der fränkische Graf Meginhar später tatsächlich mit der Tochter Hardrads vermählt war, der „sich einst in Germanien mit vielen Edlen (nobilibus) dieses Landes gegen Kaiser Karl verschworen hatte“. Offenbar sollte diese Eheverbindung dazu beitragen, Thüringen stärker an das Frankenreich zu binden. Diese „Heiratsgeschichte“ mag den Hardrad-Aufstand von 785/786 ausgelöst haben, aber dessen Ursachen lagen tiefer.
Im Jahre 782 versuchte Karl der Große, in Sachsen die Grafschaftsverfassung mit strengen Maßnahmen einzuführen, indem er sächsische wie fränkische Adlige als Grafen einsetzte. Ein ähnlicher Vorgang wird sich in Thüringen vollzogen haben. Den thüringischen Verschwörern von 785/786 wurde später vorgeworfen, sie hätten die Anordnungen und Mandate des Königs zu wenig beachtet. Karls Biograph Einhard berichtet, die Ursache der Verschwörung sei das allzu harte Regiment und Vorgehen des Königs gewesen. Auch würden sich die Verschwörer dem König gegenüber nicht zur Treue verpflichtet fühlen, da sie ihm keinen Treueid geschworen hätten.
Ganz offensichtlich richtete sich der thüringische Aufstand in den Jahren 785/786 gegen die Herrschaft der Franken im Lande überhaupt. Die Adelsgruppierung um Hardrad läßt auf ein gespanntes Verhältnis zwischen König und ostfränkischem Adel schließen. Die Verschwörer stammten offenbar aus Ostfranken (im engeren Sinne) und Thüringen; sie bildeten eine oppositionelle ostfränkisch-thüringische Adelsgruppe, die über umfangreiche Besitzungen diesseits und jenseits des Thüringer Waldes verfügte. Diese Verschwörer traten auch in Gegnerschaft zu den fränkisch gesinnten Anhängern Karls des Großen in Thüringen.

Die Murbacher Annalen berichten, daß die rebellischen „Thüringer“ sich in das Kloster Fulda zurückzogen, als das königliche Heer heranrückte. Ursache und Veranlassung für die Verschwörung des Hardrad in den Jahren 785/786 gegen König Karl soll folgender Vorgang gewesen sein: Eine Adelstochter aus dieser ostfränkisch-thüringischen Gruppierung war mit einem Franken verlobt worden und sollte nun zu einem festgesetzten Zeitpunkt ihrem sicherlich westfränkischen Gatten zugeführt bzw. anvertraut werden. Dem widersetzte sich der Vater – mit militärischer Hilfe der Thüringer und seiner Verwandten. Die Murbacher Nachrichten besagen, daß Thüringer Große der Integrationspolitik König Karls Widerstand entgegensetzten, zumal in diesen Jahren und Jahrzehnten die Sachsenkriege und die Auseinandersetzungen mit dem Bayernherzog Tassilo im Gange waren, wozu der König das Mainland und Thüringen als gesichertes Hinterland und Aufmarschgebiet brauchte.

Große Bedeutung hatte diesbezüglich die Umwandlung des alten Königshofes Salz an der Fränkischen Saale in eine Pfalz in den 80er Jahren. In der näheren und weiteren Umgebung von Salz lag seit der Karolingerzeit umfangreiches Königsgut. Dieses war gleichsam Sprungbrett und Brücke nach Thüringen, so daß die Königspfalz Salz mit dem umliegenden Königsgut bis nach Mellrichstadt und Königshofen einen vorgeschobenen, gesicherten Posten und Stützpunkt zur Kontrolle Thüringens und Angliederung Sachsens darstellte. Im palatium Salz hielt sich König Karl, wie in den Einhardsannalen berichtet wird, in den Jahren 790, 793 und 803, wohl auch 804 auf. Zweifelsohne gehören Errichtung und Aufbau der Königspfalz Salz im nördlichen Unterfranken in Karls Konzept der gesicherten Erweiterung seines Reiches nord- und ostwärts.
Der Hardrad-Aufstand 785/786 bildete den Abschluß der oppositionellen Bewegungen gegen die Franken in Thüringen. Ein fränkisches Heer konnte den Aufstand niederschlagen. Karl verlangte von allen Untertanen ab dem 12. Lebensjahr den Treueid, den Schwur auf die Person des Königs; Treuebruch wurde als Hochverrat hart bestraft.
Wie berichtet, wurde unter Führung des Grafen Hardrad eine Verschwörung angezettelt, die aufgedeckt wurde, und die Anführer wurden bestraft. Im Bericht der Murbacher Tradition heißt es, daß Thüringer beschlossen hätten, den Frankenkönig Karl gefangenzunehmen und zu töten, ihm auf jeden Fall den Gehorsam zu verweigern. Einige Zeit später, nachdem der König davon erfahren hatte, sandte er einen Boten zu einem jener Thüringer. Dessen Tochter war nämlich nach Frankenrecht verlobt worden, und sie sollte nun zur festgelegten Zeit ihrem fränkischen Gatten übergeben werden. Der Vater der Thüringerin weigerte sich nicht nur, sondern er versammelte seine Verwandten und viele wehrfähige Thüringer, um dieses Ansinnen notfalls mit Gewalt zu

verhindern. Daraufhin ließ der König die Besitzungen der Verschwörer verwüsten, was die entsetzten Thüringer im Kloster Fulda Zuflucht suchen ließ. Nach Vermittlung des Abtes empfing König Karl die Anführer der thüringischen Rebellen. Nachdem sich der König deren aufrührerische Reden angehört hatte, sandte er sie in Begleitung von Königsboten nach Italien und zum Heiligen Petrus, einige nach Neustrien und Aquitanien zu Heiligenstätten, und sie sollten den Treueid schwören. Ein Teil dieser Thüringer, offenbar nach wie vor nicht königstreu, wurde auf diesem Weg gefangengenommen und geblendet; ein anderer Teil erreichte Worms, wurde dort verhaftet, ins Exil geschickt und ebenfalls geblendet. Deren Besitztümer wurden eingezogen.

Der Hardrad-Aufstand war mehr als das periphere Aufbegehren einer Gruppe stammesstolzer Adliger und ihrer Unabhängigkeitsbestrebungen. Diese Rebellion wurde von einer ostfränkisch-thüringischen Oppositionsgruppe getragen, die mit anderen oppositionellen Gruppen im Karolingerreich in Verbindung stand und das Zentrum der Königsmacht bedrohte. Der große Sachsenaufstand unter Widukind seit den 70er Jahren des 8. Jahrhunderts dürfte die stärkste Reaktion gegen die Eingliederung in das Frankenreich gewesen sein. Ein Teil des Adels am Rhein-Main und in Thüringen verbanden bereits gleiche Interessen, verwandtschaftliche Verbindungen bestanden – gewiß verstärkt durch das thüringische Herzogtum des Franken Radulf – und entwickelten sich enger. Die Tochter Hardrads wurde mit dem fränkischen Grafen Meginhar verheiratet. Es ist nicht auszuschließen, daß sie die umstrittene „Braut" des Hardrad-Aufstandes war. Dessen diesbezüglicher Anlaß war im Verhältnis zu Ursachen und Verlauf, Bedeutung und Folgen eher nichtig. Vielmehr war der Widerstand gegen die Einführung der fränkisch-karolingischen Reichsorganisation in Ostfranken und Thüringen durch Karl den Großen keineswegs erloschen. Dieser fand in Adelsgruppierungen, Interessen- und Machtkämpfen im Hochadel einen spezifischen Ausdruck. In Verbindung mit gentilen Stammestraditionen wirkte in Thüringen die Tradition des thüringischen Königtums in Gruppen des alten Adels als thüringisches Sonderbewußtsein nach, und sie verlieh dem Thüringer Identitätsbewußtsein über einen langen Zeitraum hin ein eigenes, spezifisches Gepräge. Auf diesen Widerstand der Thüringer reagierte König Karl zunächst gewaltsam, indem er das Land mit einer Fehde überzog. Im Verlaufe der Ereignisse setzte er in die politischen Vorgänge Rechtsmittel ein, u.a. die Forderung der Eidesleistung und rechtlich deklarierte blutige Repressalien gegen „Unbekehrbare“ und „Widerspenstige“. An bestimmten Orten, namentlich den „loca sanctorum“, war der Eid auf den König und seine Nachfahren in feierlicher Form zu leisten. Tod auf dem Hin- oder Rückweg, Gerichtsverfahren auf der Reichsversammlung zu Worms, Verurteilung, Exil und Blendung markierten die grausame Niederschlagung des Hardrad-Aufstandes. Karl der Große schuf einen Untertanenverband, in dem jeder durch Eid an den König bzw. Kaiser unmittelbar gebunden war. Damit wurde bei Nachweis eines Eidbruches jeder politische Widerstandsakt zu einem Rechtsfall. Karls Konzept der Reichsorganisation baute auf Untertanenverband und Grafschaftsverfassung wesentlich mit auf.

Einhard erinnert an Hardrad noch nach Jahrzehnten, ebenso Thegan, der um 837 eine Lebensbeschreibung Ludwigs des Frommen verfaßte. Seit 786, dem Jahr der Niederschlagung des Hardrad-Aufstandes, enthalten die Königsurkunden Treueklauseln, und die allgemeine Vereidigung auf Königstreue wurde nach den Erfahrungen der Hardrad-Verschwörung angeordnet. Die zeitgenössischen, in Lorsch entstandenen Annales Nazariani berichten, daß diese Aufstandsbewegung nicht nur fast alle Thüringer, sondern auch ihre Nachbarn erfaßte. Die Einführung des fränkischen Rechts und der Grafschaftsverfassung in Innerthüringen erlitten einen Rückschlag, sie setzten sich erst mit dem Sieg Karls des Großen über die Sachsen durch. 787, ein Jahr nach dessen Sieg über die Anhängerschaft Hardrads in Thüringen, konnte der König die Thüringer gegen Tassilo von Bayern aufbieten, und sie leisteten ihm Heeresfolge. Nach der Kaiserkrönung in Rom im Jahre 800 sorgte Karl der Große dafür, daß das thüringische Volksrecht (Lex Thuringorum, 802) aufgezeichnet wurde.

Marken, Gaue und Grafschaften

Bis 804 konnte Karl der Große den Widerstand der Sachsen brechen. Noch während der blutigen Sachsenkriege begannen fränkische Vorstöße gegen slawische Stämme östlich der Saale. Die Franken zerstörten slawische Burgen oder belegten sie mit eigenen Besatzungen, auch errichteten sie auf slawischem Gebiet neue Befestigungen. Slawische Kriegsgefangene wurden von fränkischen Adligen in verschiedenen Orten Thüringens angesiedelt. An der Ostgrenze des Frankenreiches entstand die Sorbische Mark an der Saale unter einem Markgrafen. Im nördlichen Thüringen wurden von den Franken neben der erwähnten Germar-Mark weitere Grenzmarken angelegt.

Ein Gesamtbild von der fränkischen Marken-, Gau- und Grafschaftsverfassung in Thüringen läßt sich – auf Grund der lückenhaften Überlieferung – nicht gewinnen.

Im 8. Jahrhundert werden erwähnt: u.a. der Längwitzgau, der Westergau, der Grabfeldgau, das Tullifeld, der Altgau bei Tennstedt/Großfurra, ein Gau Engilin bei Greußen, Kölleda und Beichlingen, der Hasse- oder Hosegau bei Allstedt, der Helmegau bei Wallhausen und Kelbra sowie ein Schwabengau bei Mansfeld und Sandersleben. Gaue, wie der Orlagau, knüpften nicht selten an Landschaftsbezeichnungen an. Die Bezeichnung Wippergau erfaßte die Landschaft im und um das Tal der Wipper zwischen Hainleite und Windleite. Nach Flüssen genannt wurden die Landschafts- und Gaunamen Helmegau, Zorgegau, Wippergau und Nabelgau nördlich der Hainleite. Über die westliche Abdachung der Hainleite erstreckte sich der Altgau, über deren östlichen Teil der Gau Engilin. Die Landschaft Engilin bildete den nordöstlichen Teil des thüringischen Altsiedelgebietes; sie erstreckte sich ostwärts bis Kirchscheidungen am Unterlauf der Unstrut. Für die Großmark der Engelsdörfer (Holzengel, Feldengel, Kirchengel, Westerengel) an den Grenzen der Flur von Trebra „in pago Engilin“ (so 932) war offenbar Kirchengel der kirchliche Mittelpunkt. Der Name des Gaus Engilin ist auf die Angeln zurückzuführen, die nach dem Untergang des Thüringerreiches 531 in Thüringen einwanderten. 772 schenkte ein Alwalach dem Kloster Fulda außer Besitzungen in Mainfranken und im Rheingau auch Besitzungen „in regione T(h)uringorum in pago Eng(i)li(n) ...“[44]

War Thüringen unmittelbar nach seiner Eingliederung in das Merowingerreich im 6. Jahrhundert offenbar nur zu Tributzahlungen verpflichtet

gewesen, während im Laufe des 7. Jahrhunderts die Anfänge einer Besetzung bzw. Durchdringung und Beherrschung des Landes durch die Franken erkennbar wurden, überzog das fränkische Königtum im 8. Jahrhundert die Region mit einem Netz weltlicher und geistlicher Herrschafts- und Verwaltungsstützpunkte an verkehrsmäßig und strategisch wichtigen Standorten, natürlich nicht im Stile moderner Verwaltungsorganisation.
Dabei ist auch zu denken an den Westergau als Gebiet fränkischer Kolonisation und Herrschaftsorganisation, die an ältere Siedlungen anknüpfen konnte und die uralten Wege und Straßenzüge von Franken nach Thüringen nutzte; diese wurde im 7./8. Jahrhundert vornehmlich von Würzburg aus nordwärts nach Thüringen getragen. Hatten zunächst die Gebiete in den Siedlungskammern an Main und fränkischer Saale das Ziel des Landesausbaus dargestellt, so war von dort aus auch sehr bald mit der Erschließung der Rhön und des Vorlandes des Thüringer Waldes begonnen worden. Zugleich waren Durchgangswege in die Gebiete nördlich bzw. nordöstlich des Gebirges geschaffen worden. Zunächst entstanden mehrere „Brückenköpfe“ beim Überschreiten der Werra, u.a. Breitungen, Walldorf, Meiningen, Hildburghausen und Eisfeld. Dort ist frühzeitig fränkisches Königsgut nachgewiesen oder doch zu vermuten.
Wenn Meiningen in diesem Zusammenhang genannt wird, kann davon ausgegangen werden, daß im späteren Stadtgebiet Ansiedlung im Merowingerreich des 6./7. Jahrhunderts bestand, also drei oder vier Jahrhunderte vor der urkundlichen Ersterwähnung von 982. Spätestens für das 8. Jahrhundert ist der fränkische Königshof Meiningen anzunehmen, dessen Lage allerdings bisher nicht eindeutig bestimmt werden konnte. Vielleicht war der fränkische Königshof der Vorläufer der mittelalterlichen Wasserburg des Bistums Würzburg in Meiningen an der Stelle des späteren Schlosses Elisabethenburg. Gewiß oblag dem fränkischen Königshof Meiningen in erster Linie die Sicherung des Werraüberganges und die Kontrolle eines großen Königsgutbezirkes.
Für das 8./9. Jahrhundert ist eine Gruppe von Siedlungskernen westlich von Meiningen erkennbar, die sich u.a. aus Kaltennordheim, Kaltenwestheim, Kaltensundheim und Kaltenlengsfeld zusammensetzte, deren Entstehung wiederum – durch Gräberfelder bei Kaltenwestheim und Kaltensundheim – bis ins 7. und frühe 8. Jahrhundert zurückzuverfolgen ist. Das Fundmaterial weist Neusiedler aus Rhein-Main-Franken,

reiche Grabausstattungen und Pferdegräber nach. Im Umkreis von Kaltensundheim wirkte – um 800 nachweisbar – eine dort begüterte Gemeinschaft von Grundherren, deren Vorfahren aus Franken ansässig geworden waren und – wohl im Auftrage des Königtums – an der Erschließung und Besiedlung Südwestdthüringens beteiligt waren. Weitere Siedlungen schlossen sich östlich und nördlich an, so Katz, Diedorf und Roßdorf. In anderen Gebieten Thüringens vollzog sich ebenfalls eine umfangreiche Siedlungs- und Organisationsbewegung.

Sowohl für die merowingischen als auch – und in zunehmendem Maße – für die karolingischen Könige wurde die Grafschaft zur grundlegenden Einrichtung der Herrschaft und Verwaltung des großräumigen Frankenreiches. In ihren Amtsbezirken waren die Grafen die unmittelbaren Stellvertreter der Könige. In derem Auftrage übten sie ihre Funktionen aus: die Friedenswahrung und die Rechtspflege, die Schutzvogtei und das Heeresaufgebot sowie weitere Aufgaben der Herrschaft und Verwaltung. Weder Gaue noch Marken und Grafschaften waren im Frühmittelalter Herrschafts- und Verwaltungsbezirke mit fest umrissenen Aufgaben und Grenzen. Der alten Gaugliederung entsprachen Herrschaftsbereich und Amt der Grafen durchaus nicht immer und überall. Vielfach entschied die persönliche Machtstellung des Grafen über den Umfang seines Herrschaftsgebietes und die Wirksamkeit der Grafschaftsverfassung.[45]

Im Jahre 780 werden Grafen urkundlich erwähnt, die mit der Erhebung von Abgaben betraut waren, und zwar sollte ein bisher von zwei Grafen im Hochseegau erhobener Zins nunmehr und künftig an das Kloster Hersfeld übertragen werden.[46] Hier trat das Hersfelder Stift – dem Wirken der Abtei Fulda im Grabfeld (als solches in einem Papst-Brief 738 erstmals erwähnt) vergleichbar – als unmittelbarer Herrschaftsträger, Missionar und Kolonisator in Erscheinung. Die überlieferte Geschichte der Grabfeld-Grafen setzte möglicherweise mit den comites ein, die in der Emhilt-Urkunde von 784 genannt werden.[47] Das Tullifeld und das Grabfeld werden in einer Urkunde König Arnulfs von Kärnten auch 889 genannt. Sie gehörten zum Kolonisationsgebiet Fuldas, wie das Friesenfeld zum Kolonisationsgebiet Hersfelds zu rechnen ist.

Der Hassegau oder Hosegau lag südöstlich von dem im Ostharz liegenden Schwabengau; der Hassegau war mit einem Friesenfeld verbunden. Diese Bezeichnungen treten in der Überlieferung erstmalig im 8. Jahrhundert auf. Während Schwabengau und Friesenfeld auf in dieses

Gebiet zugewanderte bzw. von den Frankenkönigen dorthin verpflanzte Schwaben und Friesen hindeuten, wird kein Zusammenhang zwischen

Querfurt, Burg: Pfeiler wohl aus dem ursprünglichen Palast. Aus: Otto der Große, Magdeburg und Europa, hg. von Matthias Puhle, Bd. 1, März 2001, S. 82.

dem Hassegau und dem Stamm der Hessen zu sehen sein; vielmehr soll der Hassegau seinen Namen von einer Hochseeburg (bei dem heutigen Seeburg in der Nähe Eislebens), die 743 von den Franken erobert wurde, erhalten haben. Die Kolonisation im Hassegau wurde in erster Linie von Franken durchgeführt, die auch Friesen hinzuzogen. Der Name Friesenfeld wird erstmalig im Hersfelder Zehntverzeichnis aus dem letzten Drittel des 9. Jahrhunderts erwähnt. Unter dem Mainzer Erzbischof Lullus entstand unter günstigen Bedingungen eine Siedlung von friesischen Händlern in Mainz. Die libertas der Friesen nimmt in der Geschichte der europäischen Freiheitsbewegungen einen wichtigen, spezifischen Platz ein: als frühzeitig erworbenes Recht auf Besitz und Unabhängigkeit. In der Historiographie und im Rechtsbewußtsein des hohen Mittelalters wurde die Freiheit der Friesen bzw. die friesische Freiheit als Stammeseigenschaft verstanden und mit der Stifterautorität Karls des Großen verknüpft.

Burgen des Hersfelder Zehntverzeichnisses

Der zweite Teil des Hersfelder Zehntverzeichnisses, der zwischen 880 und 899 aufgezeichnet wurde, widerspiegelt in etwa auch die Verhältnisse um 780/800, und er enthält das schon erwähnte Verzeichnis von Burgen im Hassegau, also im Gebiet bzw. Siedlungsraum zwischen mittlerer Saale, Unstrut und Harz.[48]

Im Hersfelder Zehntverzeichnis wurden 18 Burgen mit Zubehör im Saale-Unstrut-Helme-Gebiet genannt, die zur Abgabe des Zehnten an die Reichsabtei Hersfeld verpflichtet waren: Helfta, Naumburg, Allstedt, Merseburg, Schraplau, Bornstedt, Seeburg, Gerlugoburg, Vitzenburg, Querfurt, Scheidungen, Burg-Werben, Mücheln, Goseck, Kuckenburg, Liudineburg, Burg Holleben, Suemburg. Die urkundliche Erwähnung der Burgen erfolgte erst im 9. Jahrhundert, jedoch existierten die meisten Anlagen mit den dazugehörigen Siedlungen bereits früher; denn im Jahre 780 bekam die Reichsabtei Hersfeld, wie bereits festgestellt wurde, den Zehnten der königlichen Besitzungen und Burgen im Hassegau zuerkannt. Die Burganlagen von Naumburg bis Lettin wiesen einen durchschnittlichen Abstand von sechs Kilometern auf. Dahinter lag die Burg Mücheln zwischen der ersten und zweiten Burgenkette. Die zweite Befestigungslinie begann an der Unstrut bei Burgscheidungen und verlief über Vitzenburg, Querfurt, Kuckenburg und

Schraplau nordwärts bis zur Seeburg. Hier betrug der Abstand jeweils etwa fünf Kilometer. Die restlichen Burgen lagen weiter westlich, und sie sollten den wichtigen Zugang zur Helme beschirmen. Zweifellos wurden beim Anlegen des fränkischen Befestigungsgürtels bereits vorhandene Anlagen – thüringische, slawische und sächsische Herrensitze, Volks- und Fluchtburgen – mit einbezogen und ausgebaut. Darauf verweisen vor allem die Größe der meisten Anlagen, die an die Burgen früherer Zeiten erinnern. Es ist anzunehmen, daß das Kernstück der meisten Anlagen aus einer wesentlich kleineren Hauptburg bestand. Diese größtenteils älteren Befestigungen wurden mit fränkischen Kriegern, einer ständigen Besatzung, belegt und erhielten häufig im Kern eine steinerne Innenburg. Diese Burgen dienten den Franken zur Herrschaftsausübung gegenüber der altansässigen Bevölkerung und für militärische Zwecke, zur Zehnterhebung und zur Durchführung des Landesausbaus ohne erhebliche Zuwanderung fränkischer Siedler. Es handelte sich um ein fränkisches Burgbezirkssystem.[49] Einer Burg waren in der Regel etwa 12 Orte zu- bzw. untergeordnet; es gab aber auch einzelne Burgen, wie Beyernaumburg, denen über 20 Orte unterstanden. Im Hassegau konzentrierten sich in karolingischer Zeit derartige fränkische Burgbezirke. Da es sich um zehntpflichtige Burgbezirke handelte, verfügten sie über eine ständige Besatzung. Der Hassegau war ein Grenzgebiet gegenüber Sachsen wie Slawen, so daß die dortigen Burgen sowohl der Sicherung des neu erschlossenen Landes als auch der Verteidigung und Expansion dienten. Die unsichere Lage an der fränkisch-sächsisch-slawischen Grenze war wehrpolitisch die Ursache für die Anlage dieses Befestigungssystems. Diese 18 Burganlagen erstreckten sich im Saale-Unstrut-Helme-Gebiet, wie aufgezeigt, in drei zusammenhängenden Befestigungslinien von der Saale ausgehend (u.a. Lettin, Holleben, Merseburg, Burgwerben, Goseck) über eine zweite Befestigungslinie an der Unstrut (Burgscheidungen, Vitzenburg) über Querfurt zu einer abschließenden dritten Befestigungszone zwischen Helme und Saale u.a. mit den Burgen Allstedt, Bornstedt, Helfta, Seeburg und Schraplau. Die Burgen von Merseburg, Weißenfels und Goseck wurden zu Grafensitzen erhoben und ausgebaut.

Graf Wernher und die Königspfalz „ad Erfesfurt“

Um 800 waren Grafschaften inzwischen zur bestimmenden politischen Realität geworden.
Im Jahre 802 urkundete ein Graf Wernher „ad Erfesfurt in palatio publico“.[50] Dadurch wird belegt, daß sich in Erfurt eine Königspfalz (Palatium) befand, in der im Auftrage Kaiser Karls des Großen ein Graf seinen Sitz hatte. In Erfurt wird die Königspfalz auf dem Petersberg gelegen haben. Die Urkunde von 802 nennt außer dem Grafen Wernher ca. 30 weitere adlige Zeugen, darunter den Erzbischof Richolf von Mainz. Sie verfügte, worauf bereits hingewiesen wurde, die Schenkung einer reich ausgestatteten Kirche zu Kölleda an das Kloster Hersfeld.[51] Diese Dotation war gewiß von Bedeutung, aber dieses große Aufgebot an namhaften Großen in der Erfurter Königspfalz galt sicherlich nicht nur der urkundlichen Übereignung der Kirche in Kölleda an das Kloster Hersfeld, es stand wahrscheinlich im Zusammenhang mit der Aufzeichnung des thüringischen Volksrechts, der „Lex Angliorum et Werinorum hoc est Thuringorum“.[52] Diese erfolgte wahrscheinlich infolge von Beschlüssen, die im Oktober 802/803 im Rahmen der Gesetzgebung Karls des Großen auf einer Reichsversammlung in Aachen gefaßt wurden. Die Kodifizierung des thüringischen Volksrechts gründete sich auf Befragungen, die offenbar „vor Ort“ vorgenommen wurden. Diesem Zweck vor allem diente sicherlich die genannte Erfurter Zusammenkunft von 802.

Lex Thuringorum

Die Lex Thuringorum ist in einer einzigen Handschrift überliefert, die um die Mitte des 10. Jahrhunderts im Kloster Korvey entstand, sowie in Form eines Druckes, dessen Vorlage unbekannt ist und der im Jahre 1557 von J.H. Herold veranlaßt wurde. Der in Basel lebende Jurist und Humanist Johannes Herold gab 1557 eine Sammlung verschiedener germanischer Volksrechte heraus, unter denen sich auch die Lex Thuringorum befand.

Die Lex Thuringorum „hat Weistumscharakter und ist, wie der Aufbau und einzelne Formulierungen nahelegen, anhand der Lex Ribuaria von rechtskundigen Angeln und Warnen erfragt worden. Die vorhandenen Gemeinsamkeiten mit der Lex Saxonum und der Lex Frisionum betreffen den Wergeld- und Wundbußenkat., die Bestimmungen über das Erbrecht, die soziale Ordnung und die volkssprachigen Wörter. Trotz ihrer knappen Form enthält die L.Th. eine eigenständige Überl., die über die karol. Stammesrechte hinausgeht..."[53] Fränkischer Rechtseinfluß ist nicht zu übersehen.

Der Geltungsbereich der Lex Thuringorum bezog sich auf das mitteldeutsche Volk, das in der Zeit Karls des Großen unter Thüringern verstanden wurde. Sie war für Thüringen bestimmt, das im Kapitel 37 patria (Heimat) genannt wird.

Die Erinnerung an das Thüringer Königreich und seinen Untergang 531 blieb in der Überlieferung erhalten, so z.B. im Benediktinerkloster Korvey an der Weser im 10. Jahrhundert, in den Quedlinburger Annalen im 11. Jahrhundert, im mittelalterlichen Annolied um 1080 und in der Chronik des Albert von Stade im 13. Jahrhundert. Im Mittelalter, im Frankenreich und im römisch-deutschen Reich, erhielt sich überhaupt ein Bewußtsein, daß das Land der Thüringer eine besondere Region oder provincia sei. Bei der Herausbildung dieser Tradition war die Aufzeichnung des Volksrechts der Thüringer 802/803 ein wichtiger Meilenstein.

Die Lex Thuringorum ist eine ausdrücklich für die Thüringer bestimmte Rechtsaufzeichnung, die in die Gruppe der germanischen Volks- oder Stammesrechte einzuordnen ist. Sie gehört neben die Stammes- oder Volksrechte der Bayern, Alemannen, den insgesamt drei Volksrechten der Franken und den Rechten der Sachsen und Friesen. Volksrechte germanischer Völker außerhalb der Grenzen des späteren Deutschland liegen mit den Rechten der Westgoten, Burgunder und Langobarden vor.

Die Erforschung der germanischen Volksrechte, der sog. Leges, war vor allem seit dem 19. Jahrhundert im Zuge nationaler Bestrebungen und Identitätssuche ein Hauptthema der deutschen Geschichtsforschung und Rechtsgeschichte.

Die Lex Thuringorum von 802/803 ist das älteste Rechtsdenkmal mit Bezug auf Thüringen. Karl der Große war der Auftraggeber für diese Aufzeichnung, nachdem er schriftlich fixiertes Recht, Rechtsverbesserung und Rechtserneuerung seiner Herrschaft zugrundelegte. Dazu gehörten die Volksrechte aller Völker in seinem fränkischen Großreich ebenso wie neues Recht in den sog. Kapitularien, in denen zum Beispiel der Kirchenzehnt eingeführt wurde. Darüber berichtet sein Biograph Einhard, ebenso die Annalen des Klosters Lorsch (Annales Laureshamenses), damit die Richter überall im Frankenreich aufgrund schriftlich fixierten Rechts richten sollten und so Reichen wie Armen Gerechtigkeit zuteil werden konnte. Dieses bedeutende Werk historischer Gesetzgebung war mit Karls Aachener Reichstag 802/803 verbunden, in Anwesenheit zahlreicher Herzöge, Grafen und weiterer Vertreter der verschiedenen Völkerschaften des Frankenreiches, um alle in seinem Großreich geltenden regionalen Rechte festzustellen, zu verbessern und die Gesetzgebung in seinem Herrschaftsbereich auf neue, zeitgemäße Grundlagen zu stellen. So wurde die Lex Thuringorum nach 803 sicherlich nicht ausschließlich als Gesetzbuch gehandhabt, sondern sie wurde eher als wesentlicher Teil des umfassenderen kaiserlichen Gesetzgebungsprogramms im fränkischen Reich verstanden; sie entstand aufgrund von detaillierten Informationen durch thüringische Berater.

„Das Gesetzbuch der Angeln und Warnen, d.h. der Thüringer" gliedert sich in folgende Teile: Einleitung (I.), Von Erbschaften (II.), Von Diebstählen (III.), Von Brandstiftung (IV.), Von Gewalt (V.), Von geringeren Sachen (VI.).

Dieses Volksrecht der Thüringer umfaßt 59 Abschnitte (Kapitel). Es hat das Erb-und Strafrecht zum Inhalt, und es vermittelt einen Einblick in die sozialen Verhältnisse des thüringischen Stammes. Wie bei den Sachsen gliederte sich die frühmittelalterliche Gesellschaft der Thüringer in die Adligen (adalingi), die Freien (frilingi) und die Knechte (servi). Die eingetretene starke soziale Differenzierung zeigt sich daran, daß für einen Adligen das dreifache Wergeld wie für einen Freien aufgebracht werden mußte, dagegen waren für einen Knecht nur 3/20 des Wergeldes eines Freien zu erstatten. Die Unfreiheit und das Lehenswesen hatten bereits Einzug gehalten. Der Schwur mit Zeugen, in bestimmten Fällen der Zweikampf, hatten im Thüringer Volksrecht Beweiskraft. Vergleichsweise spät wurde – um 802 – das Stammesrecht der Thüringer schriftlich fixiert. Zu diesem Zeitpunkt waren die Volksrechte der Bayern (Lex Baiuwariorum), der Alemannen (Lex Alamannorum) oder gar das fränkische Recht (Lex Salica, 6. Jahrhundert) längst aufgezeichnet. Deren Gesetze enthielten verschiedene Hinweise auf die Herausbildung von Privateigentum an Grund und Boden. In diesen Stammesrechten waren Ackerland, Ödland, Wiesen und Wälder

Gegenstand von Verkauf und Kauf. Grund und Boden waren bei diesen Stämmen bereits zur Ware geworden. Auch das Erbrecht entsprach diesen Verhältnissen. Die Vererbung erfolgte über die Söhne und die Töchter bis zu Enkeln und Urenkeln. In der Lex Thuringorum wurde noch kein Verkauf von Grundeigentum erwähnt – sicherlich kein Beweis dafür, daß es dies nicht gegeben hätte. Im Erbrecht der Thüringer wurde die Frau noch weitgehend vom Erbe an Grund und Boden ausgeschlossen: „Bis zum fünften Glied folge der väterliche Stamm. Nach dem fünften Glied aber folge die Tochter in das Erbe im Ganzen, sei es von Vaters-, sei es von Mutterseite; und dann erst gehe das Erbe vom Speer auf die Spindel über“ (II. Von Erbschaften, 30.).[54] Den bereits erreichten Stand der Herausbildung privatrechtlicher Verhältnisse zeigt auch die Aufnahme von Festlegungen zum Schutz der beweglichen Habe in das Stammesrecht der Thüringer. So galt der Diebstahl einer Stutenherde als schwerste Diebstahlhandlung, was zugleich die nach wie vor große Bedeutung der thüringischen Pferdezucht unterstreicht. Hinsichtlich des erreichten Standes der sozialen Differenzierung wurden, wie festgestellt, Adlige, Freie und Unfreie genannt, wobei die Unfreien als „Sache“galten. Diese soziale Gliederung stellt sicherlich einen schon gefestigten Zustand dar; denn die Existenz des Adels ist an Hand der Grablegungen mit Waffenbeigaben, vor allem der Spatha (Langschwert), bis in die Merowingerzeit zurückzuverfolgen, wobei die Unterschiede zwischen kleinen Grundherren und freien Bauern oft schwer zu bestimmen sind. Die Lex Thuringorum nimmt keine weitere Untergliederung der Unfreien vor, aber die im 9. Jahrhundert verstärkt einsetzende schriftliche Überlieferung nennt häufig servi, mancipia, accolae und coloni; weiter ist erschließbar, daß Freigelassene als Minderfreie galten.

Im Kapitel 46 der Lex Thuringorum wird der Adlige nicht adalingus genannt, wie durchweg im ersten Abschnitt, sondern nobilis, und im Kapitel 58 tritt das ausgesprochen westfränkische Wort minare, (Vieh) treiben, auf.

Trotz jahrhundertelanger Frankenherrschaft hatten sich bestimmte thüringische Besonderheiten erhalten, vor allem in der thüringischen Sozial- und Rechtsordnung.

Die Lex Thuringorum kennt keinen besonderen Stand von Minderfreien (Liten), wohl aber eine nicht unbedeutende Zahl von Unfreien und – als wichtigste Differenz – einen breiten Stand von nichtadligen Freien. Der

Verkauf eines freien Mannes in die Knechtschaft innerhalb und außerhalb des Landes wurde unter hohe Strafe gestellt.

Tätlichkeiten und fehdeartige Auseinandersetzungen waren in diesen friedlosen Zeiten, die die Lex Thuringorum reflektiert, nach derem Bußenkatalog keine Seltenheit. Für die Heimsuchung (Überfall im Haus) „mit gesammelter Schar" ist die Buße hoch, sie betrug 60 Schilling, außerdem mußte die gleiche Summe als Friedensgeld an den fränkischen König gezahlt werden. Dieser erwies sich damit als Träger der Friedenswahrung, aber der Königsfriede wurde oft verletzt.
Das Haus innerhalb seiner Zäune stand unter besonderem Friedensschutz. Auch die Felder waren anscheinend eingezäunt. Gräben könnten Hofstellen, Felder und Wiesen umgeben und als Schutz gedient haben. Die Thüringer waren wirtschaftlich Viehzüchter und Ackerbauern.

Wie der Grundbesitz, so vererbte sich auch die Kriegsausrüstung, der Harnisch, die Pflicht zur Rächung des Verwandten und der Anspruch auf Wergeld. Die Erbschaftsregelungen lassen auf ein starkes Sippenbewußtsein schließen.
So vermittelt die Lex Thuringorum von 802/803 über die Sozialstruktur und –entwicklung Thüringens sowie dessen Rechtsgeschichte wichtige Erkenntnisse.

Wie in den übrigen germanischen Volksrechten konnte der Totschlag eines Menschen durch eine Bußleistung gesühnt werden: das sog. Wergeld (Manngeld). Das Wergeld ist abgestuft – entsprechend der Stellung, die der Getötete innerhalb der Sozialordnung einnahm. Die Lex Thuringorum unterscheidet drei soziale Gruppen: den Adalingus (Edlen), für den 600 Schillinge zu zahlen sind, den Liberus (Freien), dessen Tötung ein Wergeld von 200 Schillingen erfordert, den Servus (Sklaven, Unfreien), dessen Tod mit 30 Schillingen gebüßt werden mußte. Diese spezifische Ständeordnung unterscheidet die Thüringer von derjenigen anderer germanischer Stämme, kennt aber auch Gemeinsamkeiten. Besonders herausgehoben wird die Privilegierung des Adels, der den höchsten Rechtsschutz genoß – übereinstimmend mit der gleichzeitig von Karl dem Großen erlassenen Lex Saxonum. Halbfreie, sog. Liten, kennt das Thüringer Volksrecht nicht, waren jedoch bei Franken und Sachsen vorhanden. Dort hatten die Liten ein eigenes Wergeld; ständisch standen sie zwischen Unfreien und Freien. In Thüringen überwog offenbar um 800 die Schicht der freien Bauern, der Liberi (Freien). Die Bußzahlungen, die im Falle der Tötung eines Unfreien zu erbringen waren, fielen an dessen freien Herrn. Wenn Unfreie Delikte begingen, mußte ihr Herr dafür haften. Zahlreiche unfreie Familien lebten in eigenen Wohnstätten als servi casati. Wie andere Volksrechte kennt auch das Thüringer Volksrecht die Freilassung eines servus, dessen Wergeld dann den halben Wert eines Freien ausmachte. Der einheimische Adel unterschied sich von den Freien (Liberi) durch das dreifache Wergeld. Zu den Adligen (Adalingi) gehörten sicherlich die Großgrundbesitzer, die seit dem 8. Jahrhundert vor allem durch Schenkungen an Klöster und als Anhänger des Christentums quellenmäßig stärker in Erscheinung traten. Eheverbote zwischen Adligen und Freien fehlen, während in Sachsen Heiraten über Standesgrenzen hinaus strafbar waren. Bei den Thüringern gab es zwar das Eheverbot zwischen Freien und Unfreien, nicht aber zwischen Adel und Freien.

Es ist festzustellen, daß die Lex Thuringorum – anders als die Lex Saxonum und die Lex Frisionum – die Todesstrafe nicht kennt, sondern ausschließlich Bußzahlungen. Weitere Besonderheiten zeigt das Thüringer Gesetz im Beweisrecht vor Gericht. Zum Beispiel sollte auch bei Diebstahl und Körperverletzung von der geringsten bis zur höchsten Buße auf das Beweismittel des Zweikampfes zurückgegriffen werden können. Der Zweikampf war neben dem Reinigungseid das jederzeit einsetzbare Beweismittel. Nach der Christianisierung wurde der Zweikampf sogar als Gottesurteil anerkannt. In der Lex Thuringorum ist auch neue karolingische Gesetzgebung zu finden, so daß diese nicht nur die Fixierung von Weistümern als Aufzeichnung alter Rechtsgewohnheiten darstellt.
Vollständig fehlen im Thüringer Volksrecht wie in den anderen in Aachen redigierten Rechtsaufzeichnungen die in einigen Volksrechten gegebenen Vorschriften zur Gerichtsverfassung und zum Gerichtsverfahren. Dagegen enthält die Thüringer – Lex besondere, einzigartige Vorschriften zum Erbrecht und zu Rechtsgeschäften gleichsam des Privatrechts, z.B. den Vorrang der Söhne vor den Töchtern im Erbschaftsfalle, Verfügungen über die Kriegerrüstung und Waffen, die Pflicht zur Blutrache bei gewaltsamem Tod und das fällige Wergeld für den Totschlag, das Grundvermögen (terra, Grund und Boden), die

„Mobiliargüter“ (im wesentlichen Unfreie und Vieh). Der Vorrang der Familie des Mannes bei der Erbfolge soll sich, wie gesagt, über fünf Generationen erstrecken. Erst wenn im weiten Verwandtschaftskreis des Verstorbenen kein männlicher Verwandter zur Zeit des Erbfalls mehr lebt, erbt eine überlebende Tochter den gesamten Nachlaß der verstorbenen Eltern, also das Vermögen des Vaters und der Mutter. Erst dann „gehe das Erbe vom Speer auf die Spindel über“ (Lex Thuringorum, Kapitel 30). Wenn eine Frau verstirbt, soll deren Sohn das gesamte Vermögen erben - mit Ausnahme des Schmuckes und der Kleidung der Mutter, die an die Tochter fallen sollen, u.a. Ketten, Spangen, Ringe.

Die Kapitel 31/32 bestätigen die große Bedeutung der Pferdezucht bei den Thüringern, wie sie schon durch ältere literarische Quellen bezeugt ist: Pferdeherden und Pferdepferche werden erwähnt, Pferdediebstahl wird hart bestraft. Dreifache Buße wurde auch demjenigen auferlegt, der eine Schweineherde stehlen sollte, bestehend aus sechs Mutterschweinen und einem Eber (Kapitel 34). Neben Pferde- und Schweinehaltung als tragenden Wirtschaftszweigen lebten die Thüringer auch von Rindern und Schafen. Ein bezeichnendes Schlaglicht auf die wirtschaftlich-sozialen Verhältnisse wirft Kapitel 33, in dem Bußtarife für den Diebstahl von „Knecht (servus, Unfreier), Ochsen, Kuh, Schaf, Schwein“ – so in dieser Reihenfolge – festgesetzt werden.

Neueste inhaltliche Analysen (wie Peter Landau, 2001) arbeiten – bei nach wie vor offenen Forschungsfragen – heraus, was im Thüringer Volksrecht singulär und spezifisch ist, weisen aber zugleich auf die Berührungspunkte und Gemeinsamkeiten mit anderen germanischen Volksrechten, wie mit der Lex Salica als dem ältesten Gesetz der Franken aus dem 6. Jahrhundert, der Lex Burgundionum, der Lex Baiuvariorum, der Lex Alamannorum oder der Lex Saxonum, hin. So enthält die Lex Thuringorum auch zahlreiche Verbindungen mit der Lex Ribuaria und der Kapitulariengesetzgebung Karls des Großen, so daß sie noch weniger als die ebenfalls mit dem Aachener Reichstag von 802/803 in Zusammenhang stehenden Lex Frisionum, Lex Francorum Chamavorum und Lex Saxonum durch den Begriff der Rechtsweisung oder des Weistums erfaßt werden kann. Es ist, auch aufgrund stilistischer Übereinstimmungen, anzunehmen, daß bei der Gesetzesredaktion der Lex Thuringorum derselbe Expertenstab des Kaisers wie bei den Kapitularien tätig war.

Die Lex Thuringorum ist Teil der karolingischen Gesetzgebung aus den Jahren nach der Kaiserkrönung Karls des Großen 800. Sie ist ein denkwürdiges Zeugnis für Inhalt und Form der Gesetzgebung der Karolingerzeit und ein frühes Dokument für die Besonderheit thüringischer Rechtskultur im Entstehungsprozeß des mittelalterlichen Reiches in Deutschland und Europa. Der heutige Freistaat Thüringen verfügt über ein eigenes rechtsgeschichtliches Erbe, das vor über 1200 Jahren mit der Lex Thuringorum seine erste bedeutende schriftliche Manifestation erhielt. Dies zu bewahren, weiter zu erforschen und darzustellen, ist für die Identität der Thüringer heute von großer Bedeutung.

Die Lex Thuringorum ist Ausdruck der Entwicklung, Identität und Tradition des thüringischen Stammes.
Auch Angeln und Warnen hatten sich in Thüringen angesiedelt; denn das 802/803 aufgezeichnete Recht der Thüringer trägt die Bezeichnung „Lex Angliorum et Werinorum hoc est Thuringorum“. Darin sowie in den Gaunamen Engilin und Werenofeld widerspiegelt sich die ethnische Zusammensetzung des Stammesverbandes der Thüringer – aus einer Verschmelzung der Hermunduren sowie der Angeln und Warnen.
Thüringen behielt zwar, nunmehr schriftlich fixiert und anerkannt, sein eigenes Volksrecht, stand aber unter fränkischer Herrschaft und fränkischem Einfluß, es hatte nach wie vor zum Zeichen seiner Abhängigkeit einen Schweinezins zu zahlen, der erst 1002 aufgehoben wurde. Die Aufzeichnung der Lex Thuringorum wurde im Auftrage Karls des Großen vorgenommen. Sie erfolgte unter fränkischer Einflußnahme und Herrschaft, und sie ist zugleich Ausdruck und Zeugnis für das ungebrochene Fortleben thüringischer Stammestraditionen, die auch weiterhin einen starken historischen Faktor bildeten.

Die Thüringer, insbesondere durch thüringische Adelskreise artikuliert, müssen sich der thüringischen Stammeseigenschaft auch nach dem Erlöschen des ducatus Thuringiae und der festeren Eingliederung in das Frankenreich unter den Karolingern weiterhin bewußt geblieben sein. Dafür spricht vor allem dieses Volksrecht der Thüringer, das Karl der Große zu Beginn des 9. Jahrhunderts rezipieren und in der Form eines Kapitulars als Lex Thuringorum edieren ließ. Dieses Thüringer Volksrecht enthält im Unterschied zur fränkischen Sozialverfassung einige Besonderheiten. Rechtlich behaupteten die Thüringer noch eine gewisse

Eigenständigkeit, wie die Lex Thuringorum beweist. Offenbar anerkannte Karl der Große inzwischen bestimmte historisch bedingte Stammestraditionen, die auch weiterlebten.

Erfurt zu Beginn des 9. Jahrhunderts

Erfurt war zur Zeit der Erwähnung der Königspfalz im Jahre 802 der einzige größere Ort im thüringischen Grenzgebiet des Frankenreiches. Der gewachsenen, zunehmenden Bedeutung Erfurts entsprach es auch, daß Karl der Große – neben Bardowiek, Magdeburg, Hallstadt bei Bamberg und Regensburg – „Erphesfurt" im Diedenhofener Kapitular 805 zu einem der wenigen privilegierten Grenzhandelsplätze bestimmte, an denen die Fernhändler aus dem Westen unter Aufsicht namentlich genannter Königsboten – in Erfurt war es Madalgaudus – mit den Slawen und Awaren Handel treiben durften.[55] Die besondere Betonung, die auf die Kontrollfunktion der Königsboten gelegt wurde, ergab sich nicht zuletzt daraus, daß Waffenlieferungen verboten wurden. Das stand sicher mit fränkischen Expansionsplänen im Zusammenhang; denn in den Jahren 805 (Unterwerfung der Sorben) und 806 wurden größere Feldzüge gegen die Slawen unternommen. So regelte das Diedenhofener Kapitular 805 die Überwachung des Handels mit den Slawen und konzentrierte bzw. beschränkte den Osthandel auf wenige wehrhafte Plätze – nicht zuletzt auf den königlichen Ort (locus regalis 836) Erfurt, den Hauptkreuzungs- und Schnittpunkt der wichtigsten Heer- und Handelsstraßen im thüringischen Raum.

Erfurt war ein Konzentrationspunkt frühgeschichtlicher Siedlungen an alten Straßen und Flußübergängen. Hier kreuzten sich wichtige Fernverbindungen, namentlich die aus dem Süden kommende, in nordwestlicher Richtung weiterführende Völkerstraße, die Böhmische Straße aus dem Südosten mit der West-Ostverbindung, der bereits 768 genannten via regia Lusatiae, der Hohen oder Königsstraße; letztere verband das Rhein-Main-Gebiet mit dem slawischen Siedlungsraum, erreichte Erfurt über den Sattel zwischen Domberg und Petersberg und führte zu den Flußübergängen. Gegen die Annahme, daß die Kreuzung der großen Transitstraße im Bereich des späteren Wenigemarktes gelegen haben könnte, spricht die Tatsache, daß das Gebiet des unteren Schwemmbaches damals noch zu feucht war. Siedlung und Marktverkehr wurden hier erst möglich, als die zahlreichen kleinen Wasserläufe in den Breitstrom und in die wilde Gera geleitet und der künstliche Lauf der Hirschlache angelegt worden waren. Diese Regulierungen sollen durch friesische Einwanderer erfolgt sein, so daß dann im 10., spätestens Anfang des 11. Jahrhunderts das Ostufer der Gera besiedelt werden konnte. Der Domplatz kann wegen der ehemaligen Versumpfung nicht als frühmittelalterlicher Erfurter Handelsplatz angesehen werden; die Teiche in diesem Gebiet wurden erst im 13. Jahrhundert mit großen Mengen von Tierknochen, Hornzapfen von Rindern und Ziegen u.a. aufgefüllt. Eher ist der weiter östlich gelegene Fischmarkt als früher Warenumschlagsplatz in Betracht zu ziehen.

Im 8./9. Jahrhundert wurden die wichtigsten Faktoren wirksam, die die spätere Stadtwerdung verursachten: vor allem die Furt, die Kreuzung der Handelsstraßen, die Errichtung des kirchlichen Mittelpunktes, die Pfalz und die Funktion als politisches Zentrum sowie der Markt und die Ansiedlung von Handwerkern und Kaufleuten.

Der Petersberg wurde zum Standort der Königspfalz. Das Mainzer Erzstift besetzte den späteren Domhügel und errichtete im Laufe der Zeit die beiden Kirchen St. Marien und St. Severi. Wenn man bedenkt, daß Karl der Große 789 die Einrichtung von Schulen an jedem Stift und jedem Kloster verordnete, wird davon ausgegangen werden können, daß die Erfurter und Thüringer Schulen in fränkischer Zeit auf dem Domhügel zu Erfurt ihren Ursprung haben. Das Erfurter Marienstift verfügte über eine Tradition, die in die Zeit des Bonifatius zurückweist; es bestand sicherlich seit der Karolingerzeit.

I.6. Thüringen im Ostfränkischen Reich. Innere Entwicklung und äußere Gefahren in der späten Karolingerzeit

Das alte Königreich der Thüringer, dessen Untergang sich 531 entschied, hatte seine ehemaligen Grenzen im Norden und Osten an der Elbe, im Süden am Main, im Westen an Werra, Fulda und Weser. Die Folgen seiner Zerschlagung durch die Franken waren weitreichend. Im Laufe der nachfolgenden Zeit und Entwicklung wurde ein weitaus kleinerer Raum als Thuringia verstanden und bezeichnet. Als thüringisch zu kennzeichnende Grabfunde in Niederhone und Obersuhl sowie an anderen Orten westlich der Werra – zum Beispiel in Dankmarshausen – aus dem 8. und 9. Jahrhundert weisen darauf hin, daß sich die thüringische Siedlung damals noch weit in das heutige Osthessen hinein erstreckte.

Kulturraum Thüringen im Mittelalter

Erst im Zuge der weiteren Entwicklung beschränkte sich im Mittelalter der Kulturraum Thüringen auf das Gebiet zwischen Thüringer Wald und Harz, Werra und Saale – Elster – Pleiße, das heißt, der historische Begriff Thüringen verengte sich im Norden, Süden und Westen, während er sich ostwärts über die Saale hinaus wieder erweiterte; er wurde im Mittelalter – bei fließenden Übergängen zu den Nachbarregionen – im wesentlichen bezogen auf die entstehende Kulturlandschaft zwischen Nordhausen, Mansfeld, Merseburg, Altenburg, Greiz, Coburg, Meiningen, Eisenach und Heiligenstadt. In diesem geographisch-historischen Rahmen bildete Erfurt – auf Grund seiner hervorragenden Lage und Bedeutung im Inneren des Thüringer Beckens – den Mittelpunkt.
Thüringen erweist sich als uralter Siedlungs- und Lebensraum der Menschen und – in der Mitte Deutschlands und Europas gelegen – als Bindeglied zwischen historischen Wirtschafts- und Lebensräumen. Insbesondere gilt dies für die weiten Offenlandschaften des Thüringer Beckens und seiner Randzonen, die zu den mitteldeutschen Altsiedelräumen gehören.

Markherzogtum Thüringen seit der Mitte des 9. Jahrhunderts

Um das Jahr 720 setzte die Hinwendung der karolingischen Hausmeier und Könige (seit 751) nach Hessen, Thüringen und Sachsen verstärkt ein. Die Herrschaftsbildung seitens der Franken und die damit eng verknüpfte Christianisierung wurden in Thüringen im Laufe des 8. und 9. Jahrhunderts in entscheidender Weise vorangebracht, womit in der fränkischen Zeit die Grundlagen für das mittelalterliche Thüringen geschaffen wurden.

In den Stellinga-Aufstand in Sachsen (841 bis 843) waren in Verbindung mit den Bauern auch Teile des Adels verwickelt. Über mögliche Auswirkungen des Stellinga-Aufstandes auf Thüringen liegen keinerlei Anhaltspunkte vor,[56] obwohl traditionelle Beziehungen zu Sachsen von altersher bestanden. Wie die Abwehrreaktionen der Bewohner des Hassegaus auf die Feldzüge Karlmanns (743, 748) und der Aufstand Hardrads (785/786) in Thüringen u.a. dürfte auch der sogenannte Knechtekrieg 843 im nordthüringischen Gebiet, nämlich im Helmegau, in die Reihe der Widerstände und Erhebungen gegen die Übertragung des Herrschaftssystems fränkischer Prägung auf Thüringen gehören.[57]

Nach dem Tode Kaiser Ludwigs des Frommen im Jahre 840 und mit der Teilung des fränkischen Großreiches im Vertrag von Verdun 843 kamen im wesentlichen dessen ostrheinische Gebiete mit Thüringen und Sachsen als Ostfränkisches Königreich an Ludwig den Deutschen; sie bildeten die territoriale Grundlage für die Herausbildung des deutschen Staates und des deutschen Volkes im Mittelalter.

In der zweiten Hälfte des 9. Jahrhunderts gewann Thüringen, seit der Mitte des 9. Jahrhunderts wieder als Herzogtum organisiert, im Rahmen des Ostfränkischen Königreiches, der Slawen- und Ungarnpolitik insbesondere als Grenzregion und Integrationsfaktor zunehmendes Gewicht. Thüringen mit seinen vorgeschobenen Marken unterstand kontinuierlich bis 908 Markherzögen (dux, marchio), die fast durchgängig landfremden Adelsfamilien entstammten. Das erneuerte Herzogtum Thüringen bedeutete, daß Thüringen in der zweiten Hälfte des 9. Jahrhunderts politisch wieder eine regionale Führungsspitze sowie ein starkes traditionell-stammesmäßig begründetes, entwicklungsgeschichtlich vermehrtes neues Eigengewicht besaß.

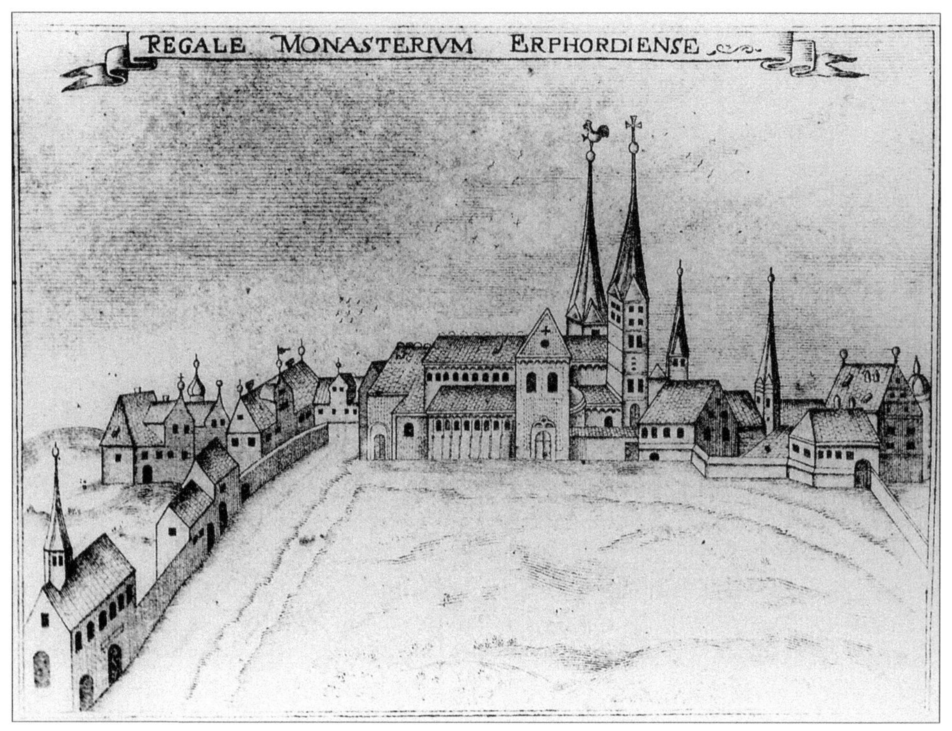

Das Peterskloster zu Erfurt im Mittelalter. Zeichnung im Stadtarchiv Erfurt.

Von Erfurt bis Rohr

Erfurt wird in der Translatio S. Severi aus der zweiten Hälfte des 9. Jahrhunderts wiederum als „locus regalis" bezeichnet. Im Jahre 836 ließ Erzbischof Otgar von Mainz (826 bis 847) die Reliquien des Heiligen (Hl.) Severus aus Ravenna in die Kapelle des St. Paulusklosters, des Severistifts „in alto monte", überführen. Einige Jahre später baten die Nonnen des Paulsklosters auch um die Reliquien der Hl. Vincentia und der Hl. Innocentia, Frau und Tochter des Hl. Severus. Der ostfränkische König Ludwig der Deutsche hielt 852 – nach einem Heereszug gegen die Sorben 851 – in Erfurt einen Hoftag ab; es war eine der ersten Reichsversammlungen auf thüringischem Boden. Dies setzt königliche Pfalzgebäude voraus, deren Anfänge auf dem Erfurter Petersberg zu suchen sind.

Dom zu Erfurt im hohen Mittelalter vor dem 14. Jh. Zeichnung im Stadtarchiv Erfurt.

Die Steinbauweise, zuerst bei Adels- und Kirchenbauten und ihren Befestigungen an den Hauptsitzen fränkischer Herrschaft und Macht, war damals noch eine Seltenheit. Diese auf römischen Vorbildern beruhende Steinbauweise löste die im germanisch-slawischen Siedlungsraum bisher übliche Holzbauweise erst allmählich ab. Mit Sicherheit kann karolingische Baukunst und Steinbauweise für die Kloster- und Pfalzbauten in Erfurt und der Burg Querfurt angenommen werden, ebenso für Rohr bei Meiningen.

In Rohr sind Reste des frühmittelalterlichen Königshofes sowie des Klosterbaus mit Krypta und Teilen des Langhauses seiner Klosterkirche – trotz mehrerer Umbauten – im Kern der spätmittelalterlichen Wehrkirche und der heutigen Dorfkirche noch zu erkennen. Die Kirche, die in Kreuzform errichtet wurde, entstand in den Jahren zwischen 815 und

Karolingische Krypta der Kirche St. Michael in Rohr- ein Mischtyp von Ring- und Hallenkrypta mit vier Stützen und nischenbesetztem Halbrund. Foto: B. Großmann, Hennebergisches Museum Kloster Veßra.

824 als Filiale der Reichsabtei Fulda, und sie diente dem damals gegründeten Benediktinerinnenkloster als Klosterkirche. Die Klosteranlage war mit einem Königshof der karolingischen und später der sächsischen Kaiser verbunden. Die Krypta befindet sich unter dem östlichen Chorraum. Sie war der Standort für die Reliquien, und sie diente in ihrer östlichen Verlängerung als Grabkammer für die Stifter, den Grafen Christian und seine Gemahlin Heilwich. Die Krypta zu Rohr, eine der ältesten Sakralbauten Thüringens, ist ein hervorragendes Zeugnis frühromanischer Steinarchitektur des 9. Jahrhunderts. Sie ist mit vier quadratischen Pfeilern und nischenbesetztem Halbrund im Osten als Mischtyp von Ring- und Hallenkrypta zu bezeichnen und wohl im dritten Viertel des 9. Jahrhunderts unter Graf Christian als Familiengrablege entstanden. Damals traten im Grabfeld-Gau, also im Gebiet zwischen Main und Thüringer Wald, Grafen namens Christian in Erscheinung. Den Christianen folgten wieder Popponen, später die Grafen von Henneberg.

St. Michael in Rohr- zwischen 1569 und 1618 umgestaltetes Langhaus der Kirche eines 824 ersterwähnten fuldischen Nebenklosters. Nach Auflösung desselben Anfang des 10. Jahrhunderts Pfalzkapelle. Foto: B. Großmann, Hennebergisches Museum Kloster Veßra.

Die jetzige Michaeliskirche zu Rohr führt zum Teil die Bausubstanz eines Langhauses weiter, das der Rest einer ehemals kreuzförmigen Anlage mit Ostquerhaus und unmittelbar ansitzender halbkreisförmiger, aber rechteckig ummantelter Apsis ist. Um 840 von König Ludwig dem Deutschen beansprucht und um 865/875 seinem Gefolgsmann, dem Grafen Christian im Grabfeldgau, zu lebenslänglichem Lehen übertragen, fielen Königshof, Kloster und Kirche nach Christians Tod wieder dem Köngisgut zu. 984 fand in Rohr ein wichtiger Hof- bzw. Reichstag statt. Die Rohrer Michaeliskirche ist ein architekturgeschichtliches Baudenkmal von hohem Rang.

Reiterstein von Hornhausen. Landesamt für Archäologie-Landesmuseum für Vorgeschichte Sachsen-Anhalt Halle.

Thüringer – Franken – Slawen

Ein Beispiel besonderer Art von Steinskulpturen ist mit dem Reiterstein von Hornhausen bei Oschersleben aus dem 8. Jahrhundert erhalten. Es stellt einen fränkischen Krieger mit der typischen Bewaffnung dieser Zeit, also mit Speer, Spatha und Rundschild, dar.

Grabungsfunde fränkischer Herkunft weisen auf Handelsbeziehungen zu den weiter fortgeschrittenen westlichen Reichsteilen hin, die sich auf Pfalzen und Königshöfe, Burgen und Klöster richteten. Es verbreiteten sich fränkische doppelkonische Gefäße bis in das Gebiet nördlich der Unstrut, der meist aus den Mittelrhein- und Maingebieten stammende Metallschmuck, fränkische Waffen sowie rheinische Gürtelgarnituren. Grabungsfunde in der vorderen Rhön, im Raum Erfurt und in Mühlhausen zeigen eine Reihe solcher Gegenstände. Gold- und Silbermünzen (Denare) fränkischer Prägung wurden zum Beispiel auf der Hasenburg und der Sachsenburg gefunden. Eigene thüringische Münzprägungen erfolgten im 8./9. Jahrhundert noch nicht.

Thüringen spielte in der Beziehungsgeschichte zwischen Germanen und Slawen eine besondere Rolle. Es stellt ein ethnisch-kulturelles Mischgebiet wechselseitiger Durchdringung beider Ethnica dar.

Im Prozeß ethnischer Assimilation bis ins hohe Mittelalter behielten die Slawen noch längere Zeit ihre kulturellen Eigenheiten. Mit dem Ackerbau als ökonomischer Grundlage betrieben die Slawen Viehwirtschaft, die stark auf Schweinehaltung orientiert war; auch Rinder, Schafe und Ziegen zählten zu den gehaltenen Haustieren. Jagd und Fischfang spielten eine untergeordnete Rolle, wogegen verschiedentlich auf Bienenzucht hingewiesen wird. Während im Saalebereich und östlich davon reges oder duces und primores an der Spitze der einzelnen Stammesgruppen überliefert sind, konnten diese Vertreter einer sozialen Ober- und Führungsschicht westlich der Saale, im Gebiet der Eingliederung der Slawen in die dortigen Grundherrschaften, nicht nachgewiesen werden. Hingegen erfolgte aber die Ausbildung eines slawischen Kleinadels auch in westsaalischen Siedlungsgebieten. Eine beträchtliche Rolle spielten die oft genannten Ältesten. Bei einigen slawischen Siedlungsgruppen scheint es bereits recht früh zur Ausbildung einer sozial besseren Stellung gekommen zu sein, wie zum Beispiel die im Gräberfeld von Espenfeld bei Arnstadt aufgedeckten Grabbeigaben für im Handel tätige Slawen beweisen.

In fränkischer Zeit erfolgte eine dichtere Besiedlung.
Die Besiedlungsgeschichte des kevernburgischen Gebietes im frühen Mittelalter beispielsweise läßt sich auf Grund der Ortsnamen, wenn auch nur annähernd, rekonstruieren. Den ältesten Niederlassungen (auf –a, -aha und –mar lautende Ortsnamen wie Wechmar, Remda, Wipfra) folgte eine starke Siedlungswelle in der Völkerwanderungszeit durch germanische Gruppen der Hermunduren, Warnen und Angeln. Ein breiter Streifen der bis zur Mitte des 6. Jahrhunderts entstandenen –stedt- und –leben-Dörfer erstreckt sich im Vorland des Thüringer Waldes vom Mittellauf der Ilm bis zum Unterlauf von Apfelstädt und Gera und überzieht netzartig das alte, von zahlreichen wasserreichen Nebenläufen und Niederungen durchzogene Gebiet: Angstedt, Günthersleben, Wandersleben, Dienstedt, Hettstedt, Stedten, Bittstädt, Rehestädt, Apfelstädt, Ingersleben, Eischleben, Werningsleben, Elxleben, Gügleben, Elleben, Ettischleben, Rudisleben, Bösleben, Wüllersleben, Witzleben, Ettichleben. Bei den auf diese älteren Siedlungen folgenden Gründungen aus der Zeit des Thüringerreiches ist bereits ein Vordringen in Richtung des Gebirges und die Kolonisation weniger ertragreicher Böden auf Hochflächen, an Hanglagen und auf Rodungen erkennbar. Zu dieser Gruppe thüringischer, auf –bach, -born, -dorf, -feld, -berg, -ingen und –ungen endenden Orte zählen im kevernburgischen Gebiet Ohrdruf, Wölfis, Mühlberg, Dietendorf, Molsdorf, Dosdorf, Siegelbach, Breitenbach, Schmerfeld, Cottendorf, Dörnfeld, Espenfeld, Gösselborn, Reinsfeld, Barchfeld und Liebringen. Die thüringischen Gründungen verdichteten zum Teil das Netz der –leben- und –stedt-Dörfer, bildeten jedoch hauptsächlich einen schmalen Siedlungsgürtel von Nordwest nach Südost am Rande des noch geschlossenen Gebirgsurwaldes. Nach dem Untergang des Thüringerreiches setzte die fränkische Landnahme ein, die im 7. bis 9. Jahrhundert, mit einem Bevölkerungswachstum und der Einführung der Dreifelderwirtschaft einhergehend, die Erschließung neuer Kulturflächen ermöglichte. Die fränkischen –hausen- und –heim-Dörfer sind somit ebenfalls stark vertreten: Griesheim, Dornheim, Riechheim, Kirchheim, Kornhochheim, Dannheim, Haarhausen, Holzhausen, Rockhausen, Ichtershausen, Osthausen, Wölfershausen, Marlishausen, Hausen, Görbitzhausen. Sie gruppieren sich in auffälliger Weise zwischen Gera und Ilm in Nord-Süd-Ausrichtung. Zugleich erfolgte in fränkischer Zeit eine starke slawische Besiedlung über das Rinnetal aus dem Raum Rudolstadt-Saalfeld, die anhand entsprechender Ortsnamen nachzuweisen ist, wie Köditz, Pennewitz, Pörlitz,

Nahwinden, Kleinliebringen, Gölitz, Leutnitz u.a. Für ein starkes slawisches Bevölkerungselement spricht auch der Name des Längwitzgaus, in dem die Kevernburger das Grafenamt innehatten (Lancwitzi, Lengvicz, Lancwizi, Langewize).[58] Der Name Längwitz, eine Ableitung und Umformung des slawischen „lo(n)ka" bzw. „lo(n)kawica" in der Bedeutung „Bucht, Wiese, Aue", kennzeichnete die sumpfigen, wasserreichen Niederungen und Flußauen der Ilm, an deren Oberlauf das Dorf Langewiesen liegt und die durch einen Quellbach, die Längwitz, gespeist wird.
In der inneren Keupermulde Thüringens ist die älteste Siedlungswelle in fränkischer und vorfränkischer Zeit durch Ortsnamen mit den Endungen –ingen und –leben zu erfassen. Bis 800/825 sind 12 –hausen-Ortsnamen und 20 –dorf-Ortsnamen nachzuweisen, die zum großen Teil mit den Namen der Grundherren bzw. Ortsgründer überliefert sind, und auch die –feld-Orts- und Landschaftsnamen traten seitdem vermehrt hervor. Bis um 900 sind für Thüringen – den Siedlungsaufschwung anzeigend – etwa 60 –hausen-Ortsnamen und 100 –dorf-Ortsnamen überliefert, während bis 900 etwa 20 –feld-Ortsnamen und ebenfalls etwa 20 rode-Siedlungsnamen zu ermitteln sind. Als Häufungsgebiete der –feld-Ortsnamen erweisen sich: der südwestlichste Teil der Ilm-Saale-Platte zwischen Weimar, Rudolstadt und Stadtilm, das obere Werragebiet zwischen Meiningen und Eisfeld, der südöstlichste Unterharz mit seinem östlichen Randgebiet. In Gebieten, in denen im 8./9. Jahrhundert noch keine –rode-Ortsnamen auftraten, hatte –feld zweifelsohne den Nebensinn der Rodung, das heißt, der Schaffung von waldfreier Ackerfläche. Weimar wurde nicht, wie bisher angenommen, 975 erstmalig erwähnt, sonderen 899 in einer Urkunde Kaiser Arnulfs als Ort „Vvigmara".[59]

Bauern und Mönche, Adel und Königtum brachten im Laufe des 9. Jahrhunderts das Siedlungsgeschehen in Thüringen weiter voran. Sie begannen nun auch, in bis dahin kaum erschlossene Wälder und Bergregionen der Mittelgebirge vorzudringen; dabei spielte die Absicht der Bauern keine geringe Rolle, den Zwängen der grundherrschaftlichen Abhängigkeit zu entgehen. Die vorherrschende Siedlungsform war noch immer der Weiler, eine Gruppe von drei bis fünf Höfen, die sich allmählich zum Kleindorf vergrößerte. Es begann der Übergang zum Angerdorf, bei dem an einem günstigen Platz möglichst mit Teich die Kirche und die Dorfschmiede entstanden. In den Rodungsgebieten der

Mittelgebirge bildeten sich Waldhufendörfer, in denen die Ackerstücke jedes Bauern direkt hinter dem Gehöft lagen. In Thüringen machte sich in dieser Zeit der fränkische Einfluß in der Bauweise der Gehöfte immer stärker bemerkbar. Das fränkische Gehöft bestand aus getrennten Wohn- und Wirtschaftsgebäuden, die den geschlossenen Hofraum von allen Seiten umstanden. Da es zur Vorratswirtschaft nicht reichte, waren Hungersnöte keine Seltenheit, so u.a. 850, 868, 873/874 in Thüringen und den benachbarten Gebieten.
Im Eichsfeld waren die Erzbischöfe von Mainz seit der Karolingerzeit reich begütert, besonders an seinem Haupt- und Pfalzort Heiligenstadt. Vor allem Erzbischof Hrabanus Maurus (847 bis 856) förderte diesen Ort durch die Errichtung eines erzbischöflichen Eigenstiftes, und er bestimmte Heiligenstadt, das damals diesen Namen annahm, zum künftigen mainzischen Mittelpunkt im Eichsfeld. Der Stiftsberg trug ver-

Heiligenstadt, Eichsfeldkreis. Stiftsberg - Blick auf die Ausgrabungsfläche - Aufenthaltsort ottonischer Kaiser. Ausgräber W. Timpel, Weimar. Thüringisches Landesamt für Archäologische Denkmalpflege mit Museum für Ur- und Frühgeschichte Thüringens, Weimar.

mutlich seit dem 9. Jahrhundert einen Herrensitz mit Hof, der sowohl von den Königen als auch von den Mainzer Erzbischöfen aufgesucht wurde. Das Heiligenstädter Stift ist wohl mit anderen Kanonikerstiften zu vergleichen, die an Bischofssitzen oder Königspfalzen bestanden und mit der Hofkapelle des Königs in Verbindung standen. Möglicherweise handelte es sich in Heiligenstadt um ein Stift, das sich usprünglich an der Pfalzkirche entwickelte. Am „Knickhagen" entstand eine Ansiedlung, die Reliquien aus Rom und Mainz sowie den Namen Heiligenstadt erhielt. Dies wird in einem Gedicht des Erzbischofs Hrabanus Maurus und in Berichten an den Papst über die feierlichen Prozessionen mit den Reliquienschreinen überliefert. Das dortige Martinsstift erlangte für das Eichsfeld große kirchenpolitische Bedeutung. Erzbischof Adalbert I. von Mainz bestimmte um 1135 „den Ort der heiligen Männer, der in der Volkssprache Heiligenstadt heißt", zum Sitz eines Archidiakonats. Das gesamte erzbischöflich-mainzische Eichsfeld war im hohen Mittelalter durch mehrere Burgen und die Vogtei der Grafen von Gleichen geschützt. Im 8. Jahrhundert soll der Missionsbischof Bonifatius auf dem Hülfensberg die Donareiche gefällt haben.

An der Ostgrenze des Reiches hatte Ludwig der Deutsche infolge eines Heereszuges 851 die Sorben erneut unter ostfränkische Tributpflicht gezwungen. In den folgenden Jahrzehnten kam es noch mehrfach zu Zusammenstößen, an denen der thüringische Adel beteiligt war. Die Verfügungsgewalt über die Sorbische Mark an der Saale besaß als Markgraf der Inhaber der Herzogswürde. In den Annales Fuldenses wird für die Jahre 849, 858, 873 und 880 der Limes Sorabicus erwähnt. Über dessen Gestaltung ist bisher nichts bekannt, über seinen Verlauf können nur Vermutungen angestellt werden; die Deutung als befestigte fränkische Grenze gegenüber den Slawen (Sorben) wird aber wohl zutreffend sein. Fraglich bleibt, ob er mit den Orten in Verbindung zu bringen ist, die im Diedenhofener Kapitular von 805 als Grenz- und Handelsplätze gegenüber den Slawen und Awaren genannt werden. Denkbar wäre eher, daß der Limes Sorabicus speziell mit dem Gebiet der Sorben sowie der Sorbenmark an der Saale in Beziehung zu setzen ist. Dort könnte in der Karolingerzeit ein mehr oder weniger stark befestigter Grenzstreifen mit Markaufgaben – vergleichbar dem Limes Saxoniae – geschaffen worden sein: mit mehreren Kastellen wie Merseburg und insbesondere Saalfeld als bedeutendsten Stützpunkten. Der Königshof Saalfeld (curtis Salauelda) wurde im Jahre 899 als wirtschaftlicher und

militärischer Stützpunkt der spätkarolingischen Sorbenmark erstmals erwähnt.
872 nahmen Thüringer und Sachsen an einem Zug des Königs nach Mähren teil.

Die Anlage des Limes Saxoniae hatte Ludwig der Fromme nach 818 vorgenommen. Dabei handelte es sich um einen schwer durchdringbaren, waldartigen Grenzstreifen unter Nutzung von Hecken, Dorngebüsch und Höhenzügen an der unteren Elbe, der in das Frankenreich einbezogene sächsische Gebiete und slawisches Siedlungsgebiet von einander trennte.

Im Zusammenhang mit der Bildung des Ostfränkischen Königreiches im Vertrag von Verdun (843), den inneren Machtkämpfen und Angriffen von außen wurden um die Mitte des 9. Jahrhunderts erneut Herzöge und Markgrafen in Thüringen seitens der ostfränkischen Könige eingesetzt.[60] Damals wurzelte die Stellung der Markherzöge zeitweilig stark in ihren militärischen Befugnissen über die Sorbenmark an der Ostgrenze.

Thakolf – Radolf – Poppo

Seit 849 wird Thakolf oder Thakulf als Markherzog an der Saale und auch als Herzog der Thüringer genannt. Dieser führte 858 ein Heeresaufgebot im Auftrage König Ludwigs des Deutschen gegen die Sorben.[61] Im benachbarten Sachsen erlangte das mächtige Adelsgeschlecht der Liudolfinger die Herzogswürde. In den Jahren 848 und 874 galt es, einfallende Slawen abzuwehren und gegen die 850 und 876 Thüringen heimsuchenden Normannen zu kämpfen.
Umso größere Bedeutung erlangten die als Reichsburgen im Hersfelder Zehntverzeichnis zwischen 880 und 899 genannten 18 Befestigungsanlagen an Saale, Unstrut und Helme. Da es sich um zehntpflichtige Burgbezirke handelte, verfügten sie über eine ständige Besatzung.[62]
Urkundlich 909 genannt, wird für die Reichsburg Volkenroda bei Mühlhausen/Schlotheim eine frühere Bauzeit anzunehmen und ihre Entstehung und Geschichte in die Verteidigungs- und Angriffsmaßnahmen der Karolingerkönige und des Frankenreiches einzuordnen sein. Die Burg bot eine gute, weite Sicht auf die Heer- und Handelsstraßen im Nottertal, die sich in der Gemeinde Körner kreuzten, sowie auf die angrenzenden Höhen des Hainich, des Mühlhäuser Beckens und der Heilinger

Höhen. Sie war im Osten durch eine versumpfte Talsenke, im Süden durch doppelte Wallgräben, im Westen ebenfalls durch einen Wallgraben und im Norden durch Wald, Holzbauten und Wassergraben geschützt.
In der zweiten Hälfte des 9. Jahrhunderts und zu Beginn des 10. Jahrhunderts setzten blutige Machtkämpfe der hohen Adelsaristokratie und großen Grafenfamilien im Ostfränkischen Reich ein. Die schwächer werdende Gestaltungskraft der letzten Karolingerkönige leistete dieser Entwicklung Vorschub.
Der mainfränkische Graf Heinrich aus dem Geschlecht der Popponen-Babenberger hatte sich zu einer der führenden Persönlichkeiten im Ostfränkischen Reich aufgeschwungen. Die Heirat seiner Tochter Hadwig mit Herzog Otto von Sachsen, dem mächtigsten Herrscher im nördlichen Teil des Ostfränkischen Reiches, schuf eine verbindende, konfliktgeladene Klammer zwischen Mainfranken und Sachsen. Der Einfluß der sächsischen Liudolfinger reichte bis nach Franken. In Franken und Hessen trugen im Konflikt der Babenberger-Fehde Konradiner und Babenberger ihre Gegensätze aus. Graf des Grabfeldgaus war Poppo I. von 819 bis 842. Dabei ist auf das österreichische Markgrafengeschlecht Bezug zu nehmen. Dessen Bezeichnung als Babenberger findet sich bei Otto von Freising, dem Sohn Markgraf Liutpolds III., also selbst eines Babenbergers, und zwar als Angehörige jenes fränkischen Hochadelsgeschlechts, das nach seinem Hauptsitz auf dem Domberg zu Bamberg als die „alten Babenberger“ bezeichnet wird. Sie wurden in einer „Abzweigung“ nach ihrem Stammvater Poppo mitunter auch Popponen genannt: jedoch führte diesen Leitnamen schließlich allein der jüngere Zweig des Geschlechts, von dem angenommen wurde, daß von diesem später die Grafen von Henneberg abstammten, was allerdings in der neueren Forschung bestritten wird.[63] Aber der Hauptrivale erwuchs den Konradinern in der Francia orientalis in den Liudolfingern, den Sachsenherzögen Otto und Heinrich (später König Heinrich I.).
Thakolf starb 873, und seit 874 wird ein thüringischer Herzog namens Radulf bzw. Radolf genannt. Thüringen geriet in den Macht- und Einflußbereich der sächsischen Liudolfinger und der in Franken erstarkenden Popponen-Babenberger. Seit der Mitte des 9. Jahrhunderts verfügten die Liudolfinger in Thüringen, vornehmlich in Nordthüringen, über umfangreichen Grundbesitz und Grafschaftsrechte. In Südthüringen waren die Popponen-Babenberger reich begütert. Während in Thüringen Herzöge aus ostfränkischen Familien, wie Thakolf (849 bis 873),

Radolf (874 bis 876) und Poppo II. von Babenberg (877 bis 892), die Verbindung mit Franken festigten, erlangte in Sachsen das Geschlecht der Liudolfinger die Herzogswürde, baute sie aus und versuchte gleichzeitig, auch Thüringen mit einzubeziehen. Dazu bedienten sie sich der Usurpation von in Sachsen angesiedeltem Reichsgut, der Unterwerfung freier Bauern und der Erbschaft von Grundeigentum durch die Verschwägerung mit anderen sächsischen Grafenfamilien. Über bereits im thüringischen Gebiet liegende Hausgüter brachten die Liudolfinger ihre Expansion dorthin voran.
Graf Poppo II., Sohn Poppos I., verdrängte in Thüringen Herzog Radulf und wurde seit 877 Herzog der Thüringer genannt.[64] Seine Verwandten Heinrich und Poppo III. waren Gaugrafen im Grabfeld. Die Fuldaer Annalen bezeichnen zum Jahre 880 den Markgrafen Poppo II. als „comes et dux Sorabici limitis". Die Sorbenmark war das östliche Vorfeld Thüringens. 892 wird Poppo in den Fuldaer Annalen „dux Thuringorum" genannt. Seine diesbezügliche Hauptaufgabe war die Sicherung der Südostgrenze mit dem Recht, das Heeresaufgebot anzuführen. Poppo von Thüringen wurde 892 als Markgraf und Herzog von Thüringen abgesetzt. Damit entmachtete König Arnulf (Kaiser seit 896) einen der mächstigsten Männer des Ostfränkischen Reiches. Der als Nachfolger vorgesehene Konrad der Ältere konnte sich in Poppos Herrschaftsgebiet nicht behaupten, so daß Burchard an Poppos II. Stelle trat. Der thüringisch-fränkische Große Burchard war mit den Konradinern verschwägert. Poppo II. erhielt erst nach dem Tode Arnulfs 899 seine Besitzungen zurück. Der Konradiner Konrad war ein Bruder des Bischofs Rudolf von Würzburg.

Burchard – der letzte Thüringer Herzog

Burchard entstammte einem fränkischen Adelsgeschlecht aus dem Grabfeldgau; er wird in einer königlichen Urkunde aus dem Jahre 902 als Graf der Sorbenmark, Markgraf und Herzog von Thüringen genannt.[65] Mit Burchard verblieb die thüringische Herzogswürde vorerst in den Händen eines Bundesgenossen der Konradiner.
Das Bündnis der sächsischen Herzöge mit den Babenbergern erreichte in den letzten Jahrzehnten des 9. Jahrhunderts seinen Höhepunkt. Diese Koalition kontrollierte das Gebiet von Ostfalen und Harz bis zum Main.

Jedoch büßte die Koalition einen Teil ihres Einflusses ein, als die Babenberger 906 in einer der damals größten Adelsfehden gegen die rheinfränkischen Konradiner wichtige Besitzungen und Ämter verloren. Auch wenn der Sieger Konrad, der nach Poppos Absetzung eine Zeitlang Herzog in Thüringen war, 911 zum König des ostfränkischen Reiches gekrönt wurde, konnten die Liudolfinger dennoch ihre Stellung in Sachsen und Thüringen weiter festigen.
Während anhaltender Machtkämpfe und erbitterter Auseinandersetzungen innerhalb des Hochadels erfolgte im Jahre 906 ein Einfall der Ungarn in Sachsen und Thüringen. Das ostfränkische Königtum war bereits so geschwächt, daß es keine wirksame Gegenwehr organisieren konnte. Indessen erreichte in den Jahrzehnten um 900 das Herzogtum der sächsischen Liudolfinger eine bedeutende Stärkung. 901 gewann der Sachsenherzog Otto der Erlauchte als Laienabt von Hersfeld Verfügungsrechte über die reichen Klostergüter auch südlich des Harzes. Die Besitzungen im Merseburger Gebiet, die sein Sohn Heinrich – der spätere König Heinrich I. – erwarb, schufen einen Zugang für das Vordringen über die Saale hinweg in slawisches Gebiet und schob die liudolfingischen Positionen weiter nach Süden und Osten vor; sie gehen zurück auf Heinrichs erste Ehe mit Hatheburg, der Tochter des Markgrafen Erwin von Merseburg, die 909 annulliert wurde. Als der thüringische Herzog Burchard 908 im Kampf gegen die erneut eindringenden Ungarn gefallen war, dehnten die Liudolfinger ihre Macht auch auf Gebiete Thüringens aus, die bisher von den Konradinern und deren Verbündeten kontrolliert worden waren.
Burchard von Thüringen verlor – ebenso wie der Konradiner Rudolf, Bischof von Würzburg – im Jahre 908 während eines Feldzugs gegen die Ungarn sein Leben. Er wurde in einer Königsurkunde dieses Jahres „egregius dux“ (ruhmvoller Herzog) genannt. Burchard war der letzte thüringische Herzog. Nach seinem Tode wurde die thüringische Herzogswürde aufgehoben.
Somit ergab sich zu Beginn des 10. Jahrhunderts ein sächsisch-thüringischer Herrschaftskomplex der Liudolfinger, dessen thüringische Zentren im Eichsfeld und im Südharzgebiet lagen und sich auch auf die wichtigsten thüringischen Besitzungen des Klosters Hersfeld erstreckten. Mit den im Hersfelder Zehntverzeichnis genannten Burgen im Saale-Unstrut-Helme-Gebiet bestand eine direkte Verbindung zu den Merseburger Besitzungen dieses Geschlechts. Die fränkischen Konradiner machten den sächsischen Liudolfingern deren Stellung als Hersfelder

Laienäbte nicht zuletzt deshalb streitig, weil diese aus den reichen Einkünften der Abtei großen Nutzen zogen. Unter ihrem Einfluß verfügte König Ludwig das Kind (900 bis 911), der letzte Karolinger auf dem ostfränkischen Königsthron, am 5. Oktober 908 für das Kloster Hersfeld das Recht der freien Abtwahl und ein Verbot der Besitzschmälerung,[66] was 913 – nach dem Tode des Sachsenherzogs Otto – in einer Urkunde König Konrads I., Herzog von Franken, bekräftigt wurde.[67] Am zunehmend bestimmenden Einfluß des sächsischen Herzogsgeschlechts der Liudolfinger auch in Thüringen änderte sich auch dadurch nichts, daß Konrad von Franken von 911 bis 918 das Ostfränkische Reich als König regierte. 912 wurden die Söhne Herzog Burchards, Burchard und Bardo, politisch entmachtet. Die Liudolfinger vertrieben Burchards Nachkommen und nahmen Thüringen unter ihre Herrschaft, womit Thüringens eigenständige politische Entwicklung vorerst wiederum abgebrochen wurde. Trotz der Ausschaltung der Babenberger und der Unterstützung durch den Episkopat konnte Konrad seine königliche Stellung nicht stabilisieren. Er zeigte sich außerstande, die ab 906 in Thüringen und in das Reich einfallenden Ungarn abzuwehren. Alle Versuche der Konradiner, nach dem Tode des Sachsenherzogs Otto des Erlauchten 912 die alten Herrschaftsverhältnisse wiederherzustellen, mißlangen. Nach Widukind von Corvey „war bei Otto immer und überall die höchste Macht"[68] gewesen, und Bischof Liudprand von Cremona nannte dessen Sohn Heinrich nach 912 Saxonum et Thuringorum praepotens dux, Herzog der Sachsen und Thüringer.[69] Der Versuch der Franken, unter Herzog Eberhard, dem Bruder Konrads, 916 den Sachsen militärisch entgegenzuwirken, endete mit ihrer Niederlage an der Diemel, einem linksseitigen Nebenfluß der Weser nördlich von Kassel und Fritzlar. Heinrich aus dem Geschlecht der sächsischen Liudolfinger erwies sich als der mächtigste Herzog im ostfränkischen Königreich. Er erlangte die Oberhand und konnte seine Macht auch auf Thüringen ausdehnen. Das thüringische Herzogtum wurde beseitigt bzw. mit dem Herzogtum Sachsen verbunden. König Konrad I. mußte darauf verzichten, weitere Auseinandersetzungen gegen die Liudolfinger zu führen, und er erkannte deren bestimmenden Einfluß im sächsisch-thüringischen Raum schließlich an. Beinahe ungehindert hatten die Ungarn weite Teile des Ostfränkischen Reiches verwüsten können. Die Raubzüge der Jahre 912, 915 und 917 trafen Sachsen und Thüringen besonders hart.

Anmerkungen zu Kapitel I

1 Otto Dobenecker (Hg.), Regesta diplomatica necnon epistolaria historiae Thuringiae, Jena (Bd. 1, 1896; Bd. 2, 1900¸Bd. 3, 1925; Bd. 4, 1939), Bd. 1, Nr. 2. – Weiter vgl. Günter Behm-Blancke, Gesellschaft und Kunst der Germanen. Die Thüringer und ihre Welt, Dresden 1973; Karl Peschel, Thüringen in ur- und frühgeschichtlicher Zeit, Wilkau-Haßlau 1994; Sigrid Dušek (Hg.), Ur- und Frühgeschichte Thüringens, Stuttgart 1999; Jürgen John, Reinhard Jonscher u. Axel Stelzner, Geschichte in Daten, München – Berlin 1995; Matthias Werner (u. H. Ament), Thüringen, Thüringer, in: Lexikon des Mittelalters, Bd. 8, München 1996, S. 748-756; Riccardo Weigelt, Um 400/401. Ersterwähnung der Thüringer, in: Mitteldeutsches Jahrbuch für Kultur und Geschichte, Bd. 8, 2001, S. 173-174; Heike Grahn-Hoek, Gab es vor 531 ein linksrheinisches Thüringerreich?, in: Zeitschrift des Vereins für Thüringische Geschichte, Bd. 55, 2001, S. 15-55.

2 Karl Peschel, Thüringen in ur- und frühgeschichtlicher Zeit, S. 82.

3 Zur unterschiedlichen Beurteilung dieser Frage vgl. Hans Steidle, Die Entstehung der frühmittelalterlichen Gesellschaft in Ostfranken. Ein Beitrag zur frühmittelalterlichen Gesellschaftsgeschichte und Feudalismusforschung = Mainfränkische Studien, Bd. 46, Würzburg 1989, S. 59.

4 „Der ducatus Thoringiae" wird von Reiner Butzen eingehend behandelt in seinem Buch über Die Merowinger östlich des mittleren Rheins = Mainfränkische Studien, Bd. 38, Würzburg 1987, S. 139-170.

5 Der Sieg Radulfs über Sigibert fiel nach Schlesinger (Hans Patze u. Walter Schlesinger, Hg., Geschichte Thüringens, Bd. 1 = Mitteldeutsche Forschungen, Bd. 48/I, Köln-Graz 1968, S. 337) ins Jahr 639, während Alfred Friese (Studien zur Herrschaftsgeschichte des fränkischen Adels. Der mainländisch-thüringische Raum vom 7. bis 11. Jahrhundert, Stuttgart 1979, S. 23-25) das Jahr 641 angibt.

6 Ludwig Wamser, Eine thüringisch-fränkische Adels- und Gefolgschaftsgrablege des 6./7. Jahrhunderts bei Zeuzleben, in: Mainfränkisches Jahrbuch für Geschichte und Kunst, Bd. 36, 1984, S. 15. – Weiter vgl. Werner Mägdefrau, Rainer Lämmerhirt, Dana Lämmerhirt, Thüringer Burgen und Wehranlagen im Mittelalter, Bad Langensalza 2001.

7 A. Bigelmair, Die Passio des heiligen Kilian und seiner Gefährten, in: Herbipolis jubilans. 1200 Jahre Bistum Würzburg. Festschrift 1952 zur Säkularfeier der Erhebung der Kiliansreliquien, S. 1 ff. – Weiter vgl. Ulrich Wagner (Hg.), Geschichte der Stadt Würzburg, Bd. 1: Von den Anfängen bis zum Ausbruch des Bauernkrieges, Stuttgart 2001.

8 Vgl. Urkundenbuch (UB) der Stadt Arnstadt. 704 bis 1495, h. von C.A.H. Burkhardt, Jena 1883, Nr. 1.

9 Vgl. Otto Dobenecker (Hg.), Regesta ... Thuringiae, Bd. 1, Nr. 5.

10 Zum Folgenden vgl. Fritz Wiegand, Erfurt. Eine Monografie, Rudolstadt 1964, S. 15; Matthias Werner, Die Gründungstradition des Erfurter Petersklosters, Sigmaringen 1973; Franz Staab, Noch einmal zur Gründungstradition des Erfurter Petersklosters. Mit zwei Exkursen über den Neuanfang im 11. Jahrhundert, in: Mitteilungen des Vereins für die Geschichte und Altertumskunde von Erfurt, Neue Folge, H. 1, 1993, S. 19-54.

11 Reiner Butzen, Die Merowinger östlich des mittleren Rheins, S. 103.

12 Noch 1152 bestätigte Kaiser Friedrich I. dem Kloster Reims Besitzungen in Thüringen. Vgl. Otto Dobenecker (Hg.), Regesta ... Thuringiae, Bd. 1, Nr. 260, 262.

13 Ebenda, Nr. 13.

14 Ebenda, Nr. 10.

15 Johannes Bühring, Die Geschichte der Stadt Arnstadt 704-1904, Arnstadt 1904, S. 17.

16 Otto Dobenecker (Hg.), Regesta ... Thuringiae, Bd. 1, Nr. 7.

17 Ebenda, Nr. 10.

18 Johannes Kadenbach, Zur schriftlichen Ersterwähnung Erfurts im Jahre 742, in: Aus der Vergangenheit der Stadt Erfurt. Neue Folge, H. 7, 1989, S. 25. – Zum Folgenden vgl. Die Briefe des heiligen Bonifatius und Lullus, hg. von Michael Tangl, Berlin 1916, Nr. 50; Michael Gockel, Erfurts zentralörtliche Funktionen im frühen und hohen Mittelalter, in: Ulman Weiß (Hg.), Erfurt. Geschichte und Gegenwart, Weimar 1995, S. 82 ff.

19 Hans Patze (Hg.), in Verbindung mit Peter Aufgebauer, Thüringen = Handbuch der historischen Stätten Deutschlands, Bd. 9, 2. Aufl., Stuttgart 1989, 102.

20 R. Rau, Briefe des Bonifatius, in: Ausgewählte Quellen zur deutschen Geschichte des Mittelalters. Freiherr vom Stein-Gedächtnisausgabe, Bd. IV b, 1968, S. 140 ff.

21 Ebenda, S. 148 ff.

22 Michael Gockel (Bearb.), Die deutschen Königspfalzen, Bd. 2: Thüringen, Göttingen 1984 ff., S. 289, 293, 314. – Zu Forschungsfragen vgl. weiter: Mühlhäuser Beiträge zur Geschichte, Kulturgeschichte, Natur und Umwelt, H. 4, 1984 (Rolf Aulepp, Altmühlhausen und die Vorstadt St. Georgi, S. 59-69); H. 9 (Derselbe, Die frühe Besiedlung der Neustadt von Mühlhausen, S. 12-23; H. 11 (Michael Gockel, Mühlhausen oder Mölsen? Zur Identifizierung des 775 genannten fränkischen Königshofs „Molinhuso", S. 26-32).

23 Zur wissenschaftlichen Diskussion über die Struktur der fränkischen Gesellschaft, den Ursprung der „Königsfreien" und freien Bauern der Karolingerzeit vgl. z.B. Karl Bosl, Frühformen der Gesellschaft im mittelalterlichen Europa, München – Wien 1964, S. 180-203; Eckhard Müller-Mertens, Karl der Große, Ludwig der Fromme und die Freien, Berlin 1963 = Forschungen zur mittelalterlichen Geschichte, hg. von H. Sproemberg u.a., Bd. 10, S. 60 ff.; Walter Schlesinger, Die Entstehung der Landesherrschaft, 2. Aufl., Darmstadt 1973, S. 79 ff.

24 So erstmals K. Rübel, Die Franken, 1904.

25 Fred Schwind, Thüringen und Hessen im Mittelalter. Gemeinsamkeiten – Divergenzen, in: Michael Gockel (Hg.), Aspekte thüringisch-hessischer Geschichte, Marburg/Lahn 1992, S. 6.

26 Über das karolingische Inventar Fuldas und den Großgrundbesitz Fuldas vgl. Hans Steidle, Die Entstehung der frühmittelalterlichen Gesellschaft in Ostfranken, S. 270 ff. Weiter vgl. Hans Patze, Die Entstehung der Landesherrschaft in Thüringen, I. Teil = Mitteldeutsche Forschungen, Bd. 22, Köln – Graz 1962, S. 569-581: Exkurs über den Besitz des Klosters Fulda in Thüringen bis zum Beginn des 10. Jahrhunderts.

27 W. Küther, Fiskus-Villa-Gau-Mark-Wildbann, in: Festschrift für Walter Schlesinger, Bd. 2 = Mitteldeutsche Forschungen, Bd. 74/II, Köln-Wien 1974, S. 164 ff.

28 Otto Dobenecker (Hg.), Regesta ... Thuringiae, Bd. 1, Nr. 73.

29 Vgl. UB der Reichsabtei Hersfeld, Bd. 1, bearb. von H. Weirich = Veröffentlichungen der Historischen Kommission von Hessen und Waldeck, Bd. 19, Teil 1, Marburg 1936, Nr. 14, 20.

30 Vgl. Otto Dobenecker (Hg.), Regesta ... Thuringiae, Bd. 1, Nr. 73.

31 UB Hersfeld, Bd. 1, Nr. 37.

32 Th. Franke, Breviarium sancti Lulli. Ein Hersfelder Güterverzeichnis aus dem 9. Jahrhundert, Faksimileausgabe 1986. – Bei kritischer Prüfung der bisherigen Forschung wird das mittlere Saalegebiet um Jena und Burgau, Lobeda und Kahla in spätfränkischer Zeit unter neuen Gesichtspunkten und Fragestellungen eingehend untersucht von Reinhard Spehr, Zur spätfränkischen Burg „Kirchberg" auf dem Johannisberg über Lobeda, in: Burgen und Schlösser in Thüringen, 1997, S. 21 – 38. Vgl. auch dessen Stellungnahme zur thüringischen Sorbenmark und zum Limes Sorabicus insbesondere S. 32/33.

33 Hans Eberhardt, Erfurt als kirchliches Zentrum im Früh- und Hochmittelalter, in: Dreißig Beiträge zur thüringischen Kirchengeschichte. Fundamente = Thüringer kirchliche Studien V, Berlin 1987, S. 14.

34 Vgl. Otto Dobenecker (Hg.), Regesta ... Thuringiae, Bd. 1, Nr. 48, 66, 67.

35 Ebenda, Nr. 29, 31, 37, 41.

36 Gerd Zimmermann, St. Martin – Schutzheiliger der Franken, in: Ecclesia-Franconia-Heraldica, IX., S. 2.

37 Vgl. Otto Dobenecker (Hg.), Regesta ... Thuringiae, Bd. 1, Nr. 222.

38 Vgl. Ebenda, Nr. 57.

39 Vgl. Ebenda, Nr. 59, 247, 86.

40 Zur Diskussion über die verschiedenen Abhängigkeitsformen im südwestthüringischen Raum in fränkischer Zeit vgl. Günther Wölfing, Geschichte des Henneberger Landes zwischen Grabfeld, Rennsteig und Rhön, Hildburghausen 1992, S. 18; Derselbe, Themar und die Osterburg, insbesondere S. 80 ff.

41 Joachim Herrmann (Der Beitrag der Archäologie zur Geschichte der Beziehungen zwischen fränkischem Reich und nordwestslawischen Stämmen, Lodz 1978, S. 158) lokalisiert eine erste Zone 25 km tief westlich der Saale; Hans Walther lokalisiert diese Zone in nächster Nähe der Saale (Namenkundliche Beiträge zur Siedlungsgeschichte des Saale- und Mittelelbegebietes bis zum Ende des 9. Jahrhunderts , Berlin 1971, S. 200 ff.); nach Sigrid Dušek erstreckt sich die Zone beiderseitig der Saale, wobei diese eine gegenseitige Durchdringung der Siedlungsgebiete feststellt (Geschichte und Kultur der Slawen in Thüringen, Weimar 1983, S. 32).

42 Zur Frage der Einwanderung der Slawen in die Gebiete westlich von Saale und Elbe wurden bisher die verschiedensten Thesen vertreten. Während H. Rempel nur in der Zeit vor 782 von einer ungehinderten Siedlungsnahme der Slawen sprach, nannte W. Schlesinger (Das Frühmittelalter, in: Geschichte Thüringens, Bd. 1, S. 378 ff.) die Slawen „willkommene Gäste". A. Meitzen (Siedlung und Agrarwesen bei den Westgermanen, Ostgermanen, Römern, Finnen und Slawen, 1895, S. 295 ff.) und O. Schlüter (Die Siedlungen im nordöstlichen Thüringen, Berlin 1903, S. 208 ff.) sahen die slawische Besiedlung nur auf Veranlassung der fränkischen Könige oder anderer Grundherren erfolgt. O.E. Schulze (Die Kolonisierung und Germanisierung der

Gebiete zwischen Saale und Elbe, Leipzig 1896, S. 10 ff.) sprach von einer selbständigen Ansiedlung freier Slawen in einer Zeit der Schwächung des fränkischen Staates.

43 Vgl. Hans Patze u. Walter Schlesinger (Hg.), Geschichte Thüringens, Bd. 1: Grundlagen und frühes Mittelalter, Köln-Graz 1968; Karl Brunner, Oppositionelle Gruppen im Karolingerreich = Veröffentlichungen des Instituts für Österreichische Geschichtsforschung, Bd. 25, Wien – Köln – Graz 1979.

44 E.E. Stengel (Hg.), UB des Klosters Fulda, Bd. 1, T. 1-3, Marburg 1913, 1956 u. 1958, Nr. 57.

45 Zur Kontroverse und Diskussion um Ursprung, Grundlagen und Charakter der frühmittelalterlichen Grafschaftsverfassung vgl. Helge Wittmann, Zur Frühgeschichte der Grafen von Käfernburg-Schwarzburg, in: Zeitschrift des Vereins für Thüringische Geschichte, Bd. 51, 1997, S. 38 ff.

46 UB Hersfeld, Bd. 1, Nr. 14.

47 Heinrich Wagner, Mellrichstadt = Historischer Atlas von Bayern, Teil Franken, Reihe I, H. 29, München 1992.

48 UB Hersfeld, Bd. 1, Nr. 37.

49 Walter Schlesinger, Mitteldeutsche Beiträge zur deutschen Verfassungsgeschichte des Mittelalters, Göttingen 1961, S. 158 ff.; Paul Grimm, Die vor- und frühgeschichtlichen Burgwälle der Bezirke Halle und Magdeburg, 1958, S. 46: „Das Vorhandensein zehntpflichtiger Burgen zeigt, daß es sich hier nicht mehr um Fluchtburgen oder kaum besiedelte Volksburgen handelt, sondern um Burgen mit einer festen Besatzung. Da sie im Besitze des Reiches sind, können sie ... als Reichsburgen aufgefaßt werden ... So läßt sich hier eine Burgbezirksverfassung erschließen ..."

50 UB der Stadt Erfurt, bearb. von Carl Beyer, hg. von der Historischen Kommission der Provinz Sachsen, T. 1 = Geschichtsquellen der Provinz Sachsen und angrenzender Gebiete, Bd. 23, Halle 1889 (zum Jahre 802).

51 Otto Dobenecker (Hg.), Regesta ... Thuringiae, Bd. 1, Nr. 73.

52 So Walter Schlesinger, Die Entstehung der Landesherrschaft. Untersuchungen vorwiegend nach mitteldeutschen Quellen, 1. Teil, Dresden 1941, S. 56; Derselbe, Das Frühmittelalter, in: Geschichte Thüringens, Bd. 1, hg. von Hans Patze u. W. Schlesinger = Mitteldeutsche Forschungen, Bd. 48/1, Köln – Graz 1968, S. 354 ff. R. Schmidt-Wiegand (Lex Thuringorum, in: Lexikon des Mittelalters, Bd. 5, München-Zürich 1991, S. 1932/1933) bekräftigt die in der Forschung vertretene Ansicht, daß „die Aufzeichnung ... 802/803 im Zusammenhang mit dem Aachener Reichstag erfolgt sein ... dürfte".

53 Ebenda.

54 Übersetzung: Die Gesetze des Karolingerreiches 714-911 = Germanenrechte. Texte u. Übersetzungen, Bd. 2, hg. von Karl August Eckhardt, III ff.: Sachsen, Thüringer, Chamaven und Friesen, Weimar 1934. – Über Inhalt, Überlieferung und Bedeutung der Lex Thuringorum vgl. weiter: Karl Friedrich von Richthofen, Lex Thuringorum, in: Monumenta Germaniae historica, Leges, Bd. V, S. 103-144; Claudius von Schwerin (Hg.), Leges Saxonum und Lex Thuringorum = Fontes juris Germanici antiqui in usum scholarum ex Monumentis Germaniae historicis, Hannover u. Leipzig 1918; Peter Landau, Die Lex Thuringorum - Karls des Großen Gesetz für die Thüringer, in: Zeitschrift der Savigny-Stiftung für Rechtsgeschichte, Germanistische Abteilung, Bd. 118, Wien – Köln 2001, S. 23-57.

55 UB Erfurt, T. 1 (zum Jahre 805).

56 Im Bemühen um die Erforschung und Darstellung wirtschafts- und sozialgeschichtlicher Prozesse sowie um die Würdigung von Volksbewegungen wird der Einfluß des Stellinga-Aufstandes in Sachsen 841 bis 843 auf Thüringen überschätzt von Werner Mägdefrau und Erika Langer, in: Willibald Gutsche (Hg.), Geschichte der Stadt Erfurt, Weimar 1986, S. 41. Vgl. die kritische Stellungnahme dazu von Hartmut Boockmann, Eine Stadtgeschichte aus der DDR, in: Geschichte in Wissenschaft und Unterricht, 1990, H. 11, S. 725. Dieser kritisiert auch das Defizit an Kirchengeschichte, was für die Mediävistik der DDR – abgesehen von der Geschichte der Häresien und deren Bekämpfung – weitgehend gilt. – Dennoch entstanden zu DDR-Zeiten mehrere sachkundige Beiträge zur mittelalterlichen Kirchen- und Klostergeschichte Thüringens u.a. von Bernhard Opfermann (Übersicht über die thüringischen Klöster vor 1800), Friedrich Möbius (Jena, Thalbürgel, Paulinzella), Günther Wölfing (Kloster Veßra, Wilhelmiter-Kloster in Wasungen), Ernst Badstübner (Kirchen in Schmalkalden und Breitungen an der Werra), Waldemar Wucher u.a. (Christus‘ Spur führt durch Thüringen), Hans Eberhardt, Herbert von Hintzenstern, Matthias Vöckler (Bettelorden). - Weiter vgl. Siegfried Epperlein, Herrschaft und Volk im karolingischen Imperium = Forschungen zur mittelalterlichen Geschichte, Bd. 14, 1969, S. 50 ff.; Derselbe, Bäuerliches Leben im Mittelalter, Köln – Weimar 2003.

57 Hans Silberborth, Geschichte des Helmegaus, Nordhausen 1941.

58 Vgl. Otto Dobenecker (Hg.), Regesta ... Thuringiae, Bd. 1, Nr. 1029a, 1041, 1098, 1573.

59 Hans Eberhardt, Wechmar oder Weimar? Zur Ersterwähnung von Weimar, in: Zeitschrift des Vereins für Thüringische Geschichte, Bd. 46, 1992, S. 53-64.

60 Vgl. Otto Dobenecker (Hg.), Regesta ... Thuringiae, Bd. 1, Nr. 178.

61 Ebenda, Nr. 220.

62 Ebenda, Nr. 285 ff.

63 Über das Babenberger Problem, Herkunft, Ableitungen, Nebenlinien etc. vgl. Karl Lechner. Die Babenberger.Markgrafen und Herzöge von Österreich 976-1246 = Veröffentlichungen des Instituts für österreichische Geschichtsforschung, Bd. XXIII, 4. Aufl. Wien-Köln-Weimar 1992, S. 40, S. 313 u.ö.; F. Geldner, Neue Beiträge zur Geschichte der „Alten Babenberger" = Bamberger Studien zur fränkischen und deutschen Geschichte, H. 1, 1971; Heinrich Wagner, Herkunft und Frühzeit der Grafen von Henneberg, in: Jahrbuch 1991 des Hennebergisch-Fränkischen Geschichtsvereins, S. 23-38. Nach Wagners Forschungsergebnissen stammen die Henneberger nicht von den Popponen im Grabfeld ab, sondern sie waren Nachkommen einer der Abtei Fulda nahestehenden Familie edelfreien Standes.

64 Otto Dobenecker (Hg.), Regesta ... Thuringiae, Bd. 1, Nr. 274.

65 Ebenda, Nr. 304.

66 UB Hersfeld, Nr. 39.

67 Ebenda, Nr. 40.

68 Die Sachsengeschichte des Widukind von Korvei. 5. Aufl., hg. von H.-E. Lohmann u. P. Hirsch, Hannover 1935, S. 27.

69 Vgl. Liutprand von Cremona, Antapodosis, Historia Ottonis, Legatio Constantinopolitana, bearb. von E. Dümmler, Hannover 1877.

KAPITEL II

Thüringen im römisch-deutschen Reich der Sachsenkönige und –kaiser

II.1. Thüringen in der Regierungszeit König Heinrichs I. und Kaiser Otto des Großen

Mit dem Tode Konrads I. im Jahre 918 starb die Dynastie fränkischer Herkunft auf dem Thron des ostfränkisch-deutschen Königreiches aus. Die Nachfolge als König trat 919 der Sachsenherzog Heinrich an, nachdem ihm die Königskrone seitens des rivalisierenden Adels angetragen worden war. Der Liudolfinger verfügte über die stärkste ökonomische, politische und militärische Macht, um der äußeren Gefahr der Ungarneinfälle und dem inneren Unfrieden zu begegnen und die gesellschaftliche Weiterentwicklung insgesamt zu fördern. Der größte Teil des sächsisch-thüringischen und fränkischen Adels hatte sich für das Königtum Heinrichs von Sachsen ausgesprochen. Seine Ehe mit Hatheburg, die einer um Merseburg begüterten Familie entstammte, brachte den sächsischen Liudolfingern einen großen Gebietskomplex ein; dieser blieb auch in deren Hand, nachdem Heinrich I. diese Ehe gelöst hatte und eine zweite Ehe mit Mathilde aus dem Geschlecht Widukinds eingegangen war. Heinrich I. schuf sich einen neuen, von Hersfeld unabhängigen Besitz um Merseburg. Auch löste er Quedlinburg, das Stift seiner Familie, aus dem Verband Hersfelds, zu dem es gehört hatte.

Burgenpolitik und Wehrorganisation Heinrichs I.

König Heinrich I. (919 bis 936) widmete sich mit Tatkraft und Erfolg der Abwehr der Ungarn. Wie dringlich die Verstärkung der Burgen und Wehrbauten wie der gesamten Wehrorganisation in den Anfängen des mittelalterlichen deutschen Königreiches war, zeigen insbesondere die verheerenden Einfälle und Raubzüge der Ungarn, die – wie 906, 908, 912, 915 und 917 – im Jahre 919 in Thüringen und Sachsen erneut einfielen und dort 924 und 926 abermals große Schäden anrichteten. Nachdem der König 926 gegen Zusicherung eines jährlich zu zahlenden Tributes einen neunjährigen Waffenstillstand erreicht hatte, begann er mit umfangreichen Gegenmaßnahmen, hauptsächlich mit der Schaffung eines sicheren Schutzgürtels von festen Burgen und Wehranlagen sowie dem Aufbau eines kampfstarken Reiterheeres von Dienstmannen. Durch die enge Bindung an das Stammesgebiet des neuen Königs und seine strategisch wichtige Lage wurde Thüringen zu derjenigen Kernlandschaft des liudolfingischen Königreiches, in der das umfassendste und wirksamste Verteidigungssystem gegen die Ungarngefahr in Durchführung der Burgenordnung Heinrichs I. entstand.

In ihrer Gesamtheit stellten Burgenordnung und Wehrverfassung Heinrichs I. eine völlig neue Art der Verteidigung dar.

Im Mittelpunkt dieses Abwehrsystems standen Wehrbauten, Fluchtburgen und Burgplätze mit zugehörigen Burgbezirken. Nach angelsächsischem Vorbild schuf der König ein überaus wirkungsvolles Verteidigungssystem mit Burgen und Burgwardbezirken (Burgwardeien), in deren Mittelpunkten eine Burg stand. Im Notfalle sollte sich die umwohnende Bevölkerung in die Burgen flüchten können, die somit die Funktion der altgermanischen Fluchtburgen (Volksburgen) weiterhin wahrnehmen sollten. Jeder neunte Mann der bäuerlichen Bevölkerung wurde zum Burg- und Kriegsdienst aufgeboten, solange die Ungarngefahr bestand. Die agrarii milites (bäuerliche Kriegsmannen, Bauernkrieger) wurden als bewaffnete Landwehr geschaffen; sie mußten in Not- und Kriegszeiten von den übrigen Bauern ernährt und ausgerüstet werden. Während die Mehrzahl der Bauern die Felder bestellte und ihre Wirtschaft versorgte, gestützt auf das Burgensystem, beteiligten sich die agrarii milites an der Landesverteidigung.

Zum Teil erfolgten der Burgenbau oder –ausbau in Anknüpfung an frühere Volksburgen und ältere Wehranlagen; größere Siedlungen wurden mit Mauern und Wällen, Holz- und Steinaufschüttungen befestigt. Auf Kron- und Reichsgut wurden u.a. die königlichen Pfalzen und Wehrbauten in Nordhausen, Mühlhausen, Memleben, Tilleda, Werla, Wallhausen und Frankenhausen errichtet bzw. erweitert. König Heinrich I. nahm die nordthüringischen Burgen Mücheln, Allstedt, Querfurt und Wiehe in Besitz. Das Saale-Unstrut-Gebiet war durch mehrere Sperriegel von Burgen gesichert. Die Verteidigungsmaßnahmen konzentrierten sich an der Saale. Neben Merseburg, dem Hauptstützpunkt des Königs in diesem Gebiet, erlangte die Burgenkette von Camburg, Dornburg und Kirchberg vermutlich über Orlamünde bis Rudolstadt und Saalfeld große militärische Bedeutung. Möglicherweise ließ Heinrich I.

928/929 auch die Burgen von Weida und Gera, Greiz, Altenburg und Zeitz anlegen bzw. die dortigen altsorbischen Burgwälle und –siedlungen neu befestigen. In Mittelthüringen wurde vor allem die Sicherheit Erfurts verstärkt, wo der Mittelpunkt des Thüringer Beckens liegt und sich die Befestigungsarbeiten hauptsächlich auf den Petersberg richteten.
Die im Hersfelder Zehntverzeichnis aus dem 9. Jahrhundert genannten 18 Reichsburgen im Hassegau wurden in das Befestigungssystem einbezogen.
Heinrich I. drängte durch Gütertausch den Einfluß des Klosters Hersfeld in Nordthüringen zurück, und er vermehrte in diesem Gebiet das Königs- und Krongut, was allerdings nur durch die Preisgabe königlicher Besitzungen im Gebiet um Arnstadt und entlang der Gera möglich wurde. Hier kam es zu einer Einschränkung des Krongutes, das bis in die umfangreichen königlichen Forste des Thüringer Waldes reichte. Die Abtei Hersfeld konnte ihre Besitzungen in diesem Gebiet weiter ausbauen und – nachdem bereits im 8. Jahrhundert hersfeldischer Besitz in Wölfis und Bittstädt vorhanden war – um die Wachsenburg (nach 932 als hersfeldische Gründung entstanden) ein größeres Besitztum schaffen.[1] Dagegen gelangte König Heinrich I. in den Besitz der genannten nordthüringischen Burgen Mücheln, Allstedt, Querfurt und Wiehe.
Die Reichsburg Kirchberg ließ Heinrich I. spätestens um 928/929 anlegen. Sie lag an einem strategisch äußerst günstigen Punkt hoch über der Saalefurt bei Jena, die Innerthüringen mit Meißen und dem Sorbenland verband. Die für die Burg namengebende Kirche ist eine der frühesten Kirchen östlich der Saale. Die Königsaufenthalte auf Kirchberg lassen sich - wie in der benachbarten Pfalz Dornburg – bis zur Regierungszeit Heinrichs II. nachweisen, was auf Kirchbergs und Dornburgs Bedeutung als Königspfalzen vor allem im 10. und beginnenden 11. Jahrhundert schließen läßt.
Im 10. Jahrhundert wurde der ehemalige karolingische Königshof Saalfeld zur wichtigen Königspfalz, und diese war mehrmals Aufenthaltsort der Ottonenkaiser. Bereits seit dem 9. Jahrhundert erfolgte u.a. von Saalfeld aus die fränkische bzw. deutsche Einwirkung auf den slawisch besiedelten Orlagau.
Die Pfalzen und Burgen, deren Bau bzw. Ausbau in der Regierungszeit Heinrichs I. erfolgten, dienten als Herrschafts-, Verwaltungs- und

Verteidigungsstützpunkte des frühmittelalterlichen deutschen Königreiches sowie als Ausfallfesten für die Ostexpansion.

Die unter König Heinrich I. geschaffene Panzerreiterei wurde zuerst 928/929 gegen die Slawen eingesetzt und erprobt. Während eines Zuges gegen die slawischen Daleminzier wurde deren Stammeszentrum Gana bzw. Jahna bei Meißen zerstört. Heinrich ließ in dessen Nähe auf einem Felsen die Burg Meißen errichten (929). Während dieses Feldzugs Heinrichs I. gegen die Daleminzier im Winter 928/929, in dessen Verlauf die Burg Meißen errichtet wurde, konnte der Hauptvormarsch- und Nachschubweg des deutschen Heeres bei seinem Eintritt ins Slawenland von der Reichsburg Kirchberg aus gesichert werden.

Die Äbte von Hersfeld bauten, worauf verwiesen wurde, ihre Besitztumsrechte im Raum Ohrdruf-Wechmar-Arnstadt im 9./10. Jahrhundert erfolgreich aus. 930 erlangte Abt Burchard von König Heinrich I. das Schultheißenamt zu Ohrdruf. In einer „sub rege Henrico" zwischen 919 und 936 ausgestellten Urkunde erhielt Hersfeld Güter zu Günzerode, Ichtershausen, Eschenbergen und Sedinstedt sowie die Vogtei Ohrdruf, Wechmar, Kölleda, Walzahi (Schwarzwald), Milii (Emleben), Schwabhausen und Eschenbergen.[2]

Schlacht bei Riade 933

In Erfurt, das damals Königspfalz und kirchliches Zentrum der Region, thüringischer Haupt- und Zentralort war, fand im Juni 932 in Anwesenheit Heinrichs I. eine Synode von höchster politischer Bedeutung statt. Dort wurde den Vertretern der Reichskirche – unter Leitung des Mainzer Erzbischofs Hildebert – vom König zugebilligt, jährlich in ihren Gebieten pro Kopf der Bevölkerung einen Denar in Geld- oder Sachwerten einzutreiben; zugleich fiel die Entscheidung darüber, daß den Ungarn die Bedingungen des Waffenstillstandes aufgekündigt werden sollten. Die Ungarn beantworteten die Verweigerung des jährlich zu zahlenden Tributs und damit die Nichterfüllung der Waffenstillstandsbedingungen mit einem erneuten Angriff auf das sächsisch-thüringische Gebiet, um das Königreich in seinem ökonomischen, politischen und militärischen Zentrum zu treffen. Im Unstrut-Helme-Saale-Gebiet kam es am 15. März 933 zum Zusammentreffen der beiden gegnerischen

Überreste der Jenaer Hausbergburgen (Kirchberg, Windberg, Greifberg, sowie einer weiteren Wehranlage) mit dem Gasthaus und dem sogenannten Fuchsturm, dem ehemaligen Bergfried der Burg Kirchberg, die wie die Burgkapelle im 10. Jahrhundert entstand. Foto: D. Lämmerhirt, Jena/Mihla.

Heere. Die genaue Lage dieses Ortes, Riade, war bisher unbekannt; er lag vermutlich inmitten des befestigten Gebietes um Merseburg-Querfurt-Mücheln-Kyffhäuser in einem Abwehrgürtel, den die Ungarn nicht durchbrechen konnten. Nach neuesten Forschungsergebnissen (M. Gockel) verbindet sich die Frage nach der Lokalisierung der Schlacht von Riade mit der Ritteburg, einer Wasserburg im gleichnamigen Ort am linken Ufer der Unstrut. Ortsnamenbelege wie Reot, Riade, Rydeborg und Ritteburg können derselben Reichsburg zugewiesen werden. Dort fand wohl der Zusammenstoß Heinrichs I. mit den Ungarn 933 statt. Angesichts des deutschen Heeres floh ihre Streitmacht nach kurzem Kampf, ohne daß es zu einer großen Schlacht kam. Die Ungarn wagten es in der Regierungszeit Heinrichs I. nicht wieder, in das deutsche Königreich einzufallen.

„Die Autorität des deutschen Königtums war durch diesen Sieg wesentlich gestiegen, so daß er entscheidend zur endgültigen Festigung der deutschen Zentralgewalt und damit auch zum festeren Zusammenschluß der deutschen Stämme im deutschen Feudalstaat beitrug.“[3]

Infolge der Burgen- und Wehrpolitik Heinrichs I. und seiner Verbindung mit Sachsen hatten die Ereignisse in Thüringen in der ersten Hälfte des 10. Jahrhunderts für die Entstehung, Herausbildung und Festigung des mittelalterlichen deutschen Königreiches konstitutive, erstrangige Bedeutung.
Die Burgenordnung Heinrichs I., entstanden zur Abwehr der Ungarneinfälle, schrieb sowohl die Errichtung als auch die Bemannung bestimmter Burgen vor. König Heinrich I. wollte, daß die Burgen nicht nur für Angriff und Verteidigung, den Kampf, genutzt würden, sondern auch für Zusammenkünfte, Beratungen und Feste.

Von König Heinrich I. zu Kaiser Otto I.

In Erfurt, das sich damit erneut als thüringisch-regionaler Zentralort des deutschen Königreiches erweist, sicherlich auf dem Petersberg, nahm König Heinrich I. im Jahre 936 auf seinem letzten Hoftag eine so entscheidende Handlung wie die Designation seines Sohnes Otto zum Nachfolger vor; er sicherte die Erbfolge seiner Dynastie. Nach Erkrankung während einer Jagd im Harz verstarb König Heinrich I. am 2. Juli 936 auf seiner Lieblingspfalz Memleben. Die Beisetzung erfolgte in der Gruft der zu seinen Lebzeiten erbauten Begräbniskirche auf der Reichsburg und Königspfalz Quedlinburg.

Im Zuge der Herausbildung des mittelalterlichen deutschen Staates und des deutschen Völkes während der Regierungszeiten Heinrichs I. und Ottos I. war Thüringen infolge seiner Bindung an das Herzogtum Sachsen dem Königtum unmittelbar unterstellt; somit gehörte es zu den Kernlandschaften des deutschen Königreiches: es war auch auf Grund seiner geographischen Lage eine Region mit integrativer Funktion und Wirkung im Prozeß der Durchsetzung und Ausbildung der mittelalterlichen Herrschafts-, Kirchen- und Gesellschaftsordnung. Daß sich die Stellung der sächsischen Liudolfinger als deutsche Könige während der Regierungszeit Heinrichs I. gefestigt hatte, erwies sich an der Nachfolge seines Sohnes Otto; sie erfolgte gemäß der Designation von Erfurt 936 mit Unterstützung des sächsischen, thüringischen und fränkischen Hochadels sowie durch bedeutende Kirchenfürsten. Während der Regierungszeit König Ottos I., des Großen (936 bis 973), vollzogen

Der Sieg über die Ungarn 933. Konrad Stolle, Memoriale. Thüringisch-erfurtische Chronik. Papierhandschrift des 15. Jh. Thüringer Universitäts- und Landesbibliothek Jena, Ms. Sag. q. 3, Bl. 32 r.

König Heinrich I. kämpft gegen die Ungarn 933. Sächsische Weltchronik, um 1270. Gotha, Forschungsbibliothek/Universität Erfurt, Ms. Memb. I. 90, fol. 85 v. Aus: Otto der Große, Magdeburg und Europa, hg. von Matthias Puhle, Bd. 1, Mainz 2001, S. 201.

sich die weitere Stärkung der Königsmacht und die Konsolidierung des frühfeudalen deutschen Staates, der politischen und kirchlichen Organisation, sein weiterer Auf- und Ausbau, seine Verteidigung und expansive Erweiterung sowie das festere Zusammenwachsen der Stämme zum deutschen Volk.

Otto I. trennte 937 den bayerischen Nordgau vom Herzogtum Bayern ab, und er setzte dort einen Markgrafen ein, und zwar in der Person des Grafen Berthold aus der Verwandtschaft der Luitpoldiner und Popponen; dieser und sein Sohn Heinrich machten die Burg Schweinfurt zu ihrem Stammsitz.

Otto I. gelang es, das als Grundlage der Königsherrschaft so entscheidende Krongut weiter auszubauen. Dabei widmete er sich ebenfalls besonders den sächsisch-thüringischen Besitzungen. Die Mittelpunkte der Krongutbezirke waren Reichsburgen und Pfalzen, Reichsabteien und Klöster. Sie stellten den zeitweiligen Sitz der Reichsregierung dar, waren Wirtschaftshof, Verwaltungsmittelpunkt, Gerichtsstätte und Orte für politische und kirchliche Zusammenkünfte und Entscheidungen; sie bildeten die politischen und militärischen, ökonomischen und kulturellen Zentren des Königtums.

Otto I. und die nachfolgenden Ottonenkaiser bauten das Netz der Reichsburgen und –pfalzen in Thüringen weiter aus, und sie erweiterten deren Funktionen. Die den feudalen Grundherrschaften zugehörigen Bauern hatten eine bestimmte Anzahl von Tageswerken zu erbringen. Sie waren somit durch Fron- und Spanndienste, Fuhr- und Handlangerdienste am Bau der Burgen unmittelbar beteiligt.

In der Goldenen Aue war im 10. Jahrhundert unter den Ottonen das Krongut durch die Pfalzen Allstedt, Nordhausen, Tilleda und Wallhausen besonders stark vertreten. Bevor Memleben Sitz eines Klosters und

Reste der Klosterkirche von Memleben an der Unstrut. In Verbindung mit der ottonischen Königspfalz entstand im 10. Jahrhundert ein Benediktinerkloster mit einer Marienkirche zu Memleben. Die heutige Kirchenruine verweist auf nachfolgende Bauten. Von den Bauten der Königspfalz hat die Zeit nichts überdauert. R. Lämmerhirt, Mihla.

Memleben, ehem. Stiftskirche, sog. Kaisertor (Südwand des Querhauses). Aus: Otto der Große, Magdeburg und Europa, hg. von Matthias Puhle, Bd. 1, Mainz 2001, S. 83.

einer Reichsabtei wurde, war es eine Königspfalz mit Kapelle im nördlichen Thüringen wie die dortigen Königshöfe und –pfalzen Allstedt, Nordhausen, Ritteburg (Wüstung), Tilleda und Wallhausen. Memleben gehörte im 10. Jahrhundert zu den Pfalzen, die von Königen am häufigsten besucht wurden; als Lieblingspfalz der Sachsenkönige war Memleben zugleich der Sterbeort Heinrichs I. (936) und seines Sohnes Ottos I. (973). Im Memleben veranlaßte König Otto I. im Gedenken an den dortigen Sterbeort seines Vaters den Bau der Kirche im Jahre 942.

Zu den wichtigsten thüringischen Pfalzen dieser Zeit zählten Erfurt und Memleben, Nordhausen und Mühlhausen, Pöhlde, Tilleda, Wallhausen und Allstedt sowie Dornburg an der Saale und Kirchberg bei Jena. Die 929, 972 und 993 urkundlich genannte Königspfalz Nordhausen war mit den östlich benachbarten Pfalzen Wallhausen, Tilleda, Allstedt und

Urkundensiegel König Ottos I. zur Vergabe von Ländereien an einen thüringischen Vasallen. Thüringisches Hauptstaatsarchiv Weimar, Urkunden 944 Sept. 19.

Merseburg durch zwei wichtige Straßen verbunden, die die Goldene Aue im Norden und Süden umgingen.

Saalfeld gewann als königliche Niederlassung und Stützpunkt für die Stärkung der Reichsgewalt an Bedeutung, zumal es an der Grenze zum sorbischen Siedelgebiet lag; es war der Hauptstützpunkt der Reichsgewalt in der Sorbenmark. Otto I. und Otto II. urkundeten in der Königspfalz Saalfeld dreimal. Zwei Aufstandsversuche gegen den König, die 939 von Heinrich, dem jüngeren Bruder Ottos I., und 951 von Liudolf, dem Sohn Ottos I., unternommen wurden, hatten in Verschwörungen zu Saalfeld ihren Ausgangspunkt.

Das nördliche Thüringen wurde im 10. Jahrhundert ein wichtiger Bestandteil der Basislandschaft der ottonischen Königsherrschaft im Umkreis des Harzes. In der Nordhäuser Pfalz setzte Otto I. die Baumaßnahmen seines Vaters fort. Die alte karolingische Anlage wurde zu einer der stärksten Burgen Nordthüringens ausgebaut. Auch Mühlhausen spielte als ottonische Pfalz mit umfangreicher Wirtschaftsfunktion eine wichtige Rolle. Der ursprüngliche Siedlungskern Altmühlhausens, die spätere Georgivorstadt, lag im Norden der mittelalterlichen Stadt. Sie war im Nordwesten von der Unstrut mit einer wichtigen Furt, im Westen und Süden vom Mühlgraben umgeben. Hier befand sich eine Siedlung, die sich auf früheren Grundlagen entwickelt hatte, zur Pfalz in Beziehung stand und durch mehrere Befestigungsgräben geschützt war; ihre Wohn- und Wirtschaftshütten waren teilweise mit Herdstellen und Öfen ausgestattet und wurden zur Weberei genutzt; frühmittelalterliche deutsche und slawische Keramik gehört zum archäologischen Befund.

Königsland Thüringen

Neben der Pfalz Memleben wurde die Pfalz Tilleda zu einem Hauptstützpunkt der Reichsgewalt. Ihre urkundliche Erwähnung 972 erfolgte relativ spät, ihre Anfänge liegen jedoch weitaus früher; Tilleda wird als Aufenthaltsort Ottos II. und nachfolgender Kaiser genannt. Vor allem im 12. Jahrhundert erfolgte ihr Ausbau zur bedeutendsten Pfalz am Kyffhäuser im Schutze der Reichsburg Kyffhausen, so daß in Tilleda wohl alle Könige und Kaiser des römisch-deutschen Reiches, vornehmlich die Hohenstaufen, bis zum Ende der Stauferzeit Hof hielten. Die Anlage konnte durch Ausgrabungen bis in die ottonische Zeit hinein rekonstruiert werden. Dadurch war es möglich, Rückschlüsse über Aufbau, Aussehen und Funktion der ottonischen Pfalzen überhaupt zu gewinnen. In der geräumigen Vorburg wurden Grubenspeicher, Eisenverarbeitungsstellen und Tuchmacherwerkstätten gefunden. Dort wurden –für das 10. Jahrhundert – von insgesamt 104 untersuchten Häusern

36 slawischen Typs entdeckt. Skelettuntersuchungen und Keramikfunde bestätigen die durch Urkunden bereits bekannte Anwesenheit von Slawen, die als Handwerker tätig waren, sowie Ehen zwischen Menschen germanischer und slawischer Abstammung als für das 9./10. Jahrhundert normalen Vorgang. Auch die Zugehörigkeit von im Wolwedatal gelegenen Mühlen in ottonischer Zeit ist anzunehmen. Die kleinere Hauptburg, durch Mauern und Kammertor geschützt, beherbergte die Kapelle und ein Gebäude für Reichsversammlungen. Für die Frage der Sicherung des Krongutbesitzes stellte die Verbindung der Pfalz Tilleda im Tal mit der auf dem Berg vorgelagerten, im 11./12. Jahrhundert ausgebauten Reichsburg Kyffhausen ein markantes Beispiel dar. In der Vorburg der Pfalz Tilleda wurden zahlreiche Grubenhäuser des 10. bis 12. Jahrhunderts freigelegt und Tuchmacherei, Elfenbein-, Horn- und Knochenbearbeitung, Eisenverarbeitung, die Herstellung von Kupfer-, Bronze- und Bleigegenständen sowie Töpferei nachgewiesen.
Weitere archäologische Untersuchungen eines Berghügels mit Siedlung richteten sich auf die Ortswüstung Gommerstedt in der Gemarkung Bösleben. Dabei erwies sich Gommerstedt vom 8. bis 14. Jahrhundert als Herrensitz mit Kirche, bäuerlicher Siedlung und großer Vorratsscheune. An einer wichtigen Straße von Erfurt nach Süddeutschland gelegen, erhielt der Herrensitz Gommerstedt bei Bösleben in der Nähe Arnstadts im hohen Mittelalter zunehmende Bedeutung.
Bereits ein Jahr nach seinem Regierungsantritt – 937 – erfolgte die Erstausstattung des Quedlinburger Stifts durch Otto I. u.a. aus thüringischem Königsgut. In diesem Zusammenhang übereignete König Otto I. auf Bitten der Königsmutter Mathilde am 20. Dezember 937 dem Stift Quedlinburg u.a. den Tuchzehnten von den Reichsburgen Kirchberg und Dornburg und den zu beiden Burgen gehörigen Orten.[4] In der Kaiserpfalz Dornburg wurden 965 unter Otto I., 980 unter Otto II. und 1004 unter Heinrich II. Reichstage abgehalten. Die Dornburger Pfalz war der Vorgänger des Nordschlosses der Dornburger Schlösser. Neben Dornburg war auch die Burg Kirchberg auf dem Hausberg bei Jena Mittelpunkt eines grundherrschaftlichen Burgbezirkes an der Saale und vornehmlich im 10. und beginnenden 11. Jahrhundert von Königen besuchte Pfalz. Burg Kirchberg war eine überaus wichtige Höhenburg; von dort konnte die Jenaer Saalefurt, wo der Weg aus Innerthüringen ins Slawenland führte, überwacht und gesichert werden. Die Burgkirche (937: Chirihberg), die der Burganlage ihren Namen gab, kann als

Blick zum Kyffhäuser über den Pfingstberg oberhalb Tilledas, wo in der zweiten Hälfte des 10. Jahrhunderts eine Königspfalz entstand. D. Lämmerhirt, Jena/Mihla.

eine der ältesten Kirchen im Gebiet östlich der Saale gelten. Sie wurde – mit anderen Kirchen, wie den Kapellen von Dornburg und Memleben – in den 50er Jahren des 10. Jahrhunderts durch Otto I. dem Regensburger Missionar Boso zur materiellen Unterstützung seiner Missionstätigkeit übertragen. 976/977 wird ein zweites, zum Kirchberger Sprengel gehöriges Gotteshaus genannt: die Peterskirche in Lobeda bei Jena.

Im Jahre 937 wurde in Magdeburg die Gründung des Moritzklosters vorgenommen. Das neue Kloster erhielt auch in Thüringen umfangreichen Grundbesitz, der dem Kloster ökonomischen Rückhalt geben sollte. So übereignete Otto I. dem Kloster Besitzungen in Tonna, Brüheim bei Gotha, Mellingen, Creuzburg, Körner bei Mühlhausen, Kirchheiligen bei Langensalza und Salzungen. Erneut wurden – nach der Ersterwähnung der dortigen Salzgewinnung im Jahre 775 – in diesem Zusammenhang Salinen in Salzungen erwähnt, die die Salzvorkommen und –förderung bestätigen.

Liudolfinischer Aufstand und Frieden von Arnstadt 954

Nachdem König Otto I. 951/952 bei seinem ersten Italienzug einen Mißerfolg erlitten hatte, nutzten seine als Herzöge eingesetzten Verwandten diese Ereignisse zum Abfall. Treibende Kräfte der Erhebung waren Ottos Sohn Liudolf, Herzog in Schwaben, sowie Erzbischof Friedrich von Mainz und Herzog Konrad der Rote, Ottos Schwiegersohn und seit 944 Herzog in Lothringen. Im Sommer 953 kam es erneut zum offenen Kampf. In Thüringen schlossen sich zahlreiche Adlige der Verschwörung an. Graf Wilhelm I. von Weimar ergriff die Partei des Königs. Die Erhebung, der Liudolfinische Aufstand, konnte erst niedergeschlagen werden, nachdem die Ungarn – den inneren Unfrieden nutzend – erneut einfielen. Die Mehrheit des Adels wandte sich daraufhin von den Aufständischen ab, und schließlich mußten sich Liudolf und seine Anhänger in der Nähe des königlichen Jagdhofes und Ortes Saufeld (seit dem 17. Jahrhundert Thangelstedt genannt, gelegen zwischen Kranichfeld und Blankenhain) unterwerfen. In Arnstadt schloß Otto I. im Juni 954 Frieden mit seinem rebellischen Sohn Liudolf und den anderen Rebellen. In Arnstadt, das sich im Besitz der Reichsabtei Hersfeld befand, muß zumindest eine große Villikation auf Krongut oder sogar eine königliche Pfalz mit zweckdienlichen Baulichkeiten bestanden haben. Hier wurde der Liudolfinische Aufstand in Anwesenheit von Mitgliedern der königlichen Familie und zahlreichen Gefolgsleuten beendet. Der am Aufstand beteiligte Konrad der Rote, Ottos Schwiegersohn und Herzog von Lothringen, erhielt zwar nicht sein Herzogtum, aber seine Eigengüter zurück. Ottos Sohn Wilhelm wurde auf diesem Arnstädter Hoftag an Stelle des verstorbenen Erzbischofs Friedrich von Mainz auf den Stuhl des Heiligen Bonifatius erhoben. So wurde im Jahre 954 der etwa 26jährige Wilhelm, ein illegitimer Sohn Ottos I. und einer hochadligen Slawin, Erzbischof von Mainz.
In Italien sicherte König Otto seine Oberherrschaft.

Schlacht auf dem Lechfeld 955 und Kaiserkrönung in Rom 962

Die Niederschlagung der Adels- und Fürstenopposition und die Beseitigung der Ungarngefahr mit der Schlacht auf dem Lechfeld 955 hatten für die Konsolidierung des deutschen Königreiches und für das Zusammenwachsen der einzelnen Stämme zum deutschen Volk entscheidende

Bedeutung; es stärkte die Autorität Ottos I. und begründete die Vormachtstellung des deutschen Königtums in Mittel- und Westeuropa, weshalb Otto der Große 962 in Rom die Kaiserkrone erlangen konnte.

Otto I. und die Reichskirche

Nach dem Scheitern der Bindung der Herzöge an die Krone einschließlich seiner Familienpolitik konzentrierte sich Otto I. verstärkt auf die Förderung des Reichs- und Königsgutes, und er stützte sich in der Reichsregierung vor allem auf die Kirche, auf Erzbischöfe, Bischöfe

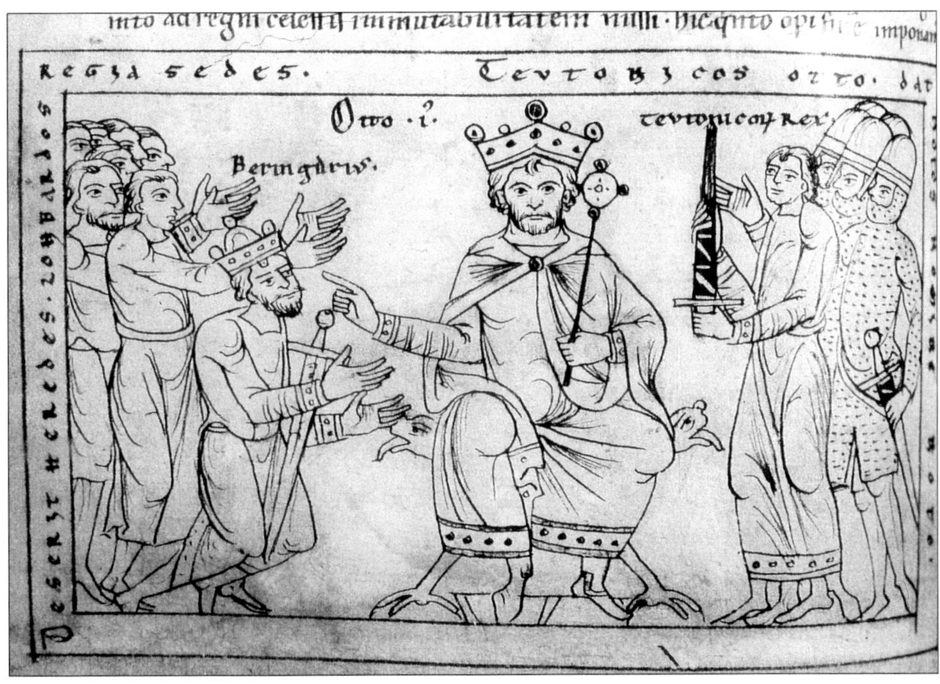

Berengar unterwirft sich Otto I., leistet dem König den Vasalleneid, erkennt die Oberherrschaft Ottos in Italien an und empfängt dafür in Italien ein Unterkönigreich. Weltchronik des Otto von Freising, 7. August 952, Reichstag auf dem Lechfeld südlich von Augsburg. Thüringer Universitäts- und Landesbibliothek Jena, Abt. Handschriften und Sondersammlungen, Ms. Bos. q. 6, Bl. 78 v.

und Äbte; Schenkungen und Übertragungen von Grundbesitzungen und Privilegien an die Kirche und die Einbeziehung kirchlicher Vertreter in die Regierung stärkten die Positionen der Reichsgewalt wie der Kirche. Im entstehenden Ottonischen Reichskirchensystem wurden seitens der Könige und Kaiser den Bischöfen und Erzbischöfen in deren Diözesen auch die weltlichen Herrschaftsrechte übertragen. Es bestand die Kirchenherrschaft der deutschen Könige und Kaiser.

Otto I. übergab dem Stift Würzburg Besitzungen bei Mellrichstadt, unter seinem Nachfolger kamen 10 Königshufen bei Mühlhausen und die Kirche in Roßla hinzu. Das von der Königin Mathilde in Pöhlde gegründete Kloster St. Servatius besaß eine Hufe und zwei Salzpfannen in Frankenhausen. Nordhausen war seit 962 in den Besitz des Münz-, Zoll- und Marktrechtes seitens des Königs gelangt. Dieses überwies er dem Chorfrauenstift des Kreuzklosters – ein solches hatte seine Mutter Mathilde nach Quedlinburg und Pöhlde 962 auch in Nordhausen gegründet.

Auf die Tradition des Bonifatius ging der Primat der Erzbischöfe von Mainz in der Kirche des ostfränkisch-deutschen Reiches zurück. Papst Leo VII. (937 bis 939) ernannte den Mainzer Erzbischof Friedrich (936 bis 954) ausdrücklich zum apostolischen Vikar für ganz Germanien. Aus der Primatstellung an der Spitze der deutschen Bischöfe ergab sich das Recht der Mainzer Erzbischöfe im 10. Jahrhundert, den deutschen König zu krönen und zu weihen. 936 krönte Erzbischof Hildebert (927 bis 937) König Otto I. in Aachen. Um 960 entstand im Mainzer Kloster St. Alban die sogenannte Mainzer Ordo, die bedeutendste Ordnung der Königsweihe. Das Krönungsrecht wurde durch den Papst möglicherweise schon Erzbischof Wilhelm (954 bis 968) verbrieft, aber ohne Zweifel Erzbischof Willigis (975 bis 1011). Unter den ersten Salierkönigen ging das Krönungsrecht im 11. Jahrhundert an die Erzbischöfe von Köln über, in deren Erzdiözese der Krönungsort Aachen lag. Indessen behielten die Erzbischöfe von Mainz das hohe Amt des Erzkanzlers für die deutschen Reichsgebiete, und zwar bis zum Ende des Alten Reiches, und als dessen Inhaber nahmen die Mainzer Erzbischöfe den ersten Rang unter den deutschen Reichsfürsten ein. Erzbischof Willigis von Mainz war der Kanzler Ottos I. und Ottos II.

Otto der Große verfolgte hartnäckig das Ziel, die vom Papst gegebene Zustimmung zur Umwandlung des Klosters Magdeburg in ein für die Slawenmission verantwortliches Erzbistum zu realisieren. Aber die

Lechfeldschlacht 955. Sächsische Weltchronik, um 1270. Gotha, Forschungsbibliothek/ Universität Erfurt, Ms. Memb. I. 90, fol. 87 v. Aus: Otto der Große, Magdeburg und Europa, hg. von Matthias Puhle, Bd. 1, Mainz 2001, S. 201.

Verwirklichung dieses Planes scheiterte bis 968 am Widerstand des Mainzer Erzbischofs und des Bischofs von Halberstadt. Erst nach deren Tod entstand 968 das Erzbistum Magdeburg. Diesem wurden die vordem zu Mainz gehörenden, 948 gegründeten Bistümer Brandenburg und Havelberg sowie u.a. die im Slawenland 968 neu geschaffenen Bistümer Meißen, Merseburg und Zeitz (1028/1030 Verlegung nach Naumburg) unterstellt. Mit der Bildung ostwärts vorgeschobener Markgrafschaften und Bistümer, mit der weiteren Eroberungs-, Eingliederungs- und Kolonisierungspolitik jenseits der alten Ostgrenze des Reiches an Elbe und Saale verlor das Saalegebiet allmählich seine bisherige Stellung als Grenzgebiet. Otto I. ernannte Günther, Sohn eines Ekkehard, 965 nach dem Tode Geros zum Markgrafen von Merseburg. Die eroberten Gebiete östlich der Saale erhielten als Marken besondere Namen, zum Beispiel Orlagau und Pleißengau; sie wurden im Mittelalter zusammenfassend als Osterland bezeichnet. Die St.

Veitskirche im Wünschendorfer Ortsteil Veitsberg bei Gera gilt als älteste Kirchengründung dieses ostthüringischen Gebietes (974). Das eroberte slawische Gebiet wurde unter deutscher Adelsherrschaft in Markgrafschaften eingeteilt, die wiederum in Burgwardeibezirke mit jeweils fünf bis 20 Wirtschaftshöfen bzw. Dörfern untergliedert waren. Die Burgwardverfassung wurde von Kaiser Otto I. im mitteldeutschen Raum eingeführt. Auf diese Weise entstanden im Elbe-Saale-Gebiet die Markgrafschaften Zeitz, Merseburg und Meißen, die in etwa den 968 errichteten Bistümern entsprachen. Das Waldgebiet, das sich südlich von Eisenberg östlich der Saale bis ins spätere Vogtland hinein erstreckte, war bei der Ostexpansion Heinrichs I. noch ohne größere Bedeutung. Die in dieses Waldgebiet eingebetteten offenen Landschaften, wie der Orlagau und das Geraer Becken, erweckten seit Otto I. das verstärkte Interesse der deutschen Feudalherren. Dieses Gebiet war der slawisch-germanischen Kontakt- und Vermischungszone im Pleiße-, Weiße Elster-, Orla-, Saale-, Ilm-Raum zugehörig, in dem seit der Mitte des 10. Jahrhunderts das deutsche Königtum seine Herrschaft sicherte.

Die deutsche Kulturlandschaft reichte im frühen Mittelalter bis zur Elbe-Saale-Linie. Darüber hinaus waren in ottonischer Zeit nach Osten hin Grenzmarken im westslawischen Siedlungsraum errichtet worden, wo die römisch-deutschen Kaiser ihre Markgrafen einsetzten. Die ottonischen Kloster- und Bistumsgründungen im 10. Jahrhundert (u.a. Magdeburg, Merseburg, Naumburg-Zeitz) förderten die Christianisierung des Slawenlandes östlich der Elbe und Saale. Aber die Machtverhältnisse im westslawischen Gebiet zwischen Elbe-Saale und Oder blieben namentlich durch und nach dem großen Slawenaufstand 983 bis weit ins 12. Jahrhundert instabil, Christianisierung, deutsche Ostexpansion und Siedlung unsicher und gehemmt.

II.2. Königtum und Hochadel. Die weitere Ausbildung der Gesellschaft, Staats- und Kirchenordnung im letzten Drittel des 10. Jahrhunderts bis ins 11. Jahrhundert

Im Jahre 973 verstarb Kaiser Otto der Große auf der Pfalz Memleben, im Chor des Magdeburger Doms wurde er beigesetzt. Unter seinen Nachfolgern fanden der Ausbau des Ottonischen Reichskirchensystems sowie der Herrschafts- und Landesausbau im ottonischen regnum teutonicum (teutonicorum) im allgemeinen ihre Fortsetzung.
Die mehrfachen Aufenthalte Ottos II. in Erfurt – 973, 974, 975 – weisen diesen Ort erneut als einen Stützpunkt der Königsherrschaft aus, sie unterstreichen zugleich die weiterhin wichtige Rolle Thüringens in der Reichspolitik. Neben dem Benediktinerkloster auf dem Petersberg, von dessen Auflösung im 10. Jahrhundert und Neugründung im 11. Jahrhundert die alte Klostertradition (Nikolaus von Siegen) ausgeht, sofern ein solches aus fränkischer Zeit bestand, erlangten die Stiftskirchen Beatae Mariae Virginis und Severi auf dem gegenüberliegenden Domhügel zunehmende Bedeutung, deren Ursprünge ebenfalls in die Zeit des Bonifatius zurückreichen. Unter der Obhut der Erzbischöfe von Mainz bildete sich – von Mainz und Erfurt ausgehend – in Thüringen und auf dem Eichsfeld mit den kirchlichen Mittelpunkten Erfurt und Heiligenstadt ein wichtiges, lange Zeit königsnahes erzbischöflich-mainzisches Einfluß- und Herrschaftsgebiet aus.
Im Jahre 974 brach der Aufstand Herzog Heinrichs II. von Bayern (genannt der Zänker) aus, dem sich auch Boleslav II. von Böhmen anschloß. Heinrich der Zänker war mit einer Nichte der Kaiserin Adelheid, Gisela von Burgund, vermählt. Die von ihm angezettelte Verschwörung hatte das Ziel, Otto II. zu entthronen und selbst die Königskrone zu erlangen. Deswegen zu Ingelheim gefangengesetzt, aber entflohen, stiftete er in Bayern einen Aufruhr an, wurde jedoch 976 besiegt, verlor vorübergehend sein Herzogtum, 978 nach einer erneuten Empörung auch seine Güter, und er wurde der Aufsicht des Bischofs von Utrecht unterstellt.

Otto II. (973 bis 983) und Otto III. (983/995 bis 1002) verstärkten den kirchlichen Ausbau des Landes im nordthüringischen Raum durch die Gründung eines Hausklosters der sächsischen Königsdynastie um 975.

Als Platz dafür bot sich Memleben an – jene Pfalz, in der die Tradition Heinrichs I. und Otto I. am lebendigsten blieb, wo beide Könige – Vater und Sohn – gestorben waren. Neben dem Königssitz wurde 975 das Kloster Memleben gegründet und nachweislich 979 im Friesenfeld reich ausgestattet. Die weitere Ausstattung erfolgte vor allem 981 bei einem Aufenthalt Ottos II. in Wallhausen, nachdem die Benediktinerregel dem Kloster übertragen worden war. Das Benediktinerkloster Memleben erhielt u.a. drei Burgwarde im Lande der Heveller, der slawischen Bevölkerung an der Havel und unteren Spree mit dem Hauptort Brandenburg: es sollte also auch an der Slawenmission mitwirken. Das 975 von Otto II. gestiftete und reich ausgestattete Kloster Memleben erhielt den Status einer Reichsabtei und 994 von Otto III. Markt-, Münz- und Zollrechte zugesprochen.[5] Otto III. vergrößerte den Güterbesitz des königlichen Hausklosters Memleben, indem er 991 königliches Eigengut übertrug. Heinrich II. bekräftigte 1002 diese Privilegien. Im Zuge der Bildung des Bistums Bamberg verlor Memleben jedoch seine Reichsunmittelbarkeit und wurde 1015 Hersfeld unterstellt. Seit 998 besaß Memleben durch eine Schenkung Ottos III. Wiehe in unmittelbarer Nähe westlich von Memleben im Gau Wigsezi mit allem Zubehör und mehrere umliegende Dörfer.[6]

Die Königshöfe Memleben und Wiehe, Tilleda und Ritteburg zeugen auch als Ausstellungsorte von Königs- und Kaiserurkunden von ihrer Bedeutung für das Reich im 10. Jahrhundert. Frankenhausen war seit der Karolingerzeit fest in der Hand des Königtums. Es erscheint 998 als Krongut in einer Schenkungsurkunde Ottos III. für das Kloster Memleben, das die besondere Gunst Ottos II. und Ottos III. genoß. Eine königliche Eigenkirche mit dem Patrozinium Peter und Paul bestand auch in Frankenhausen, deren Anfänge in die karolingische Zeit zurückreichten. Das Martinspatrozinium in Memleben spricht ebenfalls für eine frühe Kirchengründung.

Die Königspfalz Kirchberg oberhalb der Saale bei Jena war der Ausstellungsort von Urkunden Ottos II., Ottos III. und Heinrich II. zu 974, 976, 989, 1000, 1002 und 1009. Die namengebende Kirche kann als eine der ältesten Kirchen im ostsaalischen Raum gelten, deren Name und Geschichte mit der frühen Christianisierung des Sorbenlandes in Verbindung stand.

Gebesee erscheint im sogenannten Breviarium sancti Lulli aus dem 9. Jahrhundert, das die Besitzungen verzeichnet, die Erzbischof Lull von Mainz (gest. 786) zu seinen Lebzeiten von Karl dem Großen erhalten hatte und zur Ausstattung der Reichsabtei Hersfeld verwandte. Dies war in Thüringen u.a. die "villa ... Gebise" mit "70 Hufen" und „44 Mansen". Im Jahre 1004 erscheint „Geuise" als Ausstellungsort einer Urkunde König Heinrichs II. Über die Lage der Hersfelder Villikation enthalten diese beiden Quellen keine Aussagen. Grabungen sicherten die Feststellung einer Hauptburg mit Kirche sowie einer südlich und nördlich vorgelagerten Vorburg. Der Königshof Vogelsberg südöstlich Sömmerdas mit allem Zubehör wurde – laut Schenkungsurkunde Ottos II. von 974 – dem Nonnenkloster (Kreuzstift) zu Nordhausen überlassen. Er lag am Rande einer befestigten Anhöhe, die – mit der Anlage des Königshofes von Gebesee vergleichbar – einen kontrollierenden Überblick nach allen Richtungen ermöglichte. Das Stift zum Heiligen Kreuz in Nordhausen war eine Gründung Mathildes, der Gemahlin König Heinrichs I. Im Jahre 1051 bestätigte König Heinrich III. dem Stift die genannte Schenkung; sie umfaßte nach einer Überlieferung des Stiftes aus dem 14. Jahrhundert 350 Hufen. Die Königshöfe Gebesee und Vogelsberg waren für mögliche Königsaufenthalte eingerichtet, sie bildeten Zwischenstationen zwischen dem Thüringer Zentralort Erfurt und den Königshöfen in der Goldenen Aue bzw. den Reichsburgen am Südharz. Beide Anlagen waren befestigt und in erster Linie Stützpunkte des Königtums. Diese ottonische Pfalz, worauf archäologische Untersuchungen hinweisen, befand sich wahrscheinlich auf dem Klausberg bei Vogelsberg. Dort, über dem Ort Vogelsberg östlich von Sömmerda, erhebt sich eine Anhöhe mit Wallanlagen, die – wie der Bergvorsprung bei Gebesee – diesen Namen, Klausberg, trägt.
Nordwestlich von Gebesee lag die Tretenburg, deren Geschichte und Bedeutung die Präsenz der sächsischen Königsherrschaft in ihrer unmittelbaren Nähe im 10. Jahrhundert geradezu herausforderte. Bis in das 12. Jahrhundert besaß die Tretenburg als Gerichtsstätte eine Mittelpunktsfunktion; noch im ausgehenden Mittelalter war die Erinnerung an die Tretenburg als „Versammlungsstätte des thüringischen Stammes" lebendig.[7]
Seit 962 bestand das Benediktinerkloster Bibra bei Naumburg. Kollegiatstifte wurden zwischen 970 und 985 in Ohrdruf sowie in Oberdorla nach 987 gegründet. Unter Abt Gerhard von Hersfeld (970 bis 985)

wurden die Ohrdrufer Klosteranlage und die St. Petri-Kirche ausgebaut; seit 980 fungierte das Petristift, eine Kongregation von 15 Chorherren mit einem Propst, als geistliche Aufsichtsbehörde und Sitz der geistlichen Gerichtsbarkeit und leitete die Verwaltung der ansehnlichen Hersfelder Güter des Umlandes. Im Zuge dieser strafferen Organisation der Verwaltung übergab Hersfeld wohl auch bald nach 980 das Vogteiamt an die Käfernburger.

Herzog Otto von Schwaben, Neffe Kaiser Ottos II., übereignete Aschaffenburg dem Erzstift Mainz. Unter König Otto II. wurden dem Aschaffenburger Stift u.a. folgende Besitzungen übertragen: die Kirche und der Hof in Rohr, der kaiserliche Besitz in Meiningen und Walldorf sowie der ganze kaiserliche Besitz in der Mark Meiningen.

In Heiligenstadt, dem kirchlichen Vorort des Eichsfeldes und königlichen Pfalzort, haben Otto II. (973), Otto III. (990) und Friedrich Barbarossa (1153) geurkundet. Wiederholt suchten die Mainzer Erzbischöfe in Heiligenstadt und auf der nahegelegenen Burg Rusteberg Zuflucht, wenn sie im Streit mit Widersachern lagen. 990 wurde in Heiligenstadt durch Erzbischof Willigis von Mainz ein Mainzer Suffragan geweiht, und er weihte dort im Jahre 1000 Bischof Burchard von Worms; 1036 fand in Heiligenstadt eine erneute Bischofsweihe statt.[8]

Im Jahre 999 nahm Otto III. eine Schenkung an das Stift in Quedlinburg vor, indem er seiner Schwester Adelheid, Äbtissin des Stiftes Quedlinburg, das Gebiet um Gera („Quandam provinciam Gera dictam“) übertrug.[9] Damit vergrößerte er den Einfluß eines reichsunmittelbaren und mit Aufgaben der Slawenmission beauftragten Kirchenstifts im ostsaalischen Raum. Zudem werden in der Schenkungsurkunde Unfreie beiderlei Geschlechts und eine Mühle genannt.

Rebellion des Hochadels und Reichstag zu Rohr 984

Als Kaiser Otto II. am 7. Dezember 983 in Rom frühzeitig starb, befanden sich seit Juni 983 die Lutizen im Aufstand gegen die sächsich-deutsche Herrschaft, und in den deutschen Gebieten begann sich die Macht des Hochadels wieder zu regen, zumal Otto III. noch minderjährig war. Erneut – wie nach dem Regierungsantritt Ottos II. in den Machtkämpfen 974 bis 978 – stand der bayrische Herzog Heinrich der Zänker an der Spitze der Aufrührer. Auf einer Versammlung von sächsischen und thüringischen Adligen in Quedlinburg riefen diese unter Führung des

Grafen Wilhelm II. von Weimar den Bayernherzog zu ihrem König aus. Erzbischof Willigis von Mainz stand zu dieser Zeit an der Spitze der ottonischen Partei. Die ausbrechenden Kämpfe konzentrierten sich auf Thüringen. Hier hatte der ottonentreue thüringische Adel unter dem Grafen Ekkehard I. die Aufständischen in Wilhelms Burg Weimar eingeschlossen. Daher zielte ein Kriegszug Heinrich des Zänkers im Frühjahr 984 nach Thüringen, um seinen bedrängten Bundesgenossen zu Hilfe zu kommen. Doch die Truppen der Rebellen wurden westlich der Elster eingeschlossen, und Heinrich mußte endgültig auf alle Thronansprüche verzichten. Die meisten deutschen Fürsten schlossen sich dem Mainzer Erzbischof an, der schließlich die Freigabe des in die Hände der Verschwörer gefallenen Königssohnes erzwingen konnte. Die Übergabe erfolgte 984 in Rohr bei Meiningen.
Über Meiningen ist im Jahre 982 urkundlich zu erfahren, daß Kaiser Otto II.,was bereits angedeutet wurde, dem Stift Aschaffenburg sein Eigengut in den Orten Meiningen und Walldorf mit allem Zubehör in der Meininger Mark, im Gau Grabfeld, mit sämtlichen Königsdienstleuten schenkte. Weiterhin waren Wachstum und Bedeutung der Ortschaft Meiningen mit der Werra-Furt und seiner insgesamt günstigen Straßenlage verbunden.

Das nähere und weitere Umland Meiningens war auch im 10. Jahrhundert noch relativ schwach besiedelt. Infolge der seit längerer Zeit vor allem aus den Mainlanden wirkenden fränkischen Einflußnahme waren das unmittelbare Werra- und Gleichberggebiet sowie Teile der Vorderen Rhön und einige Randgebiete des Thüringer Waldes allerdings stärker erschlossen worden. Feudalverhältnisse hatten sich im wesentlichen durchgesetzt; das Land war überzogen mit einem Netz von Fronhofswirtschaften und kleinen Herrensitzen; von Westen her machten die Klöster Fulda und Hersfeld ihren Einfluß geltend und brachten einen umfangreichen Grundbesitz an sich; große Adelsfamilien kämpften um die Vormachtstellung über die Region. Wie in anderen Gebieten hatten die deutschen Könige bzw. Kaiser auch in diesem Raum zahlreichen Splitterbesitz. Orte solchen Reichs- oder Königsgutes waren im Werratal z.B. Salzungen, Breitungen, Walldorf, Meiningen, Belrieth, Vachdorf, Leutersdorf und Trostadt, im Gleichberggebiet Milz, Queienfeld und Beinerstadt, im Vorland des Thüringer Waldes Springstille, Christes, Schwarza und Rohr.

Von besonderer Bedeutung waren die Orte, in denen befestigte Königshöfe oder Pfalzen angelegt worden waren, zu denen Rohr offenbar gehörte. Zu Rohr hatten nachweislich die deutschen Könige Heinrich I. (926), Otto I. (941, 959, zwischen 961 und 966) und Heinrich II. (1003) Hof gehalten und auch Urkunden ausgestellt. Die Bedeutung von Rohr wird auch noch dadurch unterstrichen, daß hier zwischen 815 und 824 ein Benediktinerkloster gegründet worden war, als dessen Hinterlassenschaft die berühmte Krypta der jetzigen Dorfkirche zu gelten hat, während diese bald wieder aufgegebene Niederlassung der Benediktiner nicht mit dem um 1200 bei Rohr entstandenen Nonnenkloster desselben Ordens zu verwechseln ist. Als Königsgut trat Rohr unter Ludwig dem Deutschen in Erscheinung. Die frühmittelalterliche Kirche des 9./10. Jahrhunderts – ein Bauwerk von erstrangiger Bedeutung – zeigt eine für Ostturmkirchen der Frühzeit bemerkenswerte Baukombination zwischen Chor und Krypta. Der Standort der älteren Klosterkirche, der späteren Wehrkirche und jetzigen Dorfkirche ist identisch.[10]
795 werden Kühndorf, 815 Rohr und 827 Schwarza – in enger Nachbarschaft und in der Nähe des Dolmars bei Meiningen gelegen – in einem Verzeichnis der Abtei Fulda erwähnt,[11] die bis ins 10. Jahrhundert hinein im nördlichen Grabfeld eine Vormachtstellung innehatte. Rohr war im frühen Mittelalter auch deshalb von Bedeutung, weil dieser Ort an einer alten Wegegabelung und Handelsstraße lag, die über Dietzhausen und Suhl nach Oberhof bzw. über Schwarza, Benshausen und Zella-Mehlis nach Oberhof zum Kamm des Thüringer Waldes führte, wo über einen Paß das Gebirge überquert wurde.
Der neben dem Kloster nachweisbare Königshof in Rohr wurde nun – im 10. Jahrhundert – zum Ort weittragender politischer Entscheidungen, als sich 984 nach dem Tode Kaiser Ottos II. die Königsfamilie hier mit den Fürsten zu einem Reichstag versammelte. Auf dem Hoftag vom 29. Juni 984 in der Königspfalz Rohr bei Meiningen gab Heinrich der Zänker das entführte Kind, den späteren König und Kaiser Otto III., an seine byzantinische Mutter Theophanu, die seitdem die Vormundschaft führte, und die Königsfamilie zurück.

Diesem Reichstag zu Rohr waren wichtige politische Ereignisse vorausgegangen, worauf schon teilweise hingewiesen wurde. Am 7. Dezember 983 starb plötzlich Kaiser Otto II. in Rom. Sein dreijähriger Sohn Otto III. wurde schon am 24. Dezember 983 in Aachen zum

König gekrönt. Die Minderjährigkeit des Thronfolgers machte sich der Cousin des verstorbenen Kaisers, Herzog Heinrich II. von Bayern, zunutze, der schon unter Otto II. eine gefährliche Opposition gegen das ottonische Königshaus betrieben hatte und deshalb als Herzog von Bayern abgesetzt worden war. Er wollte nun die Königsgewalt an sich reißen und brachte das Kind (Otto III.) in seinen Gewahrsam, während dessen Mutter und Großmutter, die Kaiserwitwen Theophanu und Adelheid, zu den Trauerfeierlichkeiten zu Ehren ihres Gatten bzw. Sohnes in Italien weilten. Zu Ostern 984 ließ sich Herzog Heinrich von Bayern in Quedlinburg von seinen Anhängern zum König wählen. Das rief den Widerstand der Fürsten hervor, die ihre Interessen besser unter der Vormundschaftsregierung der Königin-Mutter Theophanu vertreten sahen. Sie vereinigten sich unter der Führung des Erzbischofs Willigis von Mainz und zwangen Heinrich den Zänker nach wechselhaften bewaffneten Kämpfen zu der Zusage, den jungen König ihnen und seiner Mutter auszuliefern.

Dazu hauptsächlich wurde der Reichstag für den 29. Juni 984 nach Rohr einberufen. Darüber berichten die Chronik des Thietmar von Merseburg und die Quedlinburger Annnalen. Fast sämtliche Fürsten des Reiches sollen nach Rohr gekommen sein, sogar die Kaiserwitwen Theophanu und Adelheid, die einflußreiche Äbtissin Mathilde von Quedlinburg als Tante des Königs, der Herzog Konrad von Schwaben mit Vertretern des schwäbischen, fränkischen, lothringischen und italienischen Hochadels und der König Konrad von Burgund als Parteigänger Ottos; von der Gegenpartei erschienen die Anführer einiger slawischer Stämme und der Thüringer, die bis zuletzt zu Heinrich dem Zänker gehalten hatten. Dieser, von der Macht seiner Gegner überwältigt, konnte nun nicht mehr zögern, den jungen König herauszugeben. Otto „ward von seiner Mutter und Großmutter voll zärtlicher Liebe empfangen“. Weiteres ist zu diesem denkwürdigen Reichstag zu Rohr im Jahre 984 nicht überliefert.

Herzog Heinrich mußte sich im Juni 984 in Rohr unterwerfen. Er entband seine Anhänger ihrer Verpflichtungen. Er war nach dem Tode Ottos II. vom Utrechter Bischof aus seiner Haft entlassen worden, und er hatte 984 versucht, an Stelle des unmündigen Otto III. auf den Königsthron zu gelangen. Er unterwarf sich endgültig 985 in Frankfurt am Main und erhielt das Herzogtum Bayern zurück. Er hielt nun Frieden mit dem ottonischen Kaiserhaus. Am 28. August 995 starb er in

Gandersheim. Sein Nachfolger als Bayernherzog wurde sein Sohn, der nachmalige römisch-deutsche König und Kaiser Heinrich II. Die Vormundschaft über den jungen Königssohn führte dessen Mutter, die byzantinische Prinzessin Theophanu, mit Tatkraft und Umsicht bis zu ihrem frühen Tod 991; ihr folgte – ebenfalls unterstützt von den beiden Kanzlern Willigis von Mainz und Hildibold von Worms – ihre Schwiegermutter Adelheid (gest. 999) in der Regierung, doch schon 994 übernahm der für mündig erklärte 14jährige Otto III. die Regentschaft selbst.

Ekkehardiner – Weimar – Orlamünder - Wettiner und die Ottonen

Als Otto III. nach dem Tode der Byzantinerin Theophanu 991 und der nachfolgenden Vormundschaft seiner Großmutter Adelheid bis 994 volljährig geworden war und die Regierung 994 selbst übernahm, war die Königsmacht im römisch-deutschen Reich schwächer geworden. Umso stärker traten in den deutschen Reichsgebieten die Bestrebungen des Hochadels hervor. In Thüringen und an der Ostgrenze des deutschen Königreiches erstarkte vor allem das Geschlecht der Ekkehardiner. Markgraf Ekkehard I. hatte als Lehen 985 die Mark Meißen erhalten, die um die bisherigen Marken Merseburg und Zeitz erweitert worden war. 986 rückte ein sächsisch-thüringisches Heer gegen Herzog Boleslav II. von Böhmen zur Sicherung der Markgrafschaft Meißen. Im folgenden Jahr wiederholte Markgraf Ekkehard den Feldzug, in dessen Ergebnis Boleslav die Befestigungen der Elblinie, u.a. auch Meißen, wieder zurückgeben mußte.
Seitdem vereinigte Markgraf Ekkehard I. einen Machtkomplex unter seiner Herrschaft, der von Thüringen bis zur Lausitz reichte; er legte damit als Lehensträger der Ottonenkaiser im ausgehenden 10. Jahrhundert die Grundlagen für die wechselvolle gemeinsame Geschichte Thüringens und Sachsens (Obersachsens) in mittelalterlicher und neuerer Zeit.

Die Ekkehardiner, ein altes thüringisches Adelsgeschlecht, hatten ihren ursprünglichen Hauptsitz in Gena (Großjena) nordwestlich von Naumburg nahe des Zusammenflusses von Saale und Unstrut, wo sich auch ihre erste Grablege befand – bevor ihre sterblichen Überreste im Naumburger Dom ihre letzte Ruhestätte fanden, und sie waren um Naumburg begütert. Die wohl ältesten Burgen der Ekkehardiner lagen oberhalb von Gena auf dem Kapellenberg und gegenüber der Unstrutmündung in die Saale (die Altenburg). Im hohen Mittelalter werden Teutonicum Gene (das deutsche Großjena) und Slavicum Gene (das slawische Kleinjena) unterschieden. Nach dem Tode des Markgrafen Gero im Jahre 965 war aus seinem großen Macht- und Einflußbereich im Lande der Lutizen und Sorben der südlichste Teil abgetrennt worden und nach der 929 von Heinrich I. angelegten Burg Mark Meißen genannt; diese umfaßte die sorbischen Gaue der Daleminzier, Nisaner (Elbegebiet um Dresden) und Milzener (Oberlausitz). Geschichtlich hervor trat das Geschlecht der Ekkehardiner mit Günther, dem Sohn eines Ekkehard. Günther wurde durch Otto den Großen im Jahre 965 zum Markgrafen von Merseburg erhoben. Damit übernahm er nach dem Tode des Markgrafen Gero dessen Aufgaben in diesem Teil des östlichen Grenzgebietes des Reiches. Nachdem er in kaiserliche Ungnade gefallen und 976 abgesetzt worden war, 978 aber das Markgrafenamt wiedererlangt hatte, ist er 982 im Kampf gegen die Sarazenen in Italien gefallen. 967/968 war die Gründung des Bistums Meißen erfolgt, wozu die Mark und angrenzende Gebiete gehörten. Im Jahre 985 übertrug Kaiserin Theophanu die markgräfliche Würde an den Thüringer Ekkehard I. Dieser war seit 985 Markgraf der vereinten Marken Meißen, Merseburg und Zeitz, außerdem besaß er u.a. eine Grafschaft westlich von Naumburg. Um 1000, wohl 998, ließ er die nach ihm benannte Eckartsburg auf der Finne nördlich von Apolda errichten. Sie wurde in eine bereits bestehende ältere Befestigung hineingebaut, später ausgebaut. Als Überreste sind noch heute der Wohnturm mit Kamin, romanischer Mauertreppe und Rundbogenfenster aus dem 12. Jahrhundert erhalten. Weitere Burgen der Ekkehardiner entstanden, so saaleaufwärts eine als Steinsburg bezeichnete Burganlage, wahrscheinlich die spätere Rudelsburg. Große Bedeutung erlangte die möglicherweise noch unter Markgraf Ekkehard I. errichtete neue Burg – gemeint ist Naumburg, wohin die Markgrafenburg der Ekkehardiner von Gena bei Naumburg aus verlegt wurde. In der Burg Meißen ließ Ekkehard I. Pfennige prägen, die seinen Namen trugen. Er hatte nicht nur das Recht des Burgenbaus, sondern auch das Münzregal in seine Hand gebracht. Somit waren die Ekkehardiner im Gebiet um Naumburg mit den Herrensitzen Großjena, Eckartsberga und Naumburg begütert; sie erweiterten ihre Besitzungen und Lehen in den Marken Zeitz, Merseburg und Meißen.

Romanische Überreste von der Eckartsburg auf der Finne bei Apolda.
Foto: Sammlung Mägdefrau.

Ekkehard I., Sohn des Markgrafen Günther von Merseburg und Gemahl Suanehilds, der Tochter des sächsischen Herzogs Hermann Billung, stand treu zum sächsischen Königshaus. Er galt als „eine Zierde des Reiches, eine Stütze des Vaterlandes, die Hoffnung der Seinen, ein Schrecken der Feinde, ein vollendeter Mann, hätte er sich selbst beherrschen können". (Thietmar von Merseburg). Sein mächtigster Rivale und Gegner war Graf Wilhelm II. von Weimar. Ekkehard I. erhob – als Anhänger der Ottonen mächtig geworden, von seiner überragenden Machtfülle aus – Anspruch auf Herzogsherrschaft über ganz Thüringen und auf entsprechende Anerkennung. Im Jahre 1000 ließ er sich von thüringischen Adligen – unter Beteiligung von Freien – zum Herzog von Thüringen ausrufen. Im Ergebnis eines Kriegszuges erzwang Ekkehard I. für sich die Huldigung des böhmischen Herzogs Boleslav. Nachdem Kaiser Otto III. 1002 auf der nördlich von Rom gelegenen Burg Paterno verstorben war, meldete Markgraf Ekkehard seine Ansprüche auf die Königskrone an. Bevor der Thronstreit in voller Schärfe ausbrach, wurde der Markgraf auf der königlichen Pfalz Pöhlde durch persönliche Feinde noch im gleichen Jahr, am 30. April 1002, ermordet.
Indessen wurde 1002 der Weimarer Graf Wilhelm als der „damals mächtigste der Thüringer" bezeichnet.[12] Neben den Ekkehardinern galten die Grafen von Weimar als das bedeutendste Adelsgeschlecht im 10. Jahrhundert im thüringischen Raum.
Im 10. Jahrhundert hatten die Grafen von Weimar in verschiedenen Gebieten Thüringens Grafenrechte ausgeübt. Anläßlich eines Gütertausches zwischen König Otto I. und dem Kloster Hersfeld 948/949 werden die Grafen von Weimar in der Person des Grafen Wilhelm I. (gest. 963) genannt. Ihr Herrschaftssitz war die Burg Weimar, die 984 und 1002 erwähnt wird. Die Grafen von Weimar nannten sich seit 1062 zugleich „de Orlagemunde". Die wichtigsten Festungen der Grafschaft Weimar-Orlamünde waren dieBurg Weimar und die Burg Orlamünde über dem Saaleufer im mittleren Saaletal gegenüber der Einmündung der Orla in die Saale zwischen Rudolstadt und Jena. Der großen Bedeutung der Grafen von Weimar-Orlamünde im frühen Mittelalter entsprach die Mächtigkeit ihrer Burgen. Die Burg Orlamünde entstand vermutlich im 10. Jahrhundert als Teil einer Grenzfeste an der Saale. Der Ort Orlamünde wurde 1071 urkundlich erwähnt, die Burg 1115. Der Breitwohnturm hat ca. 11x23 m Grundfläche und zwei Meter starke Mauern; der mächtige Wohnturm, die wahrscheinlich aus dem 11. Jahrhundert stammende Kemenate, ist ein erhaltenswertes Bauwerk.

Die Wettiner tragen ihren Namen nach der Burg Wettin auf dem rechten Saaleufer unterhalb von Halle. Diese ihre Stammburg wird 997 urkundlich erwähnt, sie bildet gemeinsam mit ihren Kernbesitzungen an der Saale den Ausgangspunkt für die territoriale Entwicklung der Wettiner Herrschaftsbildung.

Thüringen und das Reich bis zum Ende der Sächsischen Kaiserzeit (1024)

Als Nachfolger Ottos III. auf dem deutschen Königsthron konnte sich – gegenüber seinem Rivalen Herzog Hermann von Schwaben – der Sohn Herzog Heinrichs des Zänkers von Bayern und Urenkel König Heinrichs I. durchsetzen: Heinrich, seit 995 Herzog von Bayern, aus einer Nebenlinie des sächsischen Herrscherhauses, dessen Wahl zum deutschen König im Jahre 1002 erfolgte. Im Unterschied zur Italienpolitik Ottos II. und Ottos III. verfolgte Heinrich II. (1002 bis 1024) als König und Kaiser (1014 Kaiserkrönung in Rom) eine vornehmlich auf die deutschen Gebiete orientierte Reichspolitik.[13] Unter Führung Graf Wilhelms II. von Weimar (gest. 1003) huldigte der thüringische Adel dem neuen König.[14] Heinrich erließ den Thüringern 1002 die Zahlung des sogenannten Schweinezinses, der noch aus der Zeit der Unterwerfung Thüringens durch die Franken im 6. Jahrhundert stammte. Damals war das unterworfene Thüringen verpflichtet worden, einen jährlichen Tribut, den Schweinezins (500 Schweine jährlich), an die königlichen Höfe der Franken zu entrichten. Der Schweinezins, der den Thüringern erst 1002 von König Heinrich II. erlassen wurde, war also ein Unterwerfungszins, wie ihn die fränkischen Könige im 8. Jahrhundert von den Sachsen in Form von Pferden forderten.
Die Gründung des Bistums Bamberg im Jahre 1007 durch Kaiser Heinrich II. war „das berühmteste von all seinen Werken“.[15]
Während der Regierungszeit Heinrichs II. standen Allstedt mit 12 und Mühlhausen mit sieben Königsaufenthalten diesbezüglich in Thüringen an der Spitze. Schon in fränkischer Zeit war der heutige Schloßberg befestigt, der zum Standort der Pfalz Allstedt wurde. Sie lag inmitten eines fruchtbaren, ertragreichen Gebietes, und sie war im Zeitalter der Ottonen eine von Königen und Kaisern häufig aufgesuchte Pfalz des Reiches. Obwohl ihre Bedeutung später zurückging, wird Allstedt noch im deutschen Rechtsbuch des Sachsenspiegels (um 1220) zu jenen fünf

Pfalzen gezählt, in denen der König „echten Hof" hielt. Für Gebesee liegt lediglich eine Königsurkunde Heinrichs II. aus dem Jahre 1004 vor.
In der Tradition der Karolinger betrieben die Ottonen wie die nachfolgenden Salier- und Stauferkaiser in Thüringen eine aktive, Königsherrschaft und Krongut sichernde, die Grenzen schützende, die eroberten Gebiete militärisch beherrschende Burgen- und Reichspolitik. Auf Grund der Grenzlage Thüringens, seiner engen Bindung an das Königsland Sachsen, seiner Mittellage, die es seit der zweiten Hälfte des 10. Jahrhunderts im Zuge der Ostexpansion gewann, war die Burgenpolitik der Sachsenkönige in diesem, ihrem königsnahen deutschen Kernland Thüringen zugleich Macht- und Reichspolitik von oberster Priorität. Die Burgengeschichte Thüringens war zu einem guten Teil Reichsgeschichte. Burgen und Pfalzen der ottonischen Kaiserzeit waren wie bisher die Zentren der Königsherrschaft und des Krongutes in Thüringen, aber – im Vergleich zur Zeit der Karolinger – zahlreicher, architektonisch entwickelter und funktional vielseitiger. Daneben, im Mit- und Gegeneinander, entwickelte sich die Burgenpolitik des Adels, insbesondere des Hochadels, als wichtigstes Element seines Macht- und Herrschaftsstrebens. Viele Burgen schützten die für die Existenz ihrer Burgherren und –besatzungen lebenswichtigen Wirtschaftsgrundlagen, Dörfer, Siedlungen und Höfe, Äcker, Weiden, Fluren und Wälder als Zentren wie auch immer strukturierter Wirtschaftsbereiche. Die Bauern leisteten Burgendienst in Form von Arbeitsleistungen; nur im Falle der allgemeinen Landesnot wurden sie zur Landesverteidigung oder zur Sicherung des Landfriedens aufgeboten.
Mindestens ebenso große Aufmerksamkeit widmeten die Sachsenkaiser von Otto dem Großen bis Heinrich II. der Reichskirche.
Nach dem Tode des Markgrafen Gero 965 wurde aus dessen großer Markgrafschaft u.a. die Mark Merseburg herausgelöst. Otto der Große errichtete im Rahmen der Slawenmission in Merseburg ein Bistum, das er – nach Abtrennung dieses Gebietes vom Bistum Halberstadt – dem Erzbistum Magdeburg unterstellen ließ. 967 wurden die Verhandlungen mit der Kurie erfolgreich abgeschlossen und 968 das Hochstift Merseburg gegründet. 981 mit Zustimmung Ottos II. wieder aufgelöst und unter die Bistümer Meißen, Zeitz und Halberstadt aufgeteilt, betrieb Otto III. seit 997 die Wiedererrichtung des Bistums Merseburg: diese erfolgte tatsächlich 1004 durch Heinrich II. Die Diözese umfaßte westlich

der Saale einen Teil des Hochseegaus mit seit längerer Zeit christianisierter Bevölkerung, sie dehnte sich östlich der Saale im sorbischen Gebiet bis zur Mulde aus; die Nordgrenze verlief vom Unterlauf der Elster bis zur Mulde nordwestlich von Wurzen, die Südgrenze von der Mulde nahe Penig, nordwestlich bis zur Saale unterhalb von Weißenfels. Christianisierung und Siedlung machten im hohen Mittelalter sichtbare Fortschritte. Neben den Magdeburgern und Halberstädtern gehörten die Merseburger Bischöfe später zu den schärfsten Widersachern Heinrichs IV. Als bedeutender Geschichtsschreiber der sächsischen Kaiserzeit trat Thietmar von Merseburg (1009 bis 1018) hervor.
Seit 975 (bis 1011) war Willigis, ein Mann aus dem Volke, aber freier Herkunft, Erzbischof von Mainz. Er war 971 Kanzler Ottos I., nach dessem Tode Ottos II. geworden, sicherte als treuer Anhänger der Sächsischen Königsdynastie durch Unterstützung Theophanus und Adelheids Otto III. die Krone und setzte sich nach dessem Tode für die Thronerhebung Heinrichs II. 1002 ein. Willigis war eine zentrale Figur des ottonischen Reichskirchensystems, ein engster Vertrauter und Ratgeber des Kaisers. Er weihte auch den Sachsen Dietmar zum Bischof von Prag, der als Suffragan dem Mainzer Erzbischof unterstand. Mit großem Erfolg wirkte er für die Wiederherstellung des Bistums Merseburg und die Gründung des Bistums Bamberg. Er sicherte dem Mainzer Erzbischof das Recht, die Krönung des deutschen Königs zu vollziehen. Die Mainzer Erzbischöfe nahmen im Laufe des 10. Jahrhunderts die führende Position unter den Erzbischöfen, Bischöfen und Äbten des Reiches ein, zu ihrer Erzdiözese gehörten große Teile Süd-, West- und Mitteldeutschlands.

Seit der Ottonenzeit wurden die Besitzungen der Mainzer Kirche in Thüringen durch Reichsgüter und –rechte erheblich vermehrt. Die materiellen Grundlagen bildete wie bei anderen Bistümern die Ausstattung der Mainzer Kirche mit Besitzungen, Rechten und Einkünften. Im ausgehenden 10. Jahrhundert überließ das Königtum in Erfurt dem Erzbischof von Mainz umfangreiche Besitz- und Herrschaftsrechte,[16] so daß sich der thüringische Vorort Erfurt neben Aschaffenburg zum weiteren Mittelpunkt erzbischöflicher Herrschaft außerhalb der Metropole Mainz entwickeln konnte. Für die Mainzer Erzbischöfe war ihre entscheidende, einflußreiche Mitwirkung an der Reichspolitik und –verwaltung ebenso bedeutsam und wichtig wie ihr kirchliches Amt als geistliche Oberhirten ihrer Erzdiözese. Auf Grund der großen Ausdehnung der Mainzer Diözese ließen sich die Erzbischöfe von Chorbischöfen und Archidiakonen unterstützen. Im Laufe des ausgehenden 10. und 11. Jahrhunderts wurden mehrere kirchliche Mittelpunkte außerhalb der Metropole Mainz in Form von Kanonikerstiften geschaffen, die als mainzische Eigenstifte dem Erzbischof unmittelbar unterstanden. So gründete Erzbischof Willigis in Thüringen das Petersstift bei Sondershausen und das Peter- und Paul-Stift Dorla bei Mühlhausen. Unter Erzbischof Willigis entwickelten sich die Kanonikerstifte zu geistlichen Mittelpunkten wie zu Herrschaftszentren der Mainzer Erzbischöfe, nicht zuletzt zur Erweiterung ihres Territoriums und Einflusses. Die Kanonikerstifte waren entscheidende Träger der Diözesanverwaltung und erzbischöflichen Territorialpolitik.

In Erfurt verfügte das Königtum auch weiterhin über Hoheits- und Herrschaftsrechte, und die Beziehungen der Krone zu Erfurt blieben das ganze Mittelalter hindurch eng. Das schließt nicht aus, daß im Zuge des Auf- und Ausbaus des Reichskirchensystems auch politische Herrschaftsrechte über Erfurt an das Erzbistum Mainz seitens der Ottonen im ausgehenden 10, Jahrhundert übertragen wurden.

Große Bedeutung hatte im 10. Jahrhundert Memleben erlangt. Dessen Großkirche war offenbar seitens der Ottonen als ein zentrales Pfalzstift vorgesehen. Heinrich II. nahm 1002 die rechtliche Gleichstellung Memlebens mit Fulda, Corvey und Reichenau vor. Doch nach der Erneuerung des Bistums Merseburg durch Heinrich II. 1004 und vor allem durch dessen Orientierung auf Bamberg verlor Memleben seine einstige Bedeutung. Unmittelbar nach seinem Regierungsantritt hatte König Heinrich II. begonnen, die Kirche in Merseburg wieder zu stärken, nachdem das Bistum Merseburg von 981 bis 1004 vorübergehend aufgehoben gewesen war. 1009 erhielt die Kirche alle Höfe innerhalb und außerhalb des Ortes Merseburg, Markt-, Zoll- und Münzrechte sowie Güter in Thüringen. 1006 bekam das Bistum Merseburg Besitzungen am Südrand des Harzes samt Bergbaurechten übertragen. Seine besondere Bedeutung erlangte das Merseburger Bistum dadurch, daß Merseburg eine der königlichen Pfalzorte an der Saale war, an dem mit slawischen Großen bevorzugt Verhandlungen geführt wurden und über den ein wichtiger alter Weg aus dem Reich nach Polen führte.

Vor allem aber verfolgte König Heinrich II., wie gesagt, seit seiner Thronbesteigung 1002 den Plan, in seinem „von Kindheit an einzig

geliebten" väterlichen Erbgut Bamberg ein Bistum zu gründen.[17] Unmittelbar nach der Pfingstsynode von 1007 hatten Boten des Königs in Rom die Zustimmung Papst Johanns XVIII. zu diesem Vorhaben eingeholt, am 1. November 1007 wurde darüber auf einer Reichsversammlung in Frankfurt am Main mit Erzbischöfen und Bischöfen beraten. Jahre der Vorbereitung waren vorausgegangen. Um Bischof Heinrich I. von Würzburg zum Verzicht auf Teile seines Sprengels zugunsten der Ausstattung des Bistums Bamberg zu gewinnen, waren diesem in den Vorverhandlungen nicht nur die Erhebung seines Sitzes zur erzbischöflichen Würde in Aussicht gestellt, sondern dem Würzburger auch 150 Hufen im Gebiet um Meiningen überlassen worden. Das fränkische Bistum Würzburg, von dem im Jahre 1007 das Bistum Bamberg abgetrennt wurde, hatte in dem Heiligen Kilian seinen Hauptpatron. Auch der Auftrag „Slawenmission" klang bei der Gründung des Bistums Bamberg 1007 an. Schließlich gaben alle Erzbischöfe und Bischöfe des Reiches – mit dem ersten Erzbischof Willigis von Mainz an der Spitze – dem König zur Gründung des Bistums Bamberg, am Platze der alten Stammburg der Babenberger, ihre Zustimmung. Der 1. November 1007 in Frankfurt am Main wurde damit zugleich zur „eigentlichen Geburtsstunde der kulturellen Eigenentwicklung Oberfrankens in geschichtlicher Zeit".[18] Darüber hinaus sollte Bamberg das neue kirchliche, kulturelle und politische Zentrum des Königreiches werden. Seit 1012 entstand der Bamberger Dom – in Fortsetzung der in Magdeburg begonnenen Tradition ottonischer Baukunst im spätromanischen Stil. In dessen Gruft wurde Heinrich II. nach seinem Tode (1024) beigesetzt, seine Gemahlin Mathilde ebenfalls.
Das Bistum Bamberg wurde mit umfangreichen Besitzungen ausgestattet. Am 7. Mai 1008 wurde – nach der Dotierung Bambergs – die Abtretung von 150 Mansen um Meiningen an Würzburg als Entschädigung für den verlorengegangenen Diözeseanteil urkundlich besiegelt. Damit fanden die traditionsreichen Beziehungen zwischen Würzburg und Meiningen ihre Begründung bzw. Festigung. Im südwestthüringischen Raum lagen bedeutende Königsgüter. Neben dem großen, urkundlich 1016 nachweisbaren Reichsforst um Breitungen ist von weiteren Krongütern zwischen Gleichbergen und Rhön, Werra und Thüringer Wald auszugehen. Heinrich II. verlieh 1016 einen großen Wildbannbezirk östlich der Werra an das Kloster Hersfeld, während das Kloster Fulda zwei Jahre zuvor den Wildbannbezirk Lupnitz erhalten

Kaiser Heinrich II. Brunnenfigur auf dem Marktplatz in Meiningen. Das Original der 1968 aufgestellten Kopie wurde 1872 errichtet und erinnert an die Legende, nach der Heinrich den Bau der Meininger Stadtkirche St. Marien genehmigt und gefördert habe.
Foto: B.Großmann, Hennebergisches Museum Kloster Veßra.

hatte. Auch wurden Besitzungen des Klosters Memleben an Merseburg und Bamberg übertragen; schließlich wurde das Kloster Memleben im Jahre 1015 dem Kloster Hersfeld inkorporiert und bestand als Propstei weiter. Dieses Jahr – 1015 – bildete den Höhepunkt in der Wiederherstellung des Bistums Merseburg; ehemals zu Magdeburg gehörende Burgwarde wurden vom König Merseburg zugeschrieben. Durch diese Maßnahmen und nach der Einsetzung von königlichen Vertrauten als Bischöfe in Magdeburg, Merseburg und Bamberg erreichte Heinrich II. eine Steigerung im Ausbau des Reichskirchensystems.
Weitere Benediktinerklöster wurden in Herrenbreitungen (um 1000) und Göllingen (1005) gegründet, es entstanden die Kollegiatstifte Jechaburg (vor 1004) und Heiligenstadt (vor 1022).

Im Jahre 1005/1006 übertrug der Adlige Günther dem Hl. Wigbert zum Altar der Kirche zu Göllingen, einem Hersfelder Nebenkloster, aus seinem Erbgut und demjenigen der Söhne seines wohl schon verstorbenen Bruders Sizo die Güter Thürungen, Günserode, Ichtershausen und Eschenbergen mit Hörigen und allem Zubehör. Weitere Bestimmungen über Besitz- und Vogteirechte, die das Käfernburger Grafengeschlecht, die Reichsabtei Hersfeld und das Benediktinerkloster Göllingen betreffen, deuten auf eine große Stiftung hin. Die Benediktinerpropstei Göllingen an der Wipper westlich von Frankenhausen war aus altem Hersfelder Besitz hervorgegangen und im ausgehenden 10. Jahrhundert offenbar auch von Hersfeld aus gegründet worden, von dem es auch abhängig blieb. 1005 wurde das Kloster Göllingen in dem genannten Zusammenhang erstmals urkundlich erwähnt. Da Günther unmittelbar nach diesem Rechtsakt aus der weltlichen Herrschaft ausschied, in den geistlichen Stand übertrat und ein streng monastisch-religiöses Leben führte, handelte es sich bei dem Genannten ganz offensichtlich um Günther den Eremiten aus dem Käfernburger Grafengeschlecht; er verstarb im Jahre 1045. Günthers Familie erhielt infolge des Schenkungs- und Tauschvollzugs von 1005/1006 die Vogteirechte vom Kloster Hersfeld zu Lehen über Ohrdruf, Wechmar, Schwabhausen und Emleben, also in nebeneinander liegenden Orten am Südwestrand des Thüringer Beckens bei Arnstadt, was der Herrschaftsbildung der Käfernburger in diesem Raum förderlich war. Mit der Erwerbung der Vogtei über den Ort Kölleda am Nordrand des Thüringer Beckens ebenfalls 1005/1006 griffen sie bereits weit darüber hinaus. Zweifellos gehören Günther der Eremit und sein ebenfalls 1005/1006 genannter Bruder Siz(z)o in die Ahnenreihe der Grafen von Käfernburg-Schwarzburg. Die genannte Schenkung wurde zu Weihnachten 1005 in der nordthüringischen Königspfalz Wallhausen vollzogen. Die Stetigkeit der Personennamen in den Quellen von 722, 802 und 1005/1006 läßt verwandtschaftliche Generations- und Traditionslinien der käfernburgisch-schwarzburgischen Grafendynastie erkennen, die oft an wesentlichen Vorgängen und Entscheidungen der thüringischen Geschichte im Mittelalter beteiligt war. Der Name Siz(z)o, Bruder des nachmaligen Eremiten Günther, tritt im Rahmen der Käfernburger Familiengeschichte erstmals seit 1005/1006 auf, und Sizzo wurde als Personenname innerhalb der Familie bis über die Mitte des 12. Jahrhunderts hinaus vorherrschend, während danach Günther zum Leitnamen der verschiedenen Linien des Hauses Käfernburg-Schwarzburg wurde.

Kloster St. Wigbert in Göllingen. Klosterturm, Ostseite. Stiftung Thüringer Schlösser und Gärten. Foto: C. Beyer, Weimar.

Kloster St. Wigbert in Göllingen. Krypta. Stiftung Thüringer Schlösser und Gärten. Foto: C. Beyer, Weimar.

Kloster St. Wigbert in Göllingen. Glockengeschoß. Stiftung Thüringer Schlösser und Gärten. Foto: C. Beyer, Weimar.

Der Orlagau wurde trotz seiner Lage vorwiegend östlich der Saale beim Erzbistum Mainz belassen. Das ganze Mittelalter hindurch – bis zur Reformation – gehörte die „terra Orla" kirchlich zum späteren Archidiakonat Beatae Mariae Virginis, das – nach Bildung der Archidiakonatsverwaltung des Mainzer Erzbistums vornehmlich durch Erzbischof Adalbert I. zu Anfang des 12. Jahrhunderts – seinen Sitz in der Propstei St. Marien, dem heutigen Dom, in Erfurt hatte.
Erzbischof Willigis von Mainz hatte der kirchlichen Organisation im thüringischen Raum nicht geringe Aufmerksamkeit geschenkt. –Es kann sicherlich davon ausgegangen werden, daß er die Diözesanverwaltung in Thüringen entscheidend förderte, obwohl es in seiner Amtszeit noch nicht zur Errichtung von Archidiakonaten kam.
Zu den Besitzungen des Mainzer Erzbistums in und um Erfurt waren Besitzungen des Erzstifts im Eichsfeld und im Unstrutgebiet sowie in der Umgebung von Gotha, Weimar und Apolda hinzugekommen. Indessen besaß das Kloster Fulda allein im Territorium der späteren Grafschaft Henneberg-Schleusingen Streubesitz in 114 Ortschaften.

Hl. Gunther als Einsiedler. Ölgemälde in der Wallfahrtskirche Frauenbrünnl (Guntherkircherl). Foto: J. Dengler, Rinchnach.

Das Fuldaer Servitienverzeichnis aus der Zeit um das Jahr 1000 verzeichnet Fischlieferungen u.a. aus Salzungen an der Werra[19], das heißt, daß Salzungen zu den Fischlieferanten für die Stiftstafel in Fulda gehörte. Der Fischerei wurde im Mittelalter überhaupt wegen der Fastenspeise große Aufmerksamkeit und den Fischern besondere Förderung zuteil. Mit Meiningen kamen 1008 und danach auch umliegende Orte und Befestigungsanlagen wie der Platz der späteren Habichtsburg sowie Walldorf an das Würzburger Bistum. Im hohen und späten Mittelalter konnte von der Habichtsburg aus eine Verkehrs- und Handelsstraße gesichert werden, die von Erfurt über Schmalkalden nach Würzburg bzw. Frankfurt am Main durch die Haßfurtschlucht führte. An Stelle der späteren Wehrkirche befand sich in Walldorf vormals eine burgähnliche Befestigungsanlage, deren Ursprung möglicherweise bis in die fränkische Zeit zurückreichte; von dort aus konnte die Werrafurt der Hohen Straße gesichert werden.

Bis zur Mitte des 11. Jahrhunderts waren neben dem Erzstift Mainz sowie den Reichsabteien Hersfeld und Fulda Klöster und Kirchen im thüringischen Raum zahlreich vertreten, verfügten die Bistümer, Klöster und Kirchen von Bamberg und Würzburg, Quedlinburg und Magdeburg, Merseburg und Naumburg in Thüringen über Besitz, Einfluß und politische Macht.

Seit der Missionierung und Christianisierung durch Bonifatius und seine Weggefährten beeinflußte der Benediktinerorden die Entwicklung in Thüringen maßgeblich. Die Mönche hatten Anteil an der Kultivierung des Landes. In den Klöstern der Benediktiner entwickelte sich ein reges kirchlich-geistiges Leben.
In der Chronik des Bischofs Thietmar von Merseburg, die zwischen 1012 unds 1018 entstand, wird auch über thüringische Geschichte berichtet.[20] Im frühen und hohen Mittelalter wurde an vier Orten Thüringens Geschichtsschreibung betrieben: in Erfurt, Reinhardsbrunn, Eisenach und Nordhausen. In Nordhausen entstanden um 975 bzw. zu Beginn der Regierungszeit Heinrichs II. zwei Lebensbeschreibungen von König Heinrichs Gemahlin Mathilde..
Mit Klöstern und Kirchen, Burgen und Pfalzen entstanden Bauwerke der Romanik von Rang.
Auch die wirtschaftliche Entwicklung kam unter den Ottonen und ersten Saliern voran. Nach der Beseitigung der Ungarngefahr blühten Wirtschaft und Handel auf.
Eisengewinnung und –verarbeitung ist im Thüringer Wald seit der Zeit um 900 in „Vezzerun“ nachweisbar. Urkundliche Erwähnungen für den Schmalkalder Raum liegen erst aus dem 14. Jahrhundert vor, doch kann davon ausgegangen werden – zum Beispiel wurden in Schmalkalden mittelalterliche Stadtbereiche auf Schlacke erbaut -, daß der Bergbau auf Eisenerz bereits im frühen Mittelalter verbreitet war. Das gilt sicherlich auch für die Gebiete um Suhl, Zella, Ruhla, Steinbach bei Liebenstein u.a.
Beachtliche Ergebnisse erbrachte die mittelalterlich-archäologische Slawenforschung mit der Untersuchung des Gräberfeldes von Espenfeld aus dem 10. bis 12. Jahrhundert. Die Grabbeigaben für slawische Frauen verweisen auf relativ reichhaltigen Schmuck wie Schläfenringe, Perlenketten, Fingerringe und Filigranschmuck. Männer mit Sporen lassen auf sozial gehobene Stellung eines Teils der Slawen schließen, ebenso wie die Funde von kostbaren Karneol- und Bergkristallperlen, die aus dem Fernhandel kamen bzw. eine enge Beziehung zu dem etwa 25 km entfernten Erfurt annehmen lassen. Der Erfurter Wenigemarkt (1217 forum parvum) mit der 1110 erwähnten Ägidius-Kapelle dürfte bereits im 9./10. Jahrhundert Bedeutung für den Handel mit Slawen besessen haben.
Die Warenzirkulation bewirkte auch in Thüringen eine allmähliche Entfaltung der Ware-Geld-Beziehungen und löste damit einen größeren

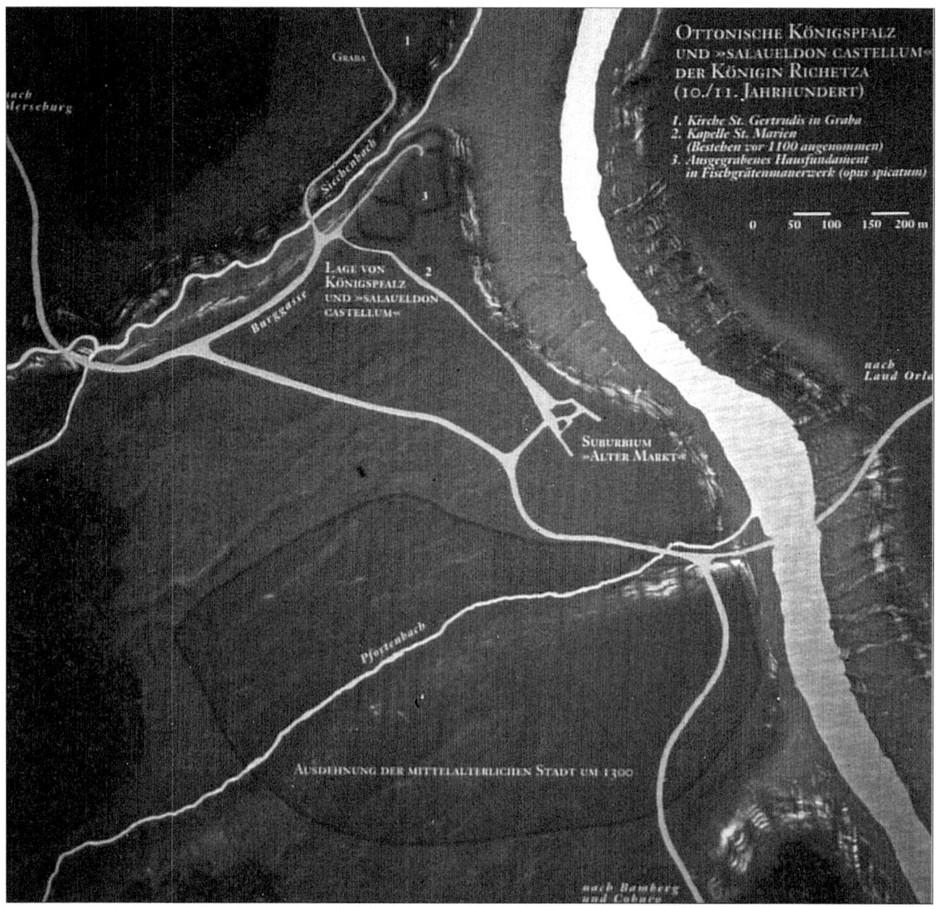

Topographische Karte des Saalfelder Raumes um 1000 mit Lageplan der ottonischen Königspfalz. Stadtmuseum Saalfeld im Franziskanerkloster.

Bedarf an gemünztem Geld aus. Die ältesten Münzprägungen Thüringens (zweiseitige Denare) sind aus Erfurt nachweisbar. Erfurt war die wichtigste Münzstätte Thüringens in der geldgeschichtlichen Periode des Fernhandelsdenars (ca. 940 bis etwa 1125).

Auf königlichem Hof- und Reichsgut entwickelten sich im Schutze der dortigen Reichsburgen Mühlhausen und Nordhausen zu Orten frühstädtischen Charakters unter Königsherrschaft. Nordhausen war, wie festgestellt, seit 962 im Besitz des Marktrechtes seitens des Königs. Für das

Slawische Trachtbestandteile u.a. aus einem Gräberfeld bei Saalfeld. Fotoatelier Streitberger, Saalfeld. Stadtmuseum Saalfeld im Franziskanerkloster.

Gebiet zwischen Saale und Oker, Unstrut und Helme werden im Jahre 994 sieben privilegierte Marktorte genannt. Bis zur Mitte des 11. Jahrhunderts lassen sich als Marktorte oberhalb der Linie Erfurt – Schmölln u.a. nachweisen: Wallhausen (994), Rottleberode (994) und Eisleben (994/1045) in Verbindung mit Bergbau, Memleben (994) durch Kaiser Otto III., der an diesem alten und beliebten Ort der ottonischen Königsherrschaft mit Königshof und Kaiserpfalz dem dortigen Benediktinerkloster die Markt-,

Steilhang nach Westen zum Mühlgraben und zur Zorge mit alter Stadtbefestigung. Auf dem Gelände zwischen Dom und „Finkenburg" (verdeckt) entstanden die ottonische Burg und Pfalz. Aufnahme um 1930, Stadtarchiv Nordhausen.

Münz- und Zollgerechtigkeit im Ort Memleben verlieh, Naumburg (1033) unter bischöflicher Herrschaft, Sulza (1046/1063) in Verbindung mit Salzgewinnung und Chorherrenstift, Schmölln (1066). Es entstanden wichtige ökonomische und politische Bedingungen und Voraussetzungen für die Herausbildung der Städte.

Schlußbemerkung und Ausblick

Nachdem die Geschichte Thüringens in das 10. Jahrhundert eingetreten war, war im Jahre 908 das Thüringer Markherzogtum erloschen. Es wurde auch später nicht erneuert und bedeutete für lange Zeit den Verlust einer regionalen Führungsspitze. Indessen unterstellten die Sachsenkönige und –kaiser Thüringen der Reichsgewalt direkt. In dieser Stellung wandelte sich der thüringische Raum in Verbindung mit Sachsen im Laufe des 10. Jahrhunderts infolge der ottonischen Ostexpansion und –kolonisation von einer Grenzregion des Reiches zu einer Kernlandschaft des römisch-deutschen Kaiserreiches und zu einem königsnahen Zentrum mit starker integrativer Funktion und Wirkung, wozu die historisch wachsende Mittellage in zunehmendem Maße beitrug. Die Thüringer nahmen einen anerkannten Platz unter den deutschen Stammesverbänden ein. Gentile Traditionen und thüringisches Eigenbewußtsein fanden ihren Ausdruck beispielsweise im Streben Ekkehards I. um 1000 nach Wiedererrichtung des Thüringer Herzogtums und bei der Königswahl Heinrichs II. 1002. Die Ekkehardiner Markgrafen und die Grafen von Weimar-Orlamünde repräsentierten damals starke politische Kräfte mit regionalen Eigeninteressen und ausgeprägtem thüringischen Traditionsbewußtsein. Unter den Saliern wurden Thüringen und Sachsen im 11. und beginnenden 12. Jahrhundert zum Hauptfeld schwerer Auseinandersetzungen zwischen Königen und Fürsten um Königs- oder Adelsherrschaft. Erst 1130/1131 erlangte Thüringen wieder eine regionale Führungsspitze mit der Schaffung der Landgrafschaft Thüringen durch König Lothar III. Die Landgrafschaft Thüringen, die von 1130/1131 bis 1247 bestand, bedeutete einen Höhe- und Glanzpunkt unserer Geschichte und Kulturgeschichte. Neben und mit den Ludowinger Landgrafen entwickelten sich die Wettiner Markgrafen zu den bedeutendsten Herrscherdynastien im mittelalterlichen Raum. Nach 1247 traten die Wettiner das Erbe der Ludowinger in Thüringen an. Thüringer Identität und Landesbewußtsein erhielten sich über die Jahrhunderte.[21]

Anmerkungen zu Kapitel II

1 Otto Dobenecker (Hg.), Regesta ... Thuringiae, Bd. 1, Nr. 43, 70.

2 Ebenda, Nr. 348.

3 Deutsche Geschichte, Bd. 1: Von den Anfängen bis zur Ausbildung des Feudalismus Mitte des 11. Jahrhunderts, hg. von Joachim Herrmann, Berlin 1982, S. 372.

4 Vgl. Otto Dobenecker (Hg.), Regesta ... Thuringiae, Bd. 1, Nr. 354.

5 Ebenda, Nr. 566.

6 Ebenda, Nr. 585. – Weiter vgl. die neuen Überlegungen von Johannes Fried, Die Frauen und die politische Macht im 10. Jahrhundert. Grenzen der Erkenntnis oder Die Gründung des Klosters Memleben, in: Josef Hartmann (Hg.), Sachsen und Anhalt, Bd. 20, 1997, S. 29-48.

7 Vgl. A. Keilitz, Die thüringische Bonifatiuslegende, Überlieferung und Text 1941 (Ungedrucktes Manuskript im Thüringischen Hauptstaatsarchiv Weimar).

8 Otto Dobenecker (Hg.), Regesta ... Thuringiae, Bd. 1, Nr. 592a.

9 Vgl. Julius Alberti, Urkundensammlung zur Geschichte der Herrschaft Gera im Mittelalter, Gera 1881, Nr. 1, S. 5.

10 Über die mittelalterlichen, zumeist spätmittelalterlichen Wehrkirchen Thüringens (Rohr, Vachdorf, Queienfeld, Ritschenhausen, Einhausen, Obermaßfeld, Stepfershausen, Herpf, Kaltensundheim, Walldorf, Seebergen, Espenfeld, Sülzenbrücken, Siegelbach, Dienstädt, Kleinbreitenbach, Kirchhasel, Oberoppurg, Schüptitz, Reinstädt, Milda) vgl. Heinz Müller, Wehrhafte Kirchen in Sachsen und Thüringen, Waltersdorf/Oberlausitz o.J.; Helmut Müller u. Ingrid Gräfe, Wehrhafte Kirchen des mittleren Werragebietes = Südthüringer Forschungen, Jg. 3, 1967, H. 3, Meiningen.

11 Eilhard Zickgraf, Die gefürstete Grafschaft Henneberg-Schleusingen. Geschichte des Territoriums und seiner Organisation, Marburg 1944, S. 40.

12 Vgl. Hans Eberhardt, Die Anfänge und die ersten Jahrhunderte der Stadtentwicklung, in: Geschichte der Stadt Weimar. Im Auftrage des Rates der Stadt Weimar hg. von Gitta Günther u. Lothar Wallraff, Weimar 1975, S. 67.

13 Die Wende der DDR – Mediävistik in der Bewertung der Italien- und Kaiserpolitik von überwiegend negativen Einschätzungen zu positiveren Beurteilungen zeigen an: Evamaria Engel u. Eberhard Holtz (Hg.), Deutsche Könige und Kaiser des Mittelalters, Leipzig – Jena – Berlin 1989. – Weiter vgl. Bernd Schneidmüller u. Stefan Weinfurter (Hg.), Otto III. – Heinrich II. Eine Wende? = Mittelalter-Forschungen, hg. von Bernd Schneidmüller u. Stefan Weinfurter, Bd. 1, Sigmaringen 1997.

14 Michael Gockel (Die deutschen Königspfalzen. Repertorium der Pfalzen, Königshöfe und übrigen Aufenthaltsorte der Könige im deutschen Reich des Mittelalters, hg. vom Max-Planck-Institut für Geschichte, Bd. 2: Thüringen, Göttingen 1986, S. 244/245) erwähnt das von Thietmar von Merseburg zum 20. Juli 1002 geschilderte Zusammentreffen König

Heinrichs II. mit Graf Wilhelm von Weimar und den übrigen thüringischen Großen, bei dem Heinrich als König in Thüringen anerkannt wurde und er seinerseits den Thüringern den 531 auferlegten Schweinezins erließ; ob dieses Ereignis auf der Reichspfalz Kirchberg bei Jena stattfand, was in der Literatur vielfach angenommen wird, läßt Gockel offen.

15 Robert Holtzmann, Geschichte der sächsischen Kaiserzeit, 5. Aufl., München 1967, S. 408. – In seiner Studie „Cölbigk, Burgscheidungen und Mücheln – Schenkungen Heinrichs II. an Bamberg? Zur Entstehung der bambergischen Besitzungen im thüringisch-sächsischen Raum", in: Josef Hartmann (Hg.), Sachsen und Anhalt, Bd. 20, 1997, S. 175-212, unternimmt Holger Kunde den Versuch, eine Bestandsaufnahme der Bamberger Güter im sächsisch-thüringischen Raum vorzunehmen; denn gerade hier lag ein Herrschaftszentrum Heinrichs II., des letzten Liudolfingerkönigs; fast die Hälfte aller nachweisbaren Königsaufenthalte entfallen auf Sachsen und Thüringen.

16 So Karl Heinemeyer, Mainz, in: Theologische Realenzyklopädie, Bd. XXI., Berlin/New York 1991, S. 712.

17 Otto Meyer, unter Mitarbeit von Elisabeth Roth u. Klaus Guth, Oberfranken im Hochmittelalter, Bayreuth 1987, S. 11.

18 Ebenda, S. 12.

19 E. Dronke, Traditiones et Antiquitates Fuldenses, 1844, S. 55.

20 Thietmar von Merseburg, Chronik, neu übertragen u. erläutert von Werner Trillmich = Ausgewählte Quellen zur deutschen Geschichte des Mittelalters. Freiherr vom Stein-Gedächtnisausgabe, hg. von Rudolf Buchner, Bd. IX, Berlin o.J., S. 10, 72, 154, 200 u.ö.

21 Vgl. Matthias Werner, Die Anfänge eines Landesbewußtseins in Thüringen, in: Michael Gockel (Hg.), Aspekte thüringisch-hessischer Geschichte, Marburg/Lahn 1992, S. 81-138; Werner Mägdefrau, Thüringen im Mittelalter. Vom Königreich zur Landgrafschaft, Jena 1996/1998; Derselbe, Thüringen im Mittelalter. Strukturen und Entwicklungen zwischen 1130 und 1310, Erfurt 1999; Derselbe, Mittelalterliches Thüringen. Vom 11. Jahrhundert bis zur Begründung der Landgrafschaft im 12. Jahrhundert, Bad Langensalza 2000; Hans Hoffmeister u. Volker Wahl, Die Wettiner in Thüringen. Geschichte und Kultur in Deutschlands Mitte, Arnstadt-Weimar 1999.

Kapitel III

Quellen- und Literaturverzeichnis (Auswahl)

Bibliographien, Forschungs- und Literaturberichte

Behm-Blancke, Günter: Die altthüringische und frühmittelalterliche Siedlung Weimar. Ergebnisse der Stadtkernforschung 1947-1949, in: Frühe Burgen und Städte, Berlin 1954, S. 95-130.

Derselbe: Stand der Stadtkernforschung in Mühlhausen, in: Ausgrabungen und Funde. Nachrichtenblatt für Vor- und Frühgeschichte, Bd. 1, 1956.

Bergmann, Gerd: Eisenacher Geschichtsschreibung zur Geschichte der Stadt und des Landes Thüringen, in: Blätter des Vereins für Thüringische Geschichte e.V., 2. Jg., 1992, H. 1, S. 7-11.

Bibliographie zur thüringischen Geschichte. Unter Mitwirkung von Helga Hammerstein, Margarete Roßner und Winfried Leist bearb. von Hans Patze = Mitteldeutsche Forschungen, Bd. 32/I u. Bd. 32/II, Köln – Graz 1965 u. 1966.

Bibliographie des Mitteldeutschen Kulturrates 1955-1995, zusammengestellt u. hg. im Auftrag der Stiftung Mitteldeutscher Kulturrat Bonn von Hermann Heckmann, Weimar – Köln – Wien 1995.

Bibliographie zur deutschen historischen Städteforschung. In Verbindung mit Wilfried Ehbrecht und Brigitte Schröder hg. von Heinz Stoob = Städteforschung Münster, Reihe B, Teil 1 ff., Köln – Wien 1986 ff.

Dobenecker, Otto: Die Bedeutung der thüringischen Geschichte und der Stand ihrer Forschung, in: Zeitschrift des Vereins für Thüringische Geschichte und Altertumskunde, Bd. 13, 1886/1887, S. 155-178.

Ehbrecht, Wilfried, Brigitte Schröder u. Heinz Stoob (Hg.): Bibliographie zur Städtegeschichte Deutschlands, 2. völlig neubearbeitete u. erweiterte Aufl. 1969 (hg. von Erich Keyser), Köln – Wien 1980.

Erfurt – Bibliographie 1997. Zusammengestellt von Monika Waldheim u. Susanne Nowak, in: Mitteilungen des Vereins für die Geschichte und Altertumskunde von Erfurt, 60 H., N.F. H. 7, 1999, S. 239 – 252.

Erfurt – Bibliographie 1998. Zusammengestellt von Monika Waldheim u. Susanne Nowak, in: Mitteilungen des Vereins für die Geschichte und Altertumskunde von Erfurt, 61. H., N.F. H. 8, 2000, S. 193 – 209.

Erfurt – Bibliographie 1999. Zusammengestellt von Monika Waldheim u. Susanne Nowak, in: Mitteilungen des Vereins für die Geschichte und Altertumskunde von Erfurt, 62. H., N.F. H. 9, 2001, S. 229 – 240.

Erfurt – Bibliographie 2000. Zusammengestellt von Monika Waldheim u. Susanne Nowak, in: Mitteilungen des Vereins für die Geschichte und Altertumskunde von Erfurt, 63. H., N.F. H. 10, 2002, S. 181 – 198.

Flach, Willy: Entwicklung, Stand und Aufgaben der landesgeschichtlichen Forschung in Thüringen, in: Blätter für deutsche Landesgeschichte, 92. Jg., 1956, S. 90 – 141.

Forschungen zur Geschichte Thüringens 1945-1965 (Literaturbericht). Verfaßt von einem Autorenkollektiv unter Leitung von Werner Mägdefrau = Wissenschaftliche Zeitschrift der Friedrich-Schiller-Universität Jena, Jg. 16, 1967, H.2/3.

Helbig, Herbert: Burgen und älteres Städtewesen in Mitteldeutschland (Forschungsbericht), in: Jahrbuch für Geschichte Mittel- und Ostdeutschlands, Bd. 4, 1955, S. 225 – 245.

Hellgardt, Ernst, Stephan Müller, Peter Strohschneider (Hg.): Literatur und Macht im mittelalterlichen Thüringen, Köln – Weimar – Wien 2002.

Henning, Eckart u. Gabriele Jochums: Bibliographie zur hennebergischen Geschichte = Mitteldeutsche Forschungen, Bd. 80, Köln – Wien 1976.

Honemann, Volker: Johannes Rothe und seine „Thüringische Weltchronik“, in: Geschichtsschreibung und Geschichtsbewußtsein im späten Mittelalter, hg. von Hans Patze, Sigmaringen 1987, S. 497-522.

John, Jürgen: Gedanken über künftige Forschungen zur Geschichte Thüringens, in: Jahrbuch für Regionalgeschichte und Landeskunde, Bd. 17/II, 1990, Weimar 1992, S. 21 – 49.

Johnen, N.: Bericht über stadtarchäologische Untersuchungen im Jahre 2000, in: Mitteilungen des Vereins für die Geschichte und Altertumskunde von Erfurt, 62. H., N.F., H. 9, 2001, S. 187 – 204.

Kilian: Mönch aus Irland, aller Franken Patron : 689 – 1989; Katalog der Sonder-Ausstellung zur 1300-Jahrfeier des Kiliansmartyriums, 1. Juli 1989 – 1. Oktober 1989 Festung Marienberg – Mainfränkisches Museum, Würzburg 1989.

Marwinski, Konrad: Aus der Geschichte des Vereins für thüringische Geschichte und Altertumskunde, in: Blätter des Vereins für thüringische Geschichte e.V., 1. Jg., 1991, H. 1, S. 6 – 16.

Derselbe: Der Beitrag des Vereins für Thüringische Geschichte und Altertumskunde zur thüringischen Landesgeschichtsforschung, in: Zeitschrift des Vereins für Thüringische Geschichte e.V., Bd. 46, 1992, S. 11 – 52.

Mentz, Georg: Ein Jahrhundert thüringischer Geschichtsforschung. Dem Gesamtverein der deutschen Geschichts- und Altertumsvereine dargebracht vom Verein für Thüringische Geschichte und Altertumskunde, 1937.

Möbius, Helga: Bibliographie zur thüringischen Kunstgeschichte = Akademie der Wissenschaften der DDR. Schriften zur Kunstgeschichte, Bd. 16, Berlin 1974.

Patze, Hans: Landesgeschichtsschreibung in Thüringen, in: Hans Patze u. Walter Schlesinger (Hg.), Geschichte Thüringens, Bd. 1 = Mitteldeutsche Forschungen, Bd. 48/I, Köln u. Graz 1968, S. 1 – 47.

Sczech, Karin: Bericht über stadtarchäologische Untersuchungen im Jahre 2001, in: Mitteilungen des Vereins für die Geschichte und Altertumskunde von Erfurt, 63. H., N.F. H. 10, 2002, S. 137 – 153.

Teschner, Rosemarie: Bibliographie zur thüringischen Kunstgeschichte und angrenzender Gebiete 1973 – 1993, Bad Homburg – Leipzig 1997.

Thüringen-Bibliographie 1961/1963 ff., hg. von den Nationalen Forschungs- und Gedenkstätten der klassischen deutschen Literatur in Weimar, Weimar 1972 ff.; weitergeführt seit 1983 von der Universitäts- und Landesbibliothek Jena.

Timpel, Wolfgang: Bericht über stadtarchäologische Untersuchungen im Jahre 1998, in: Mitteilungen des Vereins für die Geschichte und Altertumskunde von Erfurt, 60. H., N.F. H. 7, 1999, S. 189 – 210.

Derselbe: Bericht über stadtarchäologische Untersuchungen im Jahre 1999, in: Mitteilungen des Vereins für die Geschichte und Altertumskunde von Erfurt, 61. H., N.F. H. 8, 2000, S. 151 – 166.

Witter, Thomas: Hennebergische Bibliographie 2000. Schriften zur Geschichte, Volkskunde und Kunstgeschichte, in: Ludwig Bechstein. Festschrift zum 200. Geburtstag, Bd. 1, Kloster Veßra – Meiningen – Münnerstadt 2001, S. 177 ff.

Wollmann, Gertraud u. Helmut Roob: Bibliographie zur thüringischen Siedlungskunde, Gotha 1967.

Wölfing, Günther: Bibliographie der Urkunden-Drucke für das Gebiet der Grafschaft Henneberg bis 1550, in: Jahrbuch 1993 des Hennebergisch-Fränkischen Geschichtsvereins S. 189 – 220.

Zeitschrift des Vereins für Thüringische Geschichte e.V., 1992 ff.

Mitteilungen des Vereins für die Geschichte und Altertumskunde von Erfurt e.V., 1993 ff.

Jahrbuch 1991 des Hennebergisch-Fränkischen Geschichtsvereins e.V. ff.

Weitere ältere und neuere Publikationsorgane zur Landeskunde, Landes- und Regionalgeschichte Thüringens wie territorial übergreifende Publikationen mit laufenden Bibliographien, Forschungs- und Literaturberichten.

Quellen

Alberti, Julius (Hg.): Urkundensammlung zur Geschichte der Herrschaft Gera im Mittelalter, Gera 1881.

Altenburg, Christian Gottlieb: Chronik der Stadt Mühlhausen in Thüringen, Neudruck Bad Langensalza 2001.

Altenburger Urkundenbuch, 976-1350, bearb. von Hans Patze = Veröffentlichungen der Thüringischen Historischen Kommission, Bd. 5, Jena 1955.

Annales Reinhardsbrunnenses, hg. von Franz Xaver Wegele = Thüringische Geschichtsquellen, Bd. 1, Jena 1854.

Chronik des St. Petersklosters zu Erfurt (Chronicon Sampetrinum), hg. von Bruno Stübel = Erfurter Denkmäler, Abt. I, hg. von dem Thüringisch-Sächsischen Altertumsvereine zu Halle = Geschichtsquellen der Provinz Sachsen und angrenzender Gebiete, Bd. 1, Halle 1870, S. 1 – 194.

Das Bistum Naumburg: Bd. 1: Die Diözese. Unter Verwendung von Vorarbeiten von Ernst Devrient im Auftrage des Max-Planck-Instituts für Geschichte bearb. von Heinz Wießner, Berlin u.a. 1997/1998.

Die Chronik des Bischofs Thietmar von Merseburg, hg. von Robert Holtzmann, Berlin 1935.

Die Gesetze der Karolingerzeit 714 – 911, hg. von K.A. Eckardt, Bd. 3, Sachsen u. Thüringen, Weimar 1934.

Die Sachsengeschichte des Widukind von Korvei, 5. Aufl., hg. von H.-E. Lohmann u. P. Hirsch (Monumenta Germaniae historica, Scriptores rerum Germanicarum), Hannover 1935.

Die Urkunden des Stiftes Walkenried. Abt. 2: bis 1400, bearb. von C.L. Grotefend = Urkundenbuch des historischen Vereins für Niedersachsen, H. 2 u. 3, Hannover 1852 u. 1855.

Dronke, E.F.J.: Traditiones et antiquitates Fuldenses, Fulda 1844.

Feldkamm, Jakob: Geschichte und Urkundenbuch der St. Laurentii – Pfarrkirche in Erfurt, Paderborn 1899.

Göschel, Carl Friedrich: Chronik der Stadt Langensalza in Thüringen, Bd. 1 (bis 1346), Neudruck Bad Langensalza 2001.

Grau, Paul: Chronik der Stadt Vacha. 3. erw. Aufl., vervollständigt u. hg. von Max Eckardt, Vacha 1922.

Hagke, von, F.B.: Urkundliche Nachrichten über die Städte, Dörfer und Güter des Kreises Weißensee. Beitrag zu einem Codex Thuringiae diplomaticus, Weißensee 1867.

Hennebergisches Urkundenbuch, hg. von Georg Brückner, 3.-7. T., Meiningen 1857 – 1877.

Holder-Egger, Oswald: Studien zu thüringischen Geschichtsquellen, in: Neues Archiv der Gesellschaft für ältere deutsche Geschichtskunde, Bd. 21, 1896, S. 235 – 297, S. 441 – 546, S. 685 – 735.

Derselbe: Aus Handschriften des Erfurter Petersklosters, in: Neues Archiv der Gesellschaft für ältere deutsche Geschichtskunde, Bd. 22, 1897, H. 2, S. 501 – 541.

Jordan, Reinhard: Chronik der Stadt Mühlhausen in Thüringen, Bd. 1 (bis 1525), Neudruck Bad Langensalza 2001.

Liudprand von Cremona: Antapodosis, Historia Ottonis, Legatio Constantinopolitana, bearb. von E. Dümmler, Hannover 1877.

Mainzer Urkundenbuch, Bd. 1, bearb. von Manfred Stimmig, hg. mit Unterstützung der Stadt Mainz = Arbeiten der Historischen Kommission für den Volksstaat Hessen, Bd. 1, Darmstadt 1932.

Quellen zur älteren Geschichte des Städtewesens in Mitteldeutschland, hg. vom Institut für Deutsche Landes- und Volksgeschichte an der Universität Leipzig, T. 1 u. 2, Weimar 1949.

Quellen zur älteren Wirtschaftsgeschichte Mitteldeutschlands, hg. von Herbert Helbig, 5 Hefte, Weimar 1952/1953.

Rau, Reinhold (Hg.): Briefe des Bonifatius; Willibalds Leben des Bonifatius nebst einigen zeitgenössischen Dokumenten, Darmstadt 1992.

Rechtsdenkmale aus Thüringen. Namens des Vereins für thüringische Geschichte und Altertumskunde gesammelt u. hg. von Andreas Ludwig Jakob Michelsen, Lief. 1 – 5, Jena 1852 – 1863.

Regesta diplomatica necnon epistolaria historiae Thuringiae, hg. von Otto Dobenecker, Jena, Bd. 1, 1896; Bd. 2, 1900; Bd. 3, 1925; Bd. 4, 1939.

Regesten zur Geschichte der Mainzer Erzbischöfe, Bd. 1 – 4, hg. von Cornelius Will, Heinrich Otto u.a., Innsbruck 1877 ff.

Rockstuhl, Harald: Chronik der Stadt Bad Langensalza in Thüringen 786 – 2000, Bad Langensalza 2001.

Rothe, Johannes: Düringische Chronik, hg. von Rochus von Liliencron = Thüringische Geschichtsquellen, Bd. 3, Jena 1859.

Thietmar von Merseburg, Chronik, neu übertragen u. erläutert von Werner Trillmich = Ausgewählte Quellen zur deutschen Geschichte des Mittelalters. Freiherr vom Stein-Gedächtnisausgabe, hg. von Rudolf Buchner, Bd. IX, Berlin o.J.

Thuringia Sacra. Urkundenbuch, Geschichte der Beschreibung der thüringischen Klöster, Bd. 1 / 2, hg. von Wilhelm Rein, Weimar 1863 u. 1865.

Urkundenbuch der Stadt Arnstadt. 704 bis 1495, hg. von C.A.H. Burkhardt, Jena 1883.

Urkundenbuch des Eichsfeldes, T. 1 (Anfang des 9. Jahrhunderts bis 1300), bearb. von Aloys Schmidt = Geschichtsquellen der Provinz Sachsen und des Freistaates Anhalt, N.R., Bd. 13, Magdeburg 1933.

Urkundenbuch der Stadt Erfurt, bearb. von Carl Beyer, T. 1 u. T. 2 = Geschichtsquellen der Provinz Sachsen und angrenzender Gebiete, Bd. 23 u. Bd. 24, Halle 1889 u. 1897.

Urkundenbuch der Erfurter Stifter und Klöster, T. 1 – 3, bearb. von Alfred Overmann = Geschichtsquellen der Provinz Sachsen und des Freistaates Anhalt, N.R., Bd. 5, 7 u. 16, Magdeburg 1926, 1929 u. 1934.

Urkundenbuch des Klosters Fulda, hg. von E.E. Stengel, Bd. 1, T. 1 – 3, Marburg 1913, 1956 u. 1958.

Urkundenbuch der Reichsabtei Hersfeld, Bd. 1, bearb. von H. Weirich = Veröffentlichungen der Historischen Kommission von Hessen und Waldeck, Bd. 19, T. 1, Marburg 1936.

Urkundenbuch der Stadt Jena und ihrer geistlichen Anstalten, hg. von J.E.A. Martin u. Ernst Devrient = Thüringische Geschichtsquellen VI, Bd. 1 – 1888, Bd. 2 – 1903, Bd. 3 – 1936.

Urkundenbuch der Klöster der Grafschaft Mansfeld. Bearb. von Max Krühne = Geschichtsquellen der Provinz Sachsen, Bd. 20, Halle 1888.

Urkundenbuch des Hochstifts Merseburg, T. 1 (962 – 1357), bearb. von P. Kehr = Geschichtsquellen der Provinz Sachsen, Bd. 36, Halle 1899.

Urkundenbuch der ehemals freien Reichsstadt Mühlhausen in Thüringen, bearb. von Karl Herquet unter Mitwirkung von W. Schweineberg = Geschichtsquellen der Provinz Sachsen und angrenzender Gebiete, Bd. 3, Halle 1874.

Urkundenbuch des Hochstifts Naumburg, T. 1 (967 – 1207), bearb. von F. Rosenfeld – Geschichtsquellen der Provinz Sachsen, N.R., Bd. 1, Magdeburg 1925.

Urkunden zur Geschichte des Städtewesens in Mittel- und Niederdeutschland bis 1350. Bearb. von Heinz Stoob, Friedrich B. Fahlbusch, Wolfgang Hölscher in Verbindung mit Hans Patze und Heinz Quirin, hg. von Heinz Stoob, Köln – Wien 1985.

Wiessner, Heinz (Bearb.): Das Bistum Naumburg, Bd. 1 / 2 = Germania sacra, Berlin – New York 1997/1998.

Darstellungen

Abel, Wilhelm: Geschichte der deutschen Landwirtschaft vom frühen Mittelalter bis zum 19. Jahrhundert, 3. Aufl., Stuttgart 1978.

Anhalt, Andreas: Der Wallfahrtsort Etzelsbach im Eichsfeld. Ein Beitrag zur Wallfahrtsgeschichte im Bistum Erfurt, Duderstadt 1998.

Archäologie und Bauforschung in Erfurt = Kleine Schriften des Vereins für die Geschichte und Altertumskunde von Erfurt, 2001.

Atlas des Saale- und mittleren Elbegebietes. Zweite, völlig neubearb. Auflage des Werkes Mitteldeutscher Heimatatlas. Unter Mitwirkung zahlreicher Fachwissenschaftler hg. von Otto Schlüter u. Oskar August, 3 Teile, Leipzig 1958 ff.

Aulepp, Rolf: Altmühlhausen und die Vorstadt St. Georgi, in: Mühlhäuser Beiträge zur Geschichte, Kulturgeschichte, Natur und Umwelt, H. 7, 1984, S. 59 – 70.

Aulepp, Rolf: Die frühe Besiedlung der Neustadt von Mühlhausen, in: Ebenda, H. 9, 1986, S. 12 – 24.

Baaken, Gerhard u. Roderich Schmidt (Hg.): Königtum, Burgen und Königsfreie. Königsumritt und Huldigung in ottonisch-salischer Zeit, 2. Aufl. Sigmaringen 1981 (mit Beiträgen: Die agrarii milites und der Burgenbau König Heinrichs I.; Die Maßnahmen König Heinrichs I. zur Abwehr der Ungarn; Burgbezirke und Burgwarde unter den Ottonen).

Bach, Herbert u. Sigrid Dušek: Slawen in Thüringen, Weimar 1971.

Bad Salzungen: Festschrift zum Stadtjubiläum. 775 – 2000. Bad Salzungen feiert 1225 Jahre, hg. von der Stadtverwaltung Bad Salzungen, Immelborn 2000.

Badstübner, Ernst: Kirchen in und um Schmalkalden, Berlin 1969.

Derselbe: Die romanischen Bauten in Breitungen an der Werra, Berlin 1972.

Bau- und Kunstdenkmäler Thüringens, bearb. von P. Lehfeldt u. G. Voß, Jena 1889 – 1917.

Beck, August: Geschichte der Stadt Gotha (Neudruck der Ausgabe von 1870. Mit einem Nachwort von Helmut Roob), Bad Langensalza 2001.

Behm-Blancke, Günter: Angelsächsischer Import in Thüringen, in: Ausgrabungen und Funde. Nachrichtenblatt für Vor- und Frühgeschichte, Bd. 4, 1959.

Derselbe: Gesellschaft und Kunst der Germanen. Die Thüringer und ihre Welt. Dresden 1973.

Bemmann, Jan: Zur Herausbildung und Auflösung des Thüringischen Königreiches aus archäologischer Sicht (in Arbeit).

Bergmann, Gerd: Die Entstehung der Stadt Eisenach, in: Eisenacher Schriften zur Heimatkunde, H. 5, 1979, S. 2 – 51.

Derselbe: Eisenacher Münzen, in: Eisenacher Schriften zur Heimatkunde, H. 17, 1982, S. 3 – 119.

Derselbe: Straßen und Burgen um Eisenach, Eisenach 1993.

Derselbe: Ältere Geschichte Eisenachs. Von den Anfängen bis zum Beginn des 19. Jahrhunderts, hg. vom Eisenacher Geschichtsverein e.V., Eisenach 1994.

Beumann, Helmut: Widukind von Korvei. Untersuchungen zur Geschichtsschreibung und Ideengeschichte des 10. Jahrhunderts, Weimar 1950.

Bewahren für Gegenwart und Zukunft. Denkmale in Thüringen, zusammengestellt von Willi Stubenvoll, hg. vom Thüringischen Landesamt für Denkmalpflege von Rudolf Zießler, Bd. 1, Bad Homburg u. Leipzig 1992.

Beyreuther, Gerald: Thüringen in der feudalen Staatsorganisation zur Zeit Heinrichs II., in: Zeitschrift für Geschichtswissenschaft, 1986, H. 7, S. 611 – 620.

Derselbe: Zur Bedeutung Mühlhausens unter den ottonischen Königen/Kaisern, besonders unter Heinrich II. (1002-1024), in: Mühlhäuser Beiträge zur Geschichte, Kulturgeschichte, Natur und Umwelt, H. 9, 1986, S. 5 – 11.

Bienert, Thomas: Mittelalterliche Burgen in Thüringen, Gudensberg – Gleichen 2000.

Biller, Thomas: Die Adelsburgen in Deutschland. Entstehung, Form und Bedeutung, München 1993.

Billig, Gerhard: Die Burgwardorganisation im obersächsisch-meißnischen Raum, Berlin 1989.

Blaschke, Karlheinz: Geschichte Sachsens im Mittelalter, Berlin 1990.

Derselbe: Politische Geschichte Sachsens und Thüringens = Hefte der Bayerischen Geschichte und Kultur, Bd. 13, München 1991.

Derselbe: Stadtgrundriß und Stadtentwicklung. Forschungen zur Entstehung mitteleuropäischer Städte (Ausgewählte Aufsätze), unter Mitarbeit von Uwe John hg. von Peter Johanek = Städteforschung. Veröffentlichungen des Instituts für vergleichende Städtegeschichte in Münster, Reihe A. Darstellungen, Bd. 44, Köln – Weimar – Wien 1997.

Bleiber, Waltraud: Das Frankenreich der Merowinger, Berlin 1988.

Blickle, Peter: Landschaften im alten Reich, München 1973.

Borgolte, Michael (Hg.): Mittelalterforschung nach der Wende 1989 = Historische Zeitschrift, Beihefte (Neue Folge), hg. von Lothar Gall, Bd. 20, München 1995.

Borst, Otto: „Burg“ und „Stadt“, in: Das Andere wahrnehmen. Beiträge zur europäischen Geschichte. August Nitschke zum 65. Geburtstag gewidmet, hg. von Martin Kintzinger, Wolfgang Stürner, Johannes Zahlten, Köln – Weimar – Wien 1991, S. 295 – 308.

Bosl, Karl: Franken um 800. Strukturanalyse einer fränkischen Königsprovinz = Schriftenreihe für Bayerische Landesgeschichte, Bd. 58, 2. Aufl. 1969.

Derselbe: Bayerische Geschichte, München 1980.

Derselbe: Europa im Aufbruch: Herrschaft – Gesellschaft – Kultur vom 10. bis zum 14. Jahrhundert, München 1980.

Derselbe: Die Gesellschaft in der Geschichte des Mittelalters, 4. Aufl., Göttingen 1987.

Böttcher, Julius: Die Geschichte Ohrdrufs, Ohrdruf T. 1 – 1955, T. 2 – 1956, T. 3 – 1957, T. 4 – 1960.

Brachmann, Hans-Jürgen: Die Wallburg „Der Kessel“ von Kretzschau-Groitzschen, Kr. Zeitz – Vorort eines slawischen Burgbezirkes des 9. Jahrhunderts, in: Siedlung, Burg und Stadt, Berlin 1969.

Derselbe: Slawische Stämme an Elbe und Saale. Zu ihrer Geschichte und Kultur im 6. bis 10. Jahrhundert aufgrund archäologischer Quellen, Berlin 1978.

Derselbe: Der Limes Sorabicus. Geschichte und Wirkung, in: Zeitschrift für Archäologie, Bd. 25, 1991, S. 177 – 207.

Derselbe: Markt und Pfalz. Überlegungen zu ihrem Wechselverhältnis an ostsächsischen

Beispielen, in: Josef Hartmann (Hg.), Sachsen und Anhalt, Bd. 20, 1997, S. 11 – 28.
Braun, Paul: Die Hauptverkehrswege über den Franken- und den Thüringer Wald und ihre Bedeutung für den innerstädtischen Verkehr im Mittelalter und in der Neuzeit, in: Thüringisch – Sächsische Zeitschrift für Geschichte und Kunst, Bd. 4, Halle 1914, S. 149 – 276.

Brunner, Karl: Oppositionelle Gruppen im Karolingerreich = Veröffentlichungen des Instituts für Österreichische Geschichtsforschung, Bd. 25, Wien – Köln – Graz 1979.

Brunner, Otto: Sozialgeschichte Europas im Mittelalter, 2. Aufl., Göttingen 1984.

Buchhofer, Ekkehard u. Alfred Pletsch: Hessen und Thüringen. Eine geographische Einführung, in: Hessen und Thüringen – Ausstellung (Katalog), S. 24 – 30.

Burgen und Schlösser in Thüringen, Jahresschrift der Landesgruppe Thüringen der Deutschen Burgenvereinigung e.V., 1996 ff.

Butzen, Reiner: Die Merowinger östlich des mittleren Rheins. Studien zur militärischen, politischen, rechtlichen, religiösen, kirchlichen, kulturellen Erfassung durch Königtum und Adel im 6. sowie 7. Jahrhundert = Mainfränkische Studien, Bd. 38, Würzburg 1987.

Bühring, Johannes: Geschichte der Stadt Arnstadt 704 – 1904, Arnstadt 1904.

Büttner, Heinrich: Zur Burgenbauordnung Heinrichs I., in: Blätter für deutsche Landesgeschichte, 92. Jg., 1956, S. 1 – 17.

Czok, Karl (Hg.): Geschichte Sachsens, Weimar 1989.

Das Gleichberggebiet = Werte der deutschen Heimat, Bd. 6, Berlin 1963.

Denkmale in Thüringen. Ihre Erhaltung und Pflege in den Bezirken Erfurt, Gera und Suhl, 3. Aufl., Weimar 1975.

Demattio, Helmut: Die Herrschaft Lauenstein bis zum Ende des 16. Jahrhunderts. Die herrschafts- und verfassungsgeschichtliche Entwicklung einer Rodungsherrschaft im Thüringer Wald = Veröffentlichungen der Historischen Kommission für Thüringen, Kleine Reihe, Bd. 3, Jena u.a. 1997.

Deubler, Heinz: Beiträge zur Archäologie und Siedlungsgeschichte des Kreises Rudolstadt, in: Rudolstädter Heimathefte 15/1969, S. 148 – 152.

Deubler, Heinz u. Alfred Koch: Burgen und Schlösser bei Rudolstadt = Sonderausgabe der Rudolstädter Heimathefte, Rudolstadt 1972.

Deutscher Städteatlas, VI/1: Weimar, bearb. von Jürgen Lafrenz, Altenbeken 2000.

Devrient, Ernst: Geschichte Thüringens, 2. Aufl., Berlin u. Leipzig 1921.

Die Geschichte der Stadt Weißensee von den Anfängen bis zur Gegenwart, hg. von der Stadt Weißensee, Erfurt 1998.

Die Stifte Schmalkalden und Römhild, bearb. von Alfred Wendehorst, Berlin u.a. 1996.

Donat, Peter: Haus, Hof und Dorf im Mitteleuropa vom 7. bis 12. Jahrhundert, Berlin 1980.

Dušek, Sigrid: Geschichte und Kultur der Slawen in Thüringen, Weimar 1983.

Dieselbe: Bedeutung Jenas und Umgebung für die slawische Archäologie, in: 750 Jahre Jena. Wiss. Leitung u. Bearbeitung: Werner Mägdefrau = Wissenschaftliche Zeitschrift der Friedrich-Schiller-Universität Jena, 1985, S. 5/6, S. 547 – 558.

Dieselbe (Hg.): Ur- und Frühgeschichte Thüringens. Ergebnisse archäologischer Forschung in Text und Bild, Stuttgart 1999.

Eberhardt, Hans: Das Krongut im nördlichen Thüringen von den Karolingern bis zum Ausgang des Mittelalters, in: Zeitschrift des Vereins für thüringische Geschichte und Altertumskunde, Bd. 45, 1943, S. 30 – 96.

Derselbe: Landgericht und Reichsgut im nördlichen Thüringen. Ein Beitrag zur gräflichen Gerichtsbarkeit des Mittelalters, in: Blätter für deutsche Landesgeschichte, Bd. 95, 1959, S. 67 – 108.

Derselbe: Die Hainleiteburgen als historisches Problem, in: Alt-Thüringen, Bd. 6, Weimar 1962/1963.

Derselbe: Thüringen, in: Geschichte der deutschen Länder = „Territorien – Ploetz“, Bd. 1, Würzburg 1964, S. 458 – 472.

Derselbe: Zur Frühgeschichte des Christentums im mittleren Thüringen, in: Mosaiksteine. Thüringer kirchliche Studien, Bd. 4, Berlin 1981, S. 64 – 78 (Nachdruck in: Thüringen im Mittelalter. Die Schwarzburger, S. 7 – 28).

Derselbe: Die Frühgeschichte der Stadt Arnstadt, in: Ebenda, S. 106 – 120.

Derselbe: Erfurt als kirchliches Zentrum im Früh- und Hochmittelalter, in: Dreißig Beiträge zur thüringischen Kirchengeschichte. Fundamente = Thüringer kirchliche Studien V, Berlin 1987, S. 11 – 28.

Derselbe: Zur Frühgeschichte der Kirchen von Weimar und Oberweimar, in: Ebenda, S. 29 – 36.

Derselbe: Zur Frühgeschichte des Orlagaues, in: Ebenda, S. 37 – 48.

Derselbe: Archidiakonate und Sedes im mittleren Thüringen, in: Hessisches Jahrbuch für Landesgeschichte, Bd. 39, 1989, S. 6 – 14.

Derselbe: Historische Aspekte der Mittelalterarchäologie in Thüringen, in: Urgeschichte und Heimatforschung, H. 26, Weimar 1989.

Derselbe: Wechmar oder Weimar? Zur Ersterwähnung von Weimar, in: Zeitschrift des Vereins für Thüringische Geschichte, Bd. 46, 1992, S. 53 – 64.

Derselbe: Zur Frühgeschichte von Sondershausen und Jechaburg, in: Ebenda, Bd. 50, 1996, S. 37 – 55.

Derselbe: Mittelalterliche Gerichtsstätten im nördlichen Thüringen, in: Ebenda, Bd. 51, 1997, S. 61 – 96.

Derselbe: Zur Frühgeschichte von Weimar, in: Zeitschrift des Vereins für Thüringische Geschichte, Bd. 53, 1999, S. 9 – 24.

Eberhardt, Hans u. Paul Grimm: Die Pfalz Tilleda am Kyffhäuser. Tilleda 1971.

Eberhardt, W.: Thüringer Altstraßen und Wege im Mittelalter, Bad Langensalza.

Eberl, Immo: Die frühe Geschichte des Hauses Schwarzburg und die Ausbildung seiner Territorialherrschaft, in: Thüringen im Mittelalter. Die Schwarzburger, S. 79 – 130.

Ehlers, Joachim: Otto III. und das Kloster Memleben, in: Sachsen und Anhalt. Jahrbuch der Historischen Kommission für Sachsen und Anhalt, Bd. 18, 1994, S. 51 – 82.

Eichler, Ernst u. Hans Walther: Städtenamenbuch der DDR, Leipzig 1986.

Engel, Evamaria u. Eberhard Holtz (Hg.): Deutsche Könige und Kaiser des Mittelalters, 2. Aufl., Leipzig – Jena – Berlin 1990.

Flach, Willy: Stamm und Landschaft Thüringen im Wandel der Geschichte, in: Blätter für deutsche Landesgeschichte, 1938, S. 171 – 187.

Derselbe: Land und Städte in Thüringen, in: Deutsches Städtebuch. Handbuch städtischer Geschichte. Im Auftrage der Konferenz der landesgeschichtlichen Kommissionen Deutschlands mit Unterstützung des Deutschen Gemeindetages hg. von Erich Keyser, Bd. 2: Mitteldeutschland, Stuttgart u. Berlin 1941, S. 255 – 262.

Derselbe: Die Entstehungszeit der thüringischen Städte, in: Zeitschrift des Vereins für thüringische Geschichte und Altertumskunde, N.F., Bd. 36, 1942, S. 52 – 111.

Fleischer, Horst, Hans Herz, Lutz Unbehaun u.a.: Die Grafen von Schwarzburg – Rudolstadt, Rudolstadt 2001.

Forschungen zu Burgen und Schlössern I ff., hg. von der Wartburg-Gesellschaft zur Erforschung von Burgen und Schlössern, München/Berlin 1994 ff.

Forschungen zur thüringischen Landesgeschichte. Festschrift für Friedrich Schneider zum 70. Geburtstag am 14. Oktober 1957, Weimar 1958.

Födisch, Hermann: Ein Thüringer Grab am Fuß des Staffelberges, in: Geschichte am Obermain, 1951.

Franz, Günther: Geschichte des deutschen Bauernstandes vom frühen Mittelalter bis zum 19. Jahrhundert, Stuttgart 1970.

Freyberg, Karl: Geschichte der Stadt Magdala und der Burg Madela, in: Zeitschrift des Vereins für Thüringische Geschichte und Altertumskunde, N.F., Bd. 16, Jena 1906, S. 123 – 252.

Fried, Johannes (Hg.): Die abendländische Freiheit vom 10. zum 14. Jahrhundert, Sigmaringen 1991.

Derselbe: Die Frauen und die politische Macht im 10. Jahrhundert. Grenzen der Erkenntnis oder Die Gründung des Klosters Memleben, in: Josef Hartmann (Hg.), Sachsen und Anhalt, Bd. 20, 1997, S. 29 – 48.

Friedland, Klaus: Bürgerfreiheit und Grundeigentum. Die Erfurter Freizinsregister, in: Mitteilungen des Vereins für die Geschichte und Altertumskunde von Erfurt, 62. H., N.F. H. 9, S. 57 – 70.

Friese, Alfred: Studien zur Herrschaftsgeschichte des fränkischen Adels. Der mainländisch-thüringische Raum vom 7. – 11. Jahrhundert, Stuttgart 1979.

Frings, Theodor: Grundlegung einer Geschichte der deutschen Sprache. 2. erweiterte Aufl., Halle (Saale) 1950.

Frühe Burgen und Städte. Beiträge zur Burgen- und Stadtkernforschung = Deutsche Akademie der Wissenschaften zu Berlin, Schriften der Sektion für Vor- und Frühgeschichte, Bd. 2 (Unverzagt – Festschrift), Berlin 1954.

Fundamente. –Dreißig Beiträge zur thüringischen Kirchengeschichte. Festschrift zum 75. Geburtstag von Hans Eberhardt = Thüringer kirchliche Studien V. Schriftleitung: Herbert von Hintzenstern, Berlin 1987.

Geppert, Fr.: Die Burgen und Städte bei Thietmar von Merseburg, in: Thüringisch-Sächsische Zeitschrift für Geschichte und Kunst, Bd. 16, Halle 1927, S. 161 – 244.

Gerbing, Walter: Die Pässe des Thüringer Waldes in ihrer Bedeutung für den innerstädtischen Verkehr, in: Mitteilungen des Vereins für Erdkunde Halle, Halle 1904, S. 1-53.

Giese, Wolfgang: Der Stamm der Sachsen und das Reich in ottonischer und salischer Zeit. Studien zum Einfluß des Sachsenstammes auf die politische Geschichte des deutschen Reichs im 10. und 11. Jahrhundert und zu ihrer Stellung im Reichsgefüge mit einem Ausblick auf das 12. und 13. Jahrhundert, Wiesbaden 1979.

Glatzel, Kristine: Burg Querfurt, Leipzig 1979.

Gockel, Michael: Zur Verwandtschaft der Äbtissin Emhilt von Milz, in: Festschrift für Walter Schlesinger, Bd. 2 = Mitteldeutsche Forschungen, Bd. 74/II, Köln – Wien 1974, S. 1 – 70.

Derselbe (Bearb.): Die deutschen Königspfalzen. Repertorium der Pfalzen, Königshöfe und übrigen Aufenthaltsorte der Könige im deutschen Reich des Mittelalters, Bd. 2: Thüringen, Göttingen 1984 ff.

Derselbe: Mühlhausen oder Mölsen? Zur Identifizierung des 775 genannten fränkischen Königshofs „Molinhuse“, in: Mühlhäuser Beiträge zur Geschichte, Kulturgeschichte, Natur und Umwelt, H. 11, 1988, S. 26 – 33.

Derselbe (Hg.): Aspekte thüringisch-hessischer Geschichte, Marburg/Lahn 1992.

Derselbe: Die Westausdehnung Thüringens im frühen Mittelalter im Lichte der Schriftquellen, in: Ebenda, S. 49 – 66.

Derselbe: Erfurts zentralörtliche Funktionen im frühen und hohen Mittelalter, in: Ulman Weiß (Hg.), Erfurt. Geschichte und Gegenwart, S. 81 – 94.

Gockel, Michael u. Volker Wahl (Hg.): Thüringische Forschungen. Festschrift für Hans Eberhardt zum 85. Geburtstag am 25. September 1993, Weimar – Köln – Wien 1993.

Gothe, Rosalinde u. Jürgen Pietsch: Dornburg. Von Otto I. bis Goethe, Weimar 1991/2002.

Grahn-Hoek, Heike: Gab es vor 531 ein linksniederrheinisches Thüringerreich?, in: Zeitschrift des Vereins für Thüringische Geschichte, Bd. 55, 2001, S. 15 – 56.

Greiling, Werner (Hg.): Neustadt an der Orla. Vom Ursprung und Werden einer Stadt, Rudolstadt 1997, S. 15 – 78.

Grimm, Paul: Die Wallburg „Der Kessel" bei Kretzschau-Groitzschen, in: Jahresschrift für mitteldeutsche Vorgeschichte, Bd. 35, 1951, S. 161 – 193.

Derselbe: Die vor- und frühgeschichtlichen Burgwälle der Bezirke Halle und Magdeburg, Berlin 1958.

Derselbe: Deutsch-slawische Beziehungen an der Saalelinie, in: Germanen – Slawen – Deutsche, Berlin 1968.

Derselbe: Zu den Landwehren des oberen Eichsfeldes, in: M. Claus, W. Haarnagel, K. Raddatz (Hg.), Studien zur europäischen Vor- und Frühgeschichte, Neumünster 1968, S. 180 – 187.

Derselbe: Zu Burgenproblemen des 8. bis 10. Jahrhunderts westlich der mittleren Saale, in: Zeitschrift für Archäologie, Bd. 16, Berlin 1982, S. 203 – 210.

Derselbe: Archäologische Probleme um die Pfalz Tilleda und weitere Pfalzen im Harzgebiet, in: Halberstadt, Harz und Harzvorland im Mittelalter, T. 2, Halberstadt 1983, S. 65 – 74.

Derselbe: Tilleda. Eine Königspfalz am Kyffhäuser, T. I: Die Hauptburg = Deutsche Akademie der Wissenschaften zu Berlin, Schriften der Sektion für Vor- und Frühgeschichte, Bd. 24, Berlin 1968: T. II: Die Vorburg und Zusammenfassung = Akademie der Wissenschaften der DDR, Zentralinstitut für Alte Geschichte und Archäologie, Schriften zur Ur- und Frühgeschichte, Bd. 40, Berlin 1990.

Grimm, Paul u. Wolfgang Timpel: Die ur- und frühgeschichtlichen Befestigungen des Kreises Mühlhausen, Mühlhausen 1972.

Gringmuth-Dallmer, Eike: Die Entwicklung der frühgeschichtlichen Kulturlandschaft auf dem Territorium der DDR unter besonderer Berücksichtigung der Siedlungsgeschichte, Berlin 1983.

Derselbe: Frühmittelalterlicher Landesausbau in Thüringen und Hessen. Ein Vergleich, in: Michael Gockel (Hg.), Aspekte thüringisch – hessischer Geschichte, S. 67 – 80.

Großmann, Bernhard (Fotos), Thomas Witter u. Günther Wölfing (Texte): Auf den Spuren der Henneberger. 900 Jahre Henneberger Land 1096 – 1996, Kloster Veßra 1996.

Grundmann, Herbert: Religiöse Bewegungen im Mittelalter, 3. Aufl., Darmstadt 1970.

Grundmann, Luise (Hg. im Auftrag des Instituts für Länderkunde Leipzig): Rudolstadt und das mittlere Saaletal. Ergebnisse der landeskundlichen Bestandsaufnahme im Raum Rudolstadt = Werte der deutschen Heimat, Bd. 56, Berlin 1995.

Dieselbe (Hg.): Saalfeld und das Thüringer Schiefergebirge. Eine landeskundliche Bestandsaufnahme im Raum Saalfeld, Leutenberg und Lauenstein = Landschaften in Deutschland. Werte der deutschen Heimat, Bd. 62, Köln – Weimar 2001.

Grundmann, Walter: Der Bote (Wynfrith Bonifatius), in: Die Spur führt durch Thüringen. Christus im Leben, Wirken und Denken der Zeiten, bearb. von Waldemar Wucher, Berlin 1959, S. 9 – 14.

Grüning, Uwe u. Jürgen Pietsch: Raum seiner Gnade. Bilder romanischer Kirchen in Mitteldeutschland, Leipzig 1992.

Gutsche, Willibald (Hg.): Geschichte der Stadt Erfurt, 2. Aufl., Weimar 1989.

Derselbe (Hg.): Kleine illustrierte Geschichte der Stadt Erfurt, Marburg 1991.

Günther, Gerhard: Mühlhausen in Thüringen. 1200 Jahre Geschichte der Thomas – Müntzer – Stadt, Berlin 1975.

Günther, Gerhard u. Winfried Korf: Mühlhausen, Leipzig 1986.

Günther, Gitta u. Lothar Wallraff (Hg.): Geschichte der Stadt Weimar, Weimar 1975.

Hagedorn, Wilhelm: Die Tretenburg in Sage und Geschichte (Bad Tennstedt), in: Der Pflüger, Bd. 2, Mühlhausen 1925, S. 352 – 358.

Hahn, Hans: Das Reich, die Grafen von Henneberg und Schweinfurt, in: Mainfränkisches Jahrbuch für Geschichte und Kunst, Bd. 19, 1967, S. 18 – 30.

Hartmann, Josef (Hg. im Auftrage der Historischen Kommission): Sachsen und Anhalt. Jahrbuch der Historischen Kommission für Sachsen – Anhalt, Bd. 20, Weimar 1997.

Hartmann, Josef u. Hans-Joachim Krause (Hg.): Festschrift für Ernst Schubert = Sachsen und Anhalt. Jahrbuch der Historischen Kommission für Sachsen – Anhalt, Bd. 19, Weimar 1997.

Hartmann, Peter Claus: Bayerns Weg in die Gegenwart. Vom Stammesherzogtum zum Freistaat heute, Regensburg 1992.

Haassengier, Claudia, Kati Lindner u. Lutz Katzschmann: Naturwerksteine des Altenburger Landes, in: Geowissenschaftliche Mitteilungen von Thüringen, Weimar 1996/4, S. 55 – 77.

Hävernick, Walter: (unter Mitarbeit von E. Mertens und A. Suhle): Die mittelalterlichen Münzfunde in Thüringen = Veröffentlichungen der Thüringischen Historischen Kommission, Bd. 4, Jena 1955.

Hebig, Dieter: Mittelalterliche Wehranlagen in Südwestthüringen – Grundzüge ihrer Entwicklung und Funktion, in: Jahrbuch für Regionalgeschichte, Bd. 15, Weimar 1988.

Heckmann, Hermann (Hg.): Thüringen. Historische Landeskunde Mitteldeutschlands, 3. Aufl., Würzburg 1991.

Heinemann, Wolf-Dietrich: Rohr in Thüringen, in: Südthüringer Forschungen, H. 5, Meiningen 1969.

Derselbe: Michaeliskirche zu Rohr in Thüringen, Jena – Berlin 1990 u. Rohr 1992.

Heinemeyer, Karl: Der Königshof Eschwege in der Germar-Mark. Untersuchungen zur Geschichte des Königsgutes im hessisch-thüringischen Grenzgebiet = Schriften des Hessischen Landesamtes für Geschichtliche Landeskunde, Bd. 34, Marburg/Lahn 1970.

Derselbe: Die Gründung des Klosters Fulda im Rahmen der bonifatianischen Kirchenorganisation, in: Hessisches Jahrbuch für Landesgeschichte, Bd. 30, Marburg 1980, S. 1 – 45.

Derselbe: Hessen im Fränkischen Reich, in: Das Werden Hessens, hg. von Walter Heinemeyer = Veröffentlichungen der Historischen Kommission für Hessen, Bd. 50, Marburg 1986.

Derselbe: Hessen und Thüringen im frühen und hohen Mittelalter, in: Blätter des Vereins für Thüringische Geschichte e.V., 1. Jg. 1991, H. 2, S. 5 – 17.

Derselbe: Mainz, in: Theologische Realenzyklopädie, Bd. XXI, Berlin/New York 1991.

Derselbe: Hersfeld im frühen Mittelalter, in: Zeitschrift des Vereins für hessische Geschichte und Landeskunde, Bd. 96, 1991, S. 17 – 33.

Derselbe: Territorium ohne Dynastie: Der Erzbischof von Mainz als Diözesanbischof und Landesherr, in: Hessisches Jahrbuch für Landesgeschichte, Bd. 44, 1994, S. 1 – 15.

Derselbe: Erfurt im frühen Mittelalter, in: Ulman Weiß (Hg.), Erfurt. Geschichte und Gegenwart, S. 45 – 66.

Derselbe: Zu Entstehung und Aufgaben der karolingischen Pfalzstifte, in: Studien zum weltlichen Kollegiatstift in Deutschland, hg. von Irene Crusius, Göttingen 1995, S. 110 – 151.

Heinemeyer, Walter: Hessen und Thüringen. Von den Anfängen bis zur Reformation. Eine Ausstellung des Landes Hessen, in: alma mater philippina, Marburg 1992/93, S. 22 – 24.

Held, Wieland: Das Volumen des Land- und Grundrentenbesitzes einiger bedeutender geistlicher Stiftungen und Klöster Erfurts bis 1400, in: Jahrbuch für Regionalgeschichte, Bd. 8, 1981, S. 175 – 193.

Henning, Friedrich: Kleine Geschichte Thüringens = Thüringer Heimatbücherei, hg. von Julius Kober, Bd. 15, Würzburg 1964.

Herrmann, Joachim u.a. (Hg.): Deutsche Geschichte, Bd. 1.: Von den Anfängen bis zur Ausbildung des Feudalismus Mitte des 11. Jahrhunderts, 2. Aufl., Berlin 1985.

Herrmann, Rudolf: Thüringische Kirchengeschichte, 2 Bde, Jena 1937 u. Weimar 1947.

Derselbe: Thüringische Kirchengeschichte. Mit einem Geleitwort von Ernst Koch und einem Nachwort über den Autor von Dietmar Wiegand, Waltrop 2000.

Herz, Hans: Die Grafen von Schwarzburg von den Anfängen bis zur Bildung der Grafschaft Schwarzburg – Rudolstadt 722 – 1599, in: Horst Fleischer, Hans Herz, Lutz Unbehaun u.a., Die Grafen von Schwarzburg – Rudolstadt, Rudolstadt 2001, S. 9 – 36.

Herz, Hans, Horst Fleischer u. Lutz Unbehaun: Rudolstadt. Eine Residenz in Thüringen, Leipzig 1993.

Heßler, Wolfgang: Mitteldeutsche Gaue des frühen und hohen Mittelalters = Abhandlungen der Sächsischen Akademie der Wissenschaften zu Leipzig, Phil.-hist. Klasse, Bd. 49/T. 2, Berlin 1957.

Hintzenstern, von, Herbert: Gebaut wie für die Ewigkeit. Klosteranlagen in Thüringen = Kulturzeugnisse aus alter Zeit, Erfurt 1996.

His, Rudolf: Zur Rechtsgeschichte des thüringischen Adels, in: Zeitschrift des Vereins für thüringische Geschichte und Altertumskunde, Bd. 22 (N.F. Bd. 14), 1904, S. 1 – 35.

Hollmann, Michael: Winfried-Bonifatius 672/75 – 754 = Thüringen. Blätter zur Landeskunde, hg. von der Landeszentrale für politische Bildung Thüringen, Erfurt 1994.

Holtz, Eberhard u. Wolfgang Huschner: Deutsche Fürsten des Mittelalters, Leipzig 1995.

Hörbe, Cordula, Angela u. Thomas Holleczek, Franz-Josef Wokittel: Glaube durch die Jahrhunderte. Ein Führer durch den Dom St. Marien und die Kirche St. Severi zu Erfurt, Leipzig 1992.

Ignasiak, Detlef: Herrscher und Mäzene. Thüringer Fürsten von Hermenefred bis Georg II., Rudolstadt 1994.

Jankuhn, Herbert: Der Beitrag der Archäologie zur Erforschung des frühmittelalterlichen Städtewesens im 7. bis 11. Jahrhundert, in: Frühe Burgen und Städte, Berlin 1954, S. 213 – 223.

Derselbe: Walter Schlesinger, Heike Steuer (Hg.): Vor- und Frühformen der europäischen Stadt im Mittelalter, Teil 1 u. 2, 2. Aufl., Göttingen 1975.

Jäschke, Kurt-Ulrich: Burgenbau und Landesverteidigung um 900. Überlegungen zu Beispielen aus Deutschland, Frankreich und England, Sigmaringen 1975 (I. Die sogenannte Burgenordnung Heinrichs I.).

Johanek, Peter u. Jörg Jarnut (Hg.): Die Stadt im 11. Jahrhundert = Städteforschung, Reihe A: Darstellungen, Bd. 43, Köln – Weimar – Wien 1997.

Johanek, Peter, Ernst Schubert u. Matthias Werner (Hg.): Ausgewählte Aufsätze von Hans Patze = Bd. L der Reihe Vorträge und Forschungen, hg. vom Konstanzer Arbeitskreis für mittelalterliche Geschichte, Stuttgart 2001.

John, Jürgen: Mühlberg in Thüringen, in: Die Schwarze Elster, 1983, Nr. 14.

Derselbe: Erfurt als Zentralort, Residenz und Hauptstadt, in: Zeitschrift des Vereins für Thüringische Geschichte, Bd. 46, 1992, S. 65 –94, u. in: Ulman Weiß (Hg.), Erfurt. Geschichte und Gegenwart, S. 25 – 44.

John, Jürgen (Hg.): „Mitteldeutschland“. Begriff – Geschichte – Konstrukt, Rudolstadt – Jena 2001.

John, Jürgen, Reinhard Jonscher, Axel Stelzner: Geschichte in Daten. Thüringen, München – Berlin 1995.

Jonscher, Reinhard, Willy Schilling: Kleine thüringische Geschichte. Vom Thüringer Reich bis 1990. 3. erw. Aufl., Jena 2001.

Kadenbach, Johannes: Die Gründung des Erfurter Petersklosters im Jahre 1060. Zur Herrschaft der Mainzer Erzbischöfe im mittelalterlichen Erfurt, in: Aus der Vergangenheit der Stadt Erfurt, N.F., H. 1, 1985, S. 71 – 86.

Derselbe: Zur schriftlichen Ersterwähnung Erfurts im Jahre 742, in: Ebenda, H. 7, 1989, S. 15 – 30.

Kahl, Wolfgang: Martins- und Michaelkirchen als Missionsstationen fränkischer Kolonisation, in: Zeitschrift des Vereins für Thüringische Geschichte, Bd. 48, Jena 1994, S. 9 – 46.

Derselbe: Zum Ende des Bistums Erfurt, in: Blätter des Vereins für Thüringische Geschichte, Jg. 5, 1995, H. 1, S. 6 – 12.

Derselbe: Ersterwähnung Thüringer Städte und Dörfer bis 1300. Ein Handbuch, hg. von der Landeszentrale für politische Bildung Thüringen, Erfurt 1996.

Derselbe: Zur Ersterwähnung von Rudolstadt, in: Blätter des Vereins für Thüringische Geschichte e.V., Jg. 6, 1996, H. 1, S. 6 – 12.

Kahl, Wolfgang u. Hansjürgen Müllerott: „Erphesfurt“ und Erfurt im 8. und 9. Jahrhundert, Arnstadt 2000.

Keitel, Wilhelm: Die Gründung von Kirchen und Pfarreien im Bistum Zeitz – Naumburg zur Zeit der Christianisierung, Jena 1939.

Klein, Matthias: Arnstadt im Spannungsfeld zwischen dem Kloster Hersfeld und den Grafen von Schwarzburg, in: Thüringen im Mittelalter. Die Schwarzburger, S. 199 – 216.

Kobuch, Manfred: Königspfalzen in Thüringen, in: Neues Archiv für sächsische Geschichte, Bd. 71, 2000, S. 263 – 274.

Koch, F.A.: Die Erfurter Weihbischöfe. Ein Beitrag zur thüringischen Kirchengeschichte, in: Zeitschrift des Vereins für Thüringische Geschichte und Altertumskunde, Bd. 6, 1865, S. 31 – 126.

Koch, Herbert: Geschichte der Stadt Jena, Stuttgart 1966. Unveränderter Nachdruck mit einem Nachwort von Jürgen John und einer Bibliographie zur Jenaer Stadtgeschichte von Reinhard Jonscher, Jena – Stuttgart – Lübeck – Ulm 1996.

Kolb, Peter u. Ernst-Günter Krenig (Hg.): Unterfränkische Geschichte, Bd. 1: Von der germanischen Landnahme bis zum hohen Mittelalter, 4. Aufl., Würzburg 1993.

Kolmer, Lothar: Machtspiele. Bayern im frühen Mittelalter, Regensburg 1992.

Köbler, Gerhard: Historisches Lexikon der deutschen Länder. Die deutschen Territorien vom Mittelalter bis zur Gegenwart, München 1988.

Köhler, Michael: Thüringer Burgen und befestigte vor- und frühgeschichtliche Wohnplätze, Jena 2001.

Körner, Fritz: Thüringens politisch-geographische Stellung im Wandel der Zeiten, in: Verhandlungen und wissenschaftliche Abhandlungen des 26. Deutschen Geographentages zu Jena 9. bis 12. Oktober 1936, hg. von Albrecht Haushofer, Breslau 1937, S. 231 – 245.

Derselbe: Die kirchliche Verwaltungsgliederung Mitteldeutschlands im Mittelalter und ihre Auswertung für die Geschichte der Kulturlandschaft, in: Petermanns geographische Mitteilungen, Bd. 98, 1954, S. 17 – 23.

Kötzschke, Rudolf: Thüringen in der deutschen Siedlungsgeschichte, in: Festschrift für Armin Tille, Weimar 1930, S. 1 – 16.

Derselbe: Das Vogtland als Grenzraum in der deutschen Geschichte und Altertumskunde zu Plauen, Bd. 42, Plauen 1940, S. 1 – 36.

Krahe, Friedrich-Wilhelm: Burgen des Mittelalters. Grundriß – Lexikon, Augsburg 1996.

Krenig, Ernst-Günther: „900 Jahre Henneberger Land". Das Erbe der Grafen von Henneberg für Franken, das Reich und Europa, in: Mainfränkisches Jahrbuch für Geschichte und Kunst, Bd. 48, 1996, S. 3 – 13.

Kunde, Holger: Cölbigk, Burgscheidungen und Mücheln – Schenkungen Heinrichs II. an Bamberg? Zur Entstehung der bambergischen Besitzungen im thüringisch-sächsischen Raum, in: Josef Hartmann (Hg.), Sachsen und Anhalt, Bd. 20, 1997, S. 175 – 212.

Landau, Peter: Die Lex Thuringorum - Karls des Großen Gesetz für die Thüringer, in: Zeitschrift der Savigny-Stiftung für Rechtsgeschichte, Germanistische Abteilung, Bd. 118, Wien – Köln 2001, S. 23 – 57.

Landesgeschichte in Sachsen: Tradition und Innovation, hg. von Rainer Aurig, Steffen Herzog u. Simone Lässig = Studien zur Regionalgeschichte, Bd. 10, Bielefeld 1997.

Lange, Peter: Zur Geschichte der Grafschaft Weimar-Orlamünde, in: Thüringen im Mittelalter. Die Schwarzburger, S. 183 – 198.

Langer, Erika: Die geschichtliche Entwicklung des Thüringer Waldes in ihren Grundzügen, in: WZ Jena, Gesellschafts- und Sprachwissenschaftliche Reihe, Bd. 14, H. 4.

Langethal, Ch. E.: Geschichte der deutschen Landwirtschaft, Jena, 1. Buch 1847, 2. Buch 1850, 3. Buch 1854, 4. Buch 1856.

Lämmerhirt, Rainer: Die Entwicklung des Wechselverhältnisses zwischen Burg und Stadt in Thüringen von der fränkischen Zeit bis zur Mitte des 11. Jahrhunderts, Diplomarbeit, Jena 1981 (Masch.).

Derselbe: 600 Jahre Burg Haineck, Nazza 1991.

Derselbe: Mihla. Aus der Geschichte eines Dorfes in West-Thüringen, Mihla 1993.

Lechner, Karl: Die Babenberger. Markgrafen und Herzöge von Österreich 976 – 1246 = Veröffentlichungen des Instituts für österreichische Geschichtsforschung, Bd. XXIII, 4. Aufl., Wien – Köln – Weimar 1992.

Lehmann, Edgar u. Ernst Schubert: Dom und Severikirche zu Erfurt, Fotos von Klaus G. Beyer u. Constantin Beyer, Leipzig 1988.

Leipoldt, Johannes: Die Geschichte der ostdeutschen Kolonisation im Vogtland auf der Grundlage der Siedlungsformenforschung, in: Mitteilungen des Vereins für vogtländische Geschichte und Altertumskunde zu Plauen, Bd. 36, Plauen 1928, S. 1 – 215.

Leisten, Norbert: Erfurt und seine Kirchen, Leipzig 1992.

Lexikon des Mittelalters. Studienausgabe in 9 Bänden, Stuttgart 1999.

Lindner, Kati u. Lutz Katzschmann: Baugesteine thüringischer Burgen und Städte an der Ilm zwischen Kranichfeld und Apolda, in: Beiträge zur Geologie von Thüringen, N.F. 4/1997, S. 219 – 230.

Lindner, Klaus: Untersuchungen zur Frühgeschichte des Bistums Würzburg und des Würzburger Raumes = Veröffentlichungen des Max-Planck-Instituts für Geschichte, Bd. 35, Göttingen 1972.

Lintzel, Martin: Die Anfänge des Deutschen Reiches, München – Berlin 1942.

Löwe, Heinz: Religiosität und Bildung im frühen Mittelalter. Ausgewählte Aufsätze, hg. von Tilman Struwe, Weimar 1993 (zu Willibrord und Bonifatius und ihre Mission).

Luhn, Rolf u. Martin Sünder: Mühlhausen in Thüringen, 2. Aufl., Gotha 1994.

Lübeck, K.: Fischerei und Fischbedarf des Klosters Fulda im Frühmittelalter, Fulda 1949.

Lütge, Friedrich: Die Agrarverfassung des frühen Mittelalters im mitteldeutschen Raum, vornehmlich in der Karolingerzeit, Jena 1937.

Derselbe: Die mitteldeutsche Grundherrschaft und ihre Auflösung = Quellen und Forschungen zur Agrargeschichte, Bd. 4, 2. Aufl., Stuttgart 1957.

Derselbe: Deutsche Sozial- und Wirtschaftsgeschichte, 2. Aufl., Berlin – Göttingen – Heidelberg 1960.

Derselbe: Geschichte der deutschen Agrarverfassung vom frühen Mittelalter bis zum 19. Jahrhundert = Deutsche Agrargeschichte, Bd. 3, Stuttgart 1963.

Mania, Dietrich: Die Porta Thuringica. Besiedlungsablauf und Bedeutung in ur- und frühgeschichtlicher Zeit = Arbeiten aus dem Institut für Vor- und Frühgeschichte der Martin-Luther-Universität Halle-Wittenberg, Bd. 15, 1966, S. 75 – 175.

Derselbe: Orlamünde – vor und nach 1194, Jena/Orlamünde 1994.

Maschke, Erich: Thüringen in der Reichsgeschichte, Jena 1937.

Mast, Peter: Thüringen. Die Fürsten und ihre Länder, Graz – Wien – Köln 1992.

Mägdefrau, Werner u.a.: Burg und Stadt in Geschichte und Gegenwart = Wissenschaftliche Zeitschrift der Friedrich-Schiller-Universität, 28. Jg., Jena 1979, H. 3.

Derselbe u.a.: 750 Jahre Jena = Ebenda, 34. Jg., 1985, H. 5/6.

Derselbe: Erfurt in der Geschichte Thüringens. Von der ersten urkundlichen Erwähnung 742 bis zur Gründung der Universität 1392,in: Ulman Weiß (Hg.), Erfurt 742 – 1992, S. 21 – 38.

Derselbe: Thüringen im Mittelalter. Vom Königreich zur Landgrafschaft, Jena 1996/1998.

Derselbe: Mittelalterliche Burgen und Wehrbauten in Thüringen (11. – 13. Jahrhundert) = Thüringen gestern & heute, H. 4, hg. von der Landeszentrale Thüringen, Erfurt 1997.

Derselbe: Mittelalterliches Thüringen. Vom 11. Jahrhundert bis zur Begründung der Landgrafschaft im 12. Jahrhundert, Bad Langensalza 2000.

Derselbe: Thüringer Städte und Städtebünde im Mittelalter, Bad Langensalza 2002.

Derselbe, Rainer Lämmerhirt u. Dana Lämmerhirt: Thüringer Burgen und Wehranlagen im Mittelalter, Bad Langensalza 2001.

Derselbe u. Erika Langer: Die Stadtwerdung unter feudaler Herrschaft von der ersten urkundlichen Erwähnung bis zur Mitte des 11. Jahrhunderts, in: Willibald Gutsche (Hg.), Geschichte der Stadt Erfurt, Weimar 1986, S. 31 – 52.

Menchén, Georg u. Wolfgang Leißling: Burgen zwischen Werra und Elbe, 2. Aufl., Rudolstadt 1987.

Mertens, Klaus: Die St. Severikirche zu Erfurt, hg. von Fritz Löffler = Das christliche Denkmal, H. 27, 3. Aufl., Berlin 1963.

Derselbe: Der Dom zu Erfurt = Das christliche Denkmal, hg. von Fritz Löffler, H. 21/22, 5. Aufl., Berlin 1964.

Mertsch, Rüdiger u. Udo Glathe: Die Äbtissinnen des Reichsstifts zu Quedlinburg, Jena 2001.

Meyer, Otto unter Mitarbeit von Elisabeth Roth u. Klaus Guth: Oberfranken im Hochmittelalter. Politik – Kultur – Gesellschaft, Bayreuth 1987.

Michels, Helmut: Das Gründungsjahr der Bistümer Erfurt, Büraburg und Würzburg, in: Archiv für mittelrheinische Kirchengeschichte, Bd. 39, 1987, S. 11 – 42.

Moraw, Peter (Hg.): Regionale Identität und soziale Gruppen im deutschen Mittelalter, Berlin 1992.

Moraw, Peter u. Walter Heinemeyer u.a.: Hessen und Thüringen – Ausstellung (Katalog) – Von den Anfängen bis zur Reformation, Marburg u. Eisenach 1992.

Moraw, Peter: Hessen und Thüringen in der deutschen und europäischen Geschichte – Von den Anfängen bis zur Reformation, in: Ebenda, S. 17 – 23.

Möbius, Friedrich u. Helga Sciurie: Symbolwerte mittelalterlicher Kunst, Leipzig 1984.

Möbius, Friedrich u. Ernst Schubert (Hg.): Architektur des Mittelalters. Funktion und Gestalt, Weimar 1983.

Mötsch, Johannes (Bearb. u. eingeleitet): Fuldische Frauenklöster in Thüringen. Regesten zur Geschichte der Klöster Allendorf, Kapellendorf und Zella (Rhön) = Veröffentlichungen der Historischen Kommission für Thüringen: Große Reihe, Bd. 5, Jena – München 1999.

Mrusek, Hans-Joachim: Burgen in Sachsen und Thüringen, Leipzig u. München 1965.

Derselbe: Gestalt und Entwicklung der feudalen Eigenbefestigung im Mittelalter, Berlin 1973.

Derselbe: Drei sächsische Kathedralen. Merseburg – Naumburg – Meißen, Dresden 1976.

Mues, Siegfried: Gera. Aus Vergangenheit und Gegenwart. 17 Beiträge zur Stadtgeschichte, Gera 1985.

Müller, R.H. Walther: Geschichte des Nordhäuser Stadtarchivs, Nordhausen 1953.

Derselbe: Der Stadtkern von Nordhausen, in: Nordhäuser Roland 1955, S. 76 – 79.

Müllerott, Hansjürgen: Die Käfernburg über Oberndorf vorm Thüringer Wald, in: Thüringen im Mittelalter. Die Schwarzburger, S. 269 – 272.

Müllerott, Hansjürgen u. Roland Scharff: Bonifatius und die Wiege der Grafen von Käfernburg – Schwarzburg im mittleren Thüringer Wald, Arnstadt 1994.

Münch, Gisela: Die mittelalterliche Stadtbefestigung von Bad Langensalza, Bad Langensalza 1999.

Naumann, L.: Einführung und Befestigung des Christentums in den Gauen Friesenfeld und Hassegau, in: Mansfelder Blätter, Bd. 34/35, 1927.

Neumann, Gotthard: Der Burgwall auf dem Johannisberge bei Jena-Lobeda, in: Ausgrabungen und Funde 5/1960.

Neuß, Erich u. Dietrich Zühlke (Bearb.) u.a.: Mansfelder Land – Werte unserer Heimat, Bd. 38, Berlin 1982.

Niemann, Konrad: Die alten Heer- und Handelsstraßen in Thüringen, in: Mitteilungen des Vereins für Erdkunde Halle, Bd. 39/40, 1915/1919.

Opfermann, Bernhard: Die thüringischen Klöster vor 1800. Eine Übersicht, Leipzig/Heiligenstadt 1959.

Derselbe: Die kirchliche Verwaltung des Eichsfeldes in seiner Vergangenheit, Leipzig – Heiligenstadt 1958.

Derselbe: Die Klöster des Eichsfeldes in ihrer Geschichte, 3. Aufl., Heiligenstadt 2001.

Otto, Karl-Heinz u. Joachim Herrmann:. Siedlung, Burg und Stadt. Studien zu ihren Anfängen = Deutsche Akademie der Wissenschaften zu Berlin, Schriften der Sektion für Vor- und Frühgeschichte, Bd. 25, Berlin 1969 (mit Beiträgen u.a. über Allstedt von Berthold Schmidt, Camburg von Gotthard Neumann, Möbisburg bei Erfurt von Karl Peschel, Frankenhausen von Hans Eberhardt, Memleben von Ernst Schubert u. Gerhard Leopold).

Patze, Hans: Recht und Verfassung thüringischer Städte = Thüringische Archivstudien, Bd. 6, Weimar 1955.

Derselbe: Die Entstehung der Landesherrschaft in Thüringen, I. Teil = Mitteldeutsche Forschungen, hg. von Reinhold Olesch, Walter Schlesinger, Ludwig Erich Schmitt, Bd. 22, Köln – Graz 1962.

Patze, Hans u. Walter Schlesinger (Hg.): Geschichte Thüringens = Mitteldeutsche Forschungen, Bd. 48/I, Bd. 1: Grundlagen und frühes Mittelalter, Köln – Graz 1968.

Patze, Hans: Land, Volk und Geschichte, in: Hans Patze u. Walter Schlesinger (Hg.), Geschichte Thüringens, Bd. 6, Köln – Wien 1979, S. 197 – 233.

Patze, Hans (Hg.): Die Burgen im deutschen Sprachraum. Ihre rechts- und verfassungsgeschichtliche Bedeutung, T. I/II, Sigmaringen 1976.

Derselbe (Hg.) in Verbindung mit Peter Aufgebauer: Thüringen = Handbuch der historischen Stätten Deutschlands, Bd. 9, 2. Aufl., Stuttgart 1989.

Pätzold, Stefan: Die frühen Wettiner. Adelsfamilie und Hausüberlieferung bis 1221 = Geschichte und Politik in Sachsen, Bd. 6, Köln – Weimar – Wien 1997.

Peschel, Karl: Vor- und Frühgeschichte des Stadtkreises Erfurt, in: Ausgrabungen und Funde, H. 3, 1958, S. 382 – 389.

Derselbe: Thüringen in ur- und frühgeschichtlicher Zeit, Wilkau-Haßlau 1994.

Piper, Otto: Burgenkunde. Bauwesen und Geschichte der Burgen zunächst innerhalb des deutschen Sprachgebietes, Würzburg – Augsburg 1993 (verbesserter u. erweiterter Nachdruck der 3. Aufl. München 1912).

Planitz, Hans: Die deutsche Stadt im Mittelalter. Von der Römerzeit bis zu den Zunftkämpfen, 3. Aufl., Wien – Köln – Graz 1973.

Platen, Michael: Die Stadt Jena im Mittelalter, Jena 1985.

Derselbe: Die Burgen der Schwarzburger, in: Thüringen im Mittelalter. Die Schwarzburger, S. 255 – 268.

Platen, Michael u. Richard Schäfer: Burgen um Jena, 2. Aufl. Jena 1984.

Dieselben: Die schönsten Burgen in Thüringen, Rudolstadt 1993.

Pollmann, Hans-Otto: Untersuchungen der Erfurter Stadtarchäologie in den Jahren 1994 und 1995, in: Mitteilungen des Vereins für die Geschichte und Altertumskunde von Erfurt, 57. H., N.F. H. 4, Weimar 1996, S. 155 – 160.

Pötschke, Dieter (Hg.): Rolande, Kaiser und Recht. Zur Rechtsgeschichte des Harzraumes und seiner Umgebung = Harz – Forschungen, Bd. XI, Berlin 1999.

Querfeld, Werner: Forschungen zur Geschichte des ehemaligen Reußenlandes, in: Michael Gockel u. Volker Wahl (Hg.), Thüringische Forschungen, S. 93 – 110.

Raschke, Helga: Gotha: die Stadt und ihre Bürger, Horb 1992.

Regel, Fritz: Thüringen. Ein geographisches Handbuch, 3 Teile, Jena 1892 – 1896.

Derselbe: Thüringen. Ein landeskundlicher Grundriß, Jena 1897.

Derselbe: Landeskunde von Thüringen, 4. Aufl., Breslau 1913.

Reischmann, Hans-Joachim: Willibrord – Apostel der Friesen. Seine Vita nach Alkuin und Thiofrid, Sigmaringendorf 1989.

Reißig, Beatrix: Beiträge zur Geschichte des Handels und Warenverkehrs auf der hohen Landstraße in den wettinischen Landen bis ins 16. Jahrhundert, Leipzig 1938.

Rempel, H.: Zur Ostgrenze des fränkischen Reiches, in: Alt-Thüringen, Bd. 6, Weimar 1962/1963.

Derselbe: Die sorbische Keramik in Thüringen, in: Prähistorische Zeitschrift, Bd. 37, Berlin 1959.

Riese, W.: Das Eichsfeld. Entwicklungsprobleme einer Landschaft. Beiträge zur Sozial- und Wirtschaftsgeschichte eines geistlichen Territoriums (von den Anfängen bis 1802), Heidelberg 1980.

Roob, Helmut: Das Gothaer Land. 7000 Jahre Geschichte und Kultur der Landschaft zwischen Rennsteig und Unstrut, Gotha 1996.

Derselbe: Gotha 775, in: Gothaisches Museumsjahrbuch 2000, Rudolstadt – Jena 2000, S. 15 – 17.

Rosenkranz, Heinz: Ortsnamen des Bezirkes Gera, Greiz 1982.

Röblitz, Günther: Abriß der Münzgeschichte Arnstadts = Beiträge zur Heimatgeschichte. Stadt und Kreis Arnstadt, H. 6, 1986.

Rudolstadt. Beiträge zur Geschichte aus 12 Jahrhunderten, hg. vom Rat der Stadt, Rudolstadt 1976.

Rudolstadt und das mittlere Saaletal: Ergebnisse der landeskundlichen Bestandsaufnahme im Raum Remda, Rudolstadt und Orlamünde. Erarbeitet unter Leitung von Heinz Deubler von Frank-Dieter Grimm, Luise Grundmann u.a., hg. von Luise Grundmann im Auftrage des Instituts für Länderkunde Leipzig = Werte der deutschen Heimat, Bd. 58, Weimar 1998.

Rupp, Matthias: Die vier mittelalterlichen Wehranlagen auf dem Hausberg bei Jena, Jena 1995.

Seidel, Mathias: Der Kesselberg – ein mehrperiodischer Fundplatz bei Sundhausen, Lkr. Nordhausen (Vorbericht), in: Ausgrabungen und Funde im Freistaat Thüringen 3/1998, S. 36-41.

Silberborth, Hans: Geschichte der Freien Reichsstadt Nordhausen, Nordhausen 1927.

Derselbe: Geschichte des Helmegaus, Nordhausen 1940.

Sippel, Klaus: Thüringische Grabfunde des frühen Mittelalters in Osthessen. Archäologische Quellen zur Westausdehnung thüringischer Besiedlung in karolingischer Zeit, in: Michael Gockel (Hg.), Aspekte thüringisch-hessischer Geschichte, S. 29 – 48.

Specht, Reinhold: Geschichte der Stadt Zerbst, Bd. 1 u. 2, Dessau 1998.

Sprandel, Rolf: Das Eisengewerbe im Mittelalter, Stuttgart 1968.

Suhle, Arthur: Deutsche Münz- und Geldgeschichte von den Anfängen bis zum 15. Jahrhundert, Berlin 1955.

Scharf,. Roland: Bonifatius und die Wiege der Grafen von Käfernburg-Schwarzburg im Mittleren Thüringer Wald, Arnstadt 1994.

Schieffer, Theodor: Winfrid-Bonifatius und die christliche Grundlegung Europas, 2. Aufl., Freiburg i.Br. 1972.

Schlesinger, Walter: Städtische Frühformen zwischen Rhein und Elbe, in: Studien zu den Anfängen des europäischen Städtewesens, Reichenau-Vorträge 1955-1956 = Vorträge und Forschungen, hg. vom Institut für geschichtliche Landesforschung des Bodenseegebietes in Konstanz, geleitet von Theodor Mayer, Bd. 4, Lindau u. Konstanz 1958, S. 297 – 362.

Derselbe: Die Verfassung der Sorben, in: Siedlung und Verfassung der Slawen zwischen Elbe, Saale und Oder, hg. von H. Ludat, Gießen 1960.

Derselbe: Kirchengeschichte Sachsens im Mittelalter = Mitteldeutsche Forschungen Bd. 27, 2 Teile, Köln/Graz 1962.

Derselbe: Beiträge zur deutschen Verfassungsgeschichte des Mittelalters, Bd. 1: Germanen, Franken, Deutsche, Bd. 2: Städte und Territorien, Göttingen 1963.

Derselbe: Die Franken im Gebiet östlich des mittleren Rheins. Skizze eines Forschungsprogramms, in: Hessisches Jahrbuch für Landesgeschichte, Bd. 15, 1965.

Derselbe: Das Frühmittelalter, in: Hans Patze u. Walter Schlesinger (Hg.), Geschichte Thüringens, Bd. 1 = Mitteldeutsche Forschungen, Bd. 48, T. 1, Köln u. Graz 1968.

Derselbe (Hg.): Althessen im Frankenreich, Sigmaringen 1975.

Schliephake, K. (Hg.): Beiträge zur Landeskunde Südthüringens = Würzburger Geographische Arbeiten, H. 88, Würzburg 1994.

Schmid, Karl (Hg.): Reich und Kirche vor dem Investiturstreit. Zum 80. Geburtstag von Gerd Tellenbach, Sigmaringen 1985.

Schmidt, Albert: Historisch-topographische Entwicklung der Stadt Sangerhausen im Mittelalter, in: Mitteilungen des Vereins für Geschichte und Naturwissenschaft in Sangerhausen und Umgebung, Bd. 15, 1925, S. 3 – 49 u. Bd. 16, 1926, S. 1 – 49.

Schmidt, Berthold: Geschichte des Reußenlandes, 2 Bde, Gera 1923/1927.

Schmidt, Heinrich: Studien zur Geschichte der friesischen Freiheit im Mittelalter, in: Jahrbuch der Gesellschaft für bildende Kunst und vaterländische Altertümer zu Emden, Bd. 43, 1963, S. 5 – 78.

Schmidt-Ewald, Walter: Grundlagen und Wendepunkte der thüringischen Geschichte, Jena 1934.

Schnellenkamp, Werner: Beiträge zur Entstehungsgeschichte der Thüringer Waidstädte und ihrer Nachbarstädte, T. 1: Erfurt, Jena 1929.

Derselbe: Die Entstehung der Städte und Marktsiedlungen in Mittelthüringen. Ein Beitrag zur Frühgeschichte des deutschen Städtewesens, in: Mainzer Zeitschrift, Bd. 27, Mainz 1932, S. 16 – 26.

Schneider, Friedrich u. Armin Tille: Einführung in die thüringische Geschichte, Jena 1931.

Schneidmüller, Bernd u. Stefan Weinfurter (Hg.): Otto III. – Heinrich II. Eine Wende? = Mittelalter – Forschungen, hg. von Bernd Schneidmüller u. Stefan Weinfurter, Bd. 1, Sigmaringen 1997.

Scholle, Joseph: Thüringische Kirchengeschichte, Heiligentadt 1948.

Schubert, Ernst: Naumburg . Dom und Altstadt, Berlin 1978.

Schulze, H.K.: Die Entwicklung der thüringischen Pfarrorganisation im Mittelalter, in: Blätter für deutsche Landesgeschichte, Bd. 103, 1967, S. 32 – 70.

Schwab, Herbert: Burgen an der Saale. Phil. Diss. Jena 1958 (Masch.).

Schwind, Fred: Thüringen und Hessen im Mittelalter. Gemeinsamkeiten – Divergenzen, in: Michael Gockel (Hg.), Aspekte thüringisch-hessischer Geschichte, S. 1 – 28.

Schwineköper, Berent: Königtum und Städte bis zum Ende des Investiturstreits. Die Politik der Ottonen und Salier gegenüber den werdenden Städten im östlichen Sachsen und in Nordthüringen = Vorträge und Forschungen, hg. vom Konstanzer Arbeitskreis für mittelalterliche Geschichte, Bd. 11, Sigmaringen 1977.

Staab, Franz: Die Gründung der Bistümer Erfurt, Büraburg und Würzburg durch Bonifatius im Rahmen der fränkischen und päpstlichen Politik, in: Archiv für mittelrheinische Kirchengeschichte, Bd. 40, 1988, S. 13 – 41.

Derselbe: Noch einmal zur Gründungstradition des Erfurter Petersklosters, in: Mitteilungen des Vereins für die Geschichte und Altertumskunde von Erfurt, 54. H., N.F. H. 1, 1993, S. 19 – 53.

Steidle, Hans: Die Entstehung der frühmittelalterlichen Gesellschaft in Ostfranken. Ein Beitrag zur frühmittelalterlichen Gesellschaftsgeschichte und Feudalismusforschung = Mainfränkische Studien, Bd. 46, Würzburg 1989.

Stelzner, Axel: Tabellen zur Geschichte Thüringens, in: Thüringen. Blätter zur Landeskunde, hg. von der Landeszentrale für politische Bildung Thüringen, Erfurt 1992 ff.

Stimmig, Manfred: Die Entstehung des weltlichen Territoriums des Erzbistums Mainz = Quellen und Forschungen zur hessischen Geschichte, Bd. 3, Darmstadt 1915.

Streich, Gerhard: Burg und Kirche während des deutschen Mittelalters. Untersuchungen zur Sakraltopographie von Pfalzen, Burgen und Herrensitzen, I u. II, Pfalz- und Burgkapellen bis zur staufischen Zeit = Vorträge und Forschungen, hg. vom Konstanzer Arbeitskreis für mittelalterliche Geschichte, Sonderbd. 29/I-II, Sigmaringen 1984.

Stutz, Ulrich: Ausgewählte Kapitel aus der Geschichte der Eigenkirche und ihres Rechtes. I-III, Weimar 1937.

Stüwe, Gertraud: Wölfis und seine frühen Familien, in: Blätter des Vereins für Thüringische Geschichte e.V., Jg. 13, 2003, H. 1, S. 6 – 14.

Tangl, Michael: Das Bistum Erfurt, in: Geschichtliche Studien, Albert Hauck zum 70. Geburtstage dargebracht, Leipzig 1916, S. 108 – 120.

Tenner, Friedrich: Burg Henneberg. Der Stammsitz des Hennebergischen Grafenhauses = Volkstümliche Schriftenreihe des Hennebergisch-Fränkischen Geschichtsvereins 1, Meiningen 1936 (Reprint dieser Ausgabe Neustadt/Aisch 1996).

Derselbe: Radegunde von Thüringen. Königin, Heilige, Magd der Armen, aus dem Nachlaß hg. von Fritz Nötzold, Heidelberg 1973.

Thomae, Walter: Thüringische Kunstgeschichte, überarb. von G.W. Vorbrodt = Beiträge zur mittelalterlichen, neueren und allgemeinen Geschichte, hg. von Friedrich Schneider, Bd. 21, 5. Aufl., Jena 1956.

Thüringen im Mittelalter. Die Schwarzburger = Beiträge zur schwarzburgischen Kunst-

und Kulturgeschichte, Bd. 3, hg. vom Thüringer Landesmuseum Heidecksburg Rudolstadt in Verbindung mit dem Freundeskreis Heidecksburg e.V., Rudolstadt 1995.

Thüringen in der deutschen Geschichte, Autorenkollektiv unter Leitung von Erhard Wörfel = Wissenschaftliche Zeitschrift der Friedrich-Schiller-Universität Jena, Gesellschaftswissenschaftliche Reihe, 37. Jg., H.6/1986 (Nachauflage: Ebenda H. 4/1988).

Tille, Armin: Die Anfänge der Stadt Weimar und der Grafen von Weimar und Orlamünde = Neue Beiträge zur Geschichte der Stadt Weimar, Bd. 2, Weimar 1939.

Timm, Albrecht: Studien zur Siedlungs- und Agrargeschichte Mitteldeutschlands, Köln u. Graz 1956.

Timpel, Wolfgang: Archäologische Quellen zur Funktion mittelalterlicher Befestigungsanlagen, in: Burg und Stadt in Geschichte und Gegenwart. Wissenschaftliche Leitung u. Bearbeitung: Werner Mägdefrau = Wissenschaftliche Zeitschrift der Friedrich-Schiller-Universität Jena, Gesellschafts- und Sprachwissenschaftliche Reihe 1979, H. 3, S. 349 – 360.

Derselbe: Das altthüringische Wagengrab von Erfurt, in: Alt-Thüringen. Jahresschrift des Museums für Ur- und Frühgeschichte Thüringens, Bd. 17, Weimar 1980.

Derselbe: Archäologische Untersuchungen zur materiellen Kultur in hoch- und spätmittelalterlichen Burgen Thüringens, in: Adelige Sachkultur des Spätmittelalters = Österreichische Akademie der Wissenschaften, Philosophisch-Historische Klasse, Sitzungsberichte, 400. Bd., Wien 1982, S. 293 – 310.

Derselbe: Gommerstedt. Ein hochmittelalterlicher Herrensitz in Thüringen = Weimarer Monographien zur Ur- und Frühgeschichte, hg. vom Museum für Ur- und Frühgeschichte Thüringens, Bd. 5, Weimar 1982.

Derselbe: Die Ausgrabungen auf der Wüstung Emsen bei Buttstädt, Kreis Sömmerda, in: Alt-Thüringen, Bd. 19, Weimar 1983.

Derselbe: Eine slawisch-deutsche Siedlung im Stadtgebiet von Weimar, in: Ebenda.

Derselbe:Erfurt, in: Reallexikon der Germanischen Altertumskunde, Bd. 7, Lieferung 5/6, Redaktion: Viera Graßhoff/Henning Seemann, Berlin u. New York 1989, S. 488 – 497.

Derselbe: Das fränkische Gräberfeld von Alach, Kreis Erfurt, in: Alt-Thüringen, Bd. 25, 1990, S. 61 – 155.

Derselbe: Neue archäologische Forschungsergebnisse zur Frühgeschichte Erfurts, in: Ulman Weiß (Hg.), Erfurt 742 – 1992. Stadtgeschichte – Universitätsgeschichte, S. 11 – 20.

Derselbe: Neue archäologische Quellen zur Geschichte des Heiligenstädter Stiftsberges, Heiligenstadt 2001, S. 73 – 91.

Timpel, Wolfgang u. Roland Altwein: Das alte Erfurt aus archäologischer Sicht, in: Ulman Weiß (Hg.), Erfurt. Geschichte und Gegenwart, S. 67 – 80.

Tischer, Helmuth: Die Habichtsburg bei Meiningen, in: Urgeschichte und Heimatforschung 25, Weimar 1988.

Trott, Elfriede: Die katholischen Kirchen Erfurts, Leipzig/Heiligenstadt o.J.

Unger, Manfred: Die Hausbildung des meißnisch-sächsischen Territorialkomplexes und seine sozialökonomischen Grundlagen. 10. bis 15. Jahrhundert, in: Sächsische Geschichte im Überblick = Sächsische Heimatblätter, 28. Jg., 1982, H. 5.

Unger, Peter: Zeittafel zur Geschichte der Stadt Arnstadt 704 – 1977 = Veröffentlichungen der Museen der Stadt Arnstadt, H. 4, Arnstadt 1979.

Über Jena: Das Rätsel eines Ortsnamens. Alte und neue Beiträge, hg. u. kommentiert von Norbert Nail u. Joachim Göschel = Zeitschrift für Dialektologie und Linguistik: Beihefte, H. 104, Stuttgart 1999.

Wagner, Gerhard: Die Anfänge der Thüringer Landesgeschichte, Bad Langensalza.

Wagner, Heinrich: Herkunft und Frühzeit der Grafen von Henneberg, in: Jahrbuch 1991 des Hennebergisch-Fränkischen Geschichtsvereins, S. 23 – 38.

Derselbe: Die Grafen von Henneberg bis zur 2. Hälfte des 13. Jahrhunderts. Genealogische Übersicht, in: Jahrbuch 1992 des Hennebergisch-Fränkischen Geschichtsvereins, S. 127 – 136.

Derselbe: Die popponische Linie des Hauses Henneberg, in: Ebenda, S. 95 – 126.

Derselbe: Die Grafen von Henneberg. Ein Überblick, in: Frankenland. Zeitschrift für Fränkische Landeskunde und Kulturpflege, Doppelheft 7, 44. Jg., 1992, S. 214 – 221.

Derselbe: Zur urkundlichen Erstnennung des Namens Henneberg, in: Jahrbuch 1996 des Hennebergisch-Fränkischen Geschichtsvereins, S. 25 – 32.

Derselbe: Entwurf einer Genealogie der Grafen von Henneberg, in: Ebenda, S. 33 – 152.

Wagner, Heinrich: Die Erfurter Dagobert – Fälschung von angeblich 706, in: Mitteilungen des Vereins für die Geschichte und Altertumskunde von Erfurt, 62. H., N.F. H. 9, 2001, S. 9 – 56.

Wagner, Ulrich (Hg.): Geschichte der Stadt Würzburg, Bd. I: Von den Anfängen bis zum Ausbruch des Bauernkrieges, Stuttgart 2001.

Wagner, Ulrich u. Walter Ziegler: Chronik der Bischöfe von Würzburg 742 – 1495, Bd. 6, Würzburg 1996.

Wahl, Volker u.a.: Beiträge zur Geschichte Schmalkaldens, T. 1 / 2, Schmalkalden 1974.

Walch, Carl Friedrich: Vermischte Beiträge zum deutschen Recht, Bd. 1 – 8, Jena 1771 – 1793.

Walther, Hans: Namenkundliche Beiträge zur Siedlungsgeschichte des Saale- und Mittelelbegebietes bis zum Ende des 9. Jahrhunderts, Berlin 1971.

Derselbe: Zur Stratifikation und Funktionalität altthüringischer Siedlungsnamentypen am Beispiel der –feld-Ortsnamen, in: Michael Gockel u. Volker Wahl (Hg.), Thüringische Forschungen, S. 23 – 42.

Wamser, Ludwig: Eine thüringisch-fränkische Adels- und Gefolgschaftsgrablege des 6./7. Jahrhunderts bei Zeuzleben, in: Mainfränkisches Jahrbuch für Geschichte und Kunst, Bd. 36, 1984, S. 1 – 21.

Derselbe (Redaktion u. Gestaltung): Aus Frankens Frühzeit. Festgabe für Peter Endrich = Mainfränkische Studien, Bd. 37, Würzburg 1986.

Wäscher, Hermann: Die Baugeschichte von Burg Querfurt, Halle 1956.

Derselbe: Die Baugeschichte der Burg Kyffhausen, Halle/Saale 1959.

Derselbe: Burgen am unteren Lauf der Unstrut. Die Neuenburg, Burgscheidungen, Vitzenburg, Wendelstein und andere = Schriftenreihe der Staatlichen Galerie Moritzburg in Halle, H. 19, Halle 1963.

Wegner, Karl-Hermann: Deutschlands Mitte: Hessen und Thüringen – Grundzüge gemeinsamer Geschichte, in: Zeitschrift des Vereins für hessische Geschichte und Landeskunde, Bd. 97, 1992, S. 275 – 284.

Wehnemann, Paul u. Max Muth: Thüringer Burgen, Weimar 1932.

Weigel, Helmut: Thüringersiedlung und fränkische Staatsordnung im westlichen Obermainbogen, in: Jahrbuch für fränkische Landesgeschichte, Bd. 11/12, 1953, S. 29 – 40.

Weise, Karl: Benshausen. Mit einem Vorwort von Manfred Weise u. Christa Scholz, Meiningen – Benshausen 1992.

Weiß, Ulman (Hg.): Erfurt 742 – 1992. Stadtgeschichte – Universitätsgeschichte, Weimar 1992.

Derselbe: Erfurt. Geschichte und Gegenwart = Schriften des Vereins für die Geschichte und Altertumskunde von Erfurt, hg. von Ulman Weiß, Weimar 1995.

Derselbe: Erfurt in Europa – Erfahrungen und Erwartungen, in: Ebenda, S. 11 – 24.

Wenck, Karl: Die Stellung des Erzstiftes Mainz im Gange der deutschen Geschichte, in: Zeitschrift des Vereins für hessische Geschichte und Landeskunde, Bd. 43 (N.F. Bd. 33), 1909, S. 278 – 318.

Wenskus, Reinhard: Stammesbildung und Verfassung. Das Werden der frühmittelalterlichen gentes, Köln – Graz 1961 u. 1977.

Wenzel, Mario: Die Geschichte der Grafschaft Kevernburg von den Anfängen bis zum Aussterben der Dynastie 1385, Jena 1991 (Diplomarbeit, Masch.).

Werner, Gerhard: Geschichte der Stadt Saalfeld, Bd. 1: 9. Jahrhundert bis 1603, Saalfeld 1995.

Werner, Matthias: Die Gründungstradition des Erfurter Petersklosters = Vorträge und Forschungen, hg. vom Konstanzer Arbeitskreis für mittelalterliche Geschichte, Sigmaringen 1973.

Derselbe: Iren und Angelsachsen in Mitteldeutschland. Zur vorbonifatianischen Mission in Hessen und Thüringen, in: Die Iren und Europa im frühen Mittelalter, hg. von Heinz Löwe, Teilbd. 1, Stuttgart 1982, S. 239 – 318.

Derselbe: Die Anfänge eines Landesbewußtseins in Thüringen, in: Michael Gockel (Hg.), Aspekte thüringisch-hessischer Geschichte, S. 81 – 138.

Derselbe (u. H. Ament): Thüringen, Thüringer, in: Lexikon des Mittelalters, Bd. 8, München 1996, S. 748 – 756.

Derselbe (Hg.): Identität und Geschichte, Weimar 1997.

Derselbe u.a.: Vom Königreich der Thüringer zum Freistaat Thüringen, Erfurt 1999.

Wieczorek, A.: Mitteldeutsche Siedler bei der fränkischen Landnahme in Rheinhessen, in: Das Dorf am Mittelrhein, 1989, S. 11 – 101.

Wiegand, Fritz: Erfurt. Eine Monografie, Rudolstadt 1964.

Wiemann, Erich: Bonifatius und das Bistum Erfurt, in: Laudate Dominum = Thüringer kirchliche Studien III, Berlin 1976, S. 27 – 52.

Wissenschaftliche Festschrift zum Jubiläum „900 Jahre Henneberger Land 1096 – 1996" = Jahrbuch 1996 des Hennebergisch – Fränkischen Geschichtsvereins, hg. in Verbindung mit dem Hennebergischen Museum Kloster Veßra, Kloster Veßra – Meiningen – Münnerstadt 1996.

Wittmann, Helge: Zur Frühgeschichte der Grafen von Käfernburg – Schwarzburg, in: Zeitschrift des Vereins für Thüringische Geschichte, Bd. 51, 1997, S. 9 – 60.

Wolter, Heinz: Die Synoden im Reichsgebiet und in Reichsitalien von 916 bis 1056, Paderborn 1988.

Wölfing, Günther: Wasungen. Eine Kleinstadt im Feudalismus vom 9. bis zum 19. Jahrhundert, Weimar 1980.

Derselbe: Meiningens Entwicklung zur Stadt, in: Jahrbuch für Regionalgeschichte, Bd. 15, 1988, S. 15 – 45.

Derselbe: Geschichte des Henneberger Landes zwischen Grabfeld, Rennsteig und Rhön, Hildburghausen 1992.

Derselbe: Das Henneberger Land – eine Brücke zwischen Franken, Thüringen und Hessen. Betrachtungen zur Identität einer Region, in: Frankenland. Zeitschrift für Fränkische Landeskunde und Kulturpflege, 44. Jg., August 1992, H. 7, S. 202 – 213.

Derselbe: Das Henneberger Land als fränkisches Gebiet, in: Ebenda, 45. Jg., Dezember 1993, H. 9.

Derselbe: Kleine Henneberger Landeskunde, Hildburghausen 1995.

Derselbe: Themar und die Osterburg. Stadt, Burg, Zent und Amt im Mittelalter: Bd. 1: Grenzen und natürliche Verhältnisse. Das Frühmittelalter (bis ca. 1050), Kloster Veßra – Hildburghausen 1006.

Derselbe: Die Grafen von Henneberg – ihre regionale und nationale Bedeutung, in: Jahrbuch 1996 des Hennebergisch – Fränkischen Geschichtsvereins, S. 9 – 24.

Derselbe, Bernhard Großmann u. Thomas Witter: Auf den Spuren der Henneberger, Kloster Veßra 1996.

Wucher, Waldemar (Bearb.): Die Spur führt durch Thüringen. Christus im Leben, Wirken und Denken der Zeiten, Berlin 1959.

Zeune, Joachim: Burgen – Symbole der Macht. Ein neues Bild der mittelalterlichen Burg, Regensburg 1996.

Zickgraf, Eilhard: Die gefürstete Grafschaft Henneberg – Schleusingen. Geschichte des Territoriums und seiner Organisation = Schriften des Instituts für geschichtliche Landeskunde von Hessen und Nassau, 22. Stück, Marburg 1944.

Zierfuß, Kurt: Die Beziehungen der Mainzer Erzbischöfe zu Thüringen. Von Bonifaz bis 1305. Phil. Diss. Jena 1931, Neustadt/Orla 1931.

Zieschang, Walter u. Edda Henning: Turmgekröntes Erfurt. Die zehn katholischen Stadtkirchen, Leipzig 1984.

Zießler, Rudolf: Die Michaeliskirche in Rohr, in: Almanach für Kunst und Kultur im Bezirk Suhl, Suhl 1985.

Zimmermann, Gerd: Ordensleben und Lebensstandard. Die Cura Corporis in den Ordensvorschriften des abendländischen Hochmittelalters = Beiträge zur Geschichte des alten Mönchtums und des Benediktinerordens, Bd. 32, Münster 1973.

Derselbe: Ecclesia – Franconia – Heraldica. Gesammelte Abhandlungen, hg. zum 65. Geburtstag von Reinhold Jandesek u. Ulrich Knefelkamp, Bamberg 1989.

Derselbe: St. Kilian und seine Gefährten im Vergleich mit den Schutzheiligen der Nachbarbistümer, in: 126. Bericht des Historischen Vereins Bamberg 1990, S. 393 – 404.

Zwischen Ruhla, Bad Liebenstein und Schmalkalden = Werte unserer Heimat, Nr. 48, Berlin 1989.